인성교육,
감성수업에서
길을 찾다

마음의 힘을 기르는

감성
깨움
수업

마음의 힘을 기르는
감성깨움수업

초판 1쇄 인쇄 2021년 7월 26일
초판 1쇄 발행 2021년 7월 31일

지은이 조선미 외
펴낸이 김승희
펴낸곳 도서출판 살림터

기획 정광일
편집 조현주, 송승호
북디자인 꼬리별

인쇄·제본 (주)신화프린팅
종이 (주)명동지류

주소 서울시 양천구 목동동로 293, 22층 2215-1호
전화 02-3141-6553
팩스 02-3141-6555
출판등록 2008년 3월 18일 제313-1990-12호
이메일 gwang80@hanmail.net
블로그 http://blog.naver.com/dkffk1020

ISBN 979-11-5930-198-8 03370

인성교육,
감성수업에서
길을 찾다

마음의 힘을 기르는

감성
깨움
수업

조선미·박지영·최경아·문소라·정남희 지음

살림터

따스함 체험이 열정과 눈물로 담긴 책

사람&사랑연구소(주) 소장 권영애

    사람에게 들이는 정성만큼 아름다운 게 또 있을까요? 사람은 자기를 안아 주고, 나아가 내 옆의 한 사람을 안아 줄 수 있는 따뜻한 정성을 발휘할 힘이 있습니다. 사람이 꽃보다 아름다운 이유입니다. 사람에게 들이는 그 따뜻한 정성이 인성입니다. 인성은 머리가 아닌 가슴의 힘입니다. 알파고가 아무리 탁월해도 사람이 가진 이 따뜻한 가슴의 힘을 대체할 수 없습니다. 지식을 활용할 힘도 가슴의 힘, 인성에서 나옵니다.

    사람만이 가진 따뜻한 가슴의 힘, 그것을 쓰게 하는 것이 인성교육입니다. 이토록 소중한 가슴의 힘, 인성교육은 어떻게 할까요? 저는 30여 년 교육자의 삶을 통해 인성교육은 '따스함 교육'이라는 것을 체험했습니다. 자신에 대한 따스함, 다른 사람에 대한 따스함, 세상에 대한 따스함을 일상에서 느끼고 나눌 수 있는 체험입니다. 따스함은 지식으로 배우는 것이 아니라, 사람과 사람 사이에서 느끼고 나누는 체험입니다. 어린 시절, 따스함 체험이 감정기억 창고에 많은 아이는 그 감정기억에 평생 영향을 받습니다. 따스한 감정기억 체험을 삶의 다양한 장면에서 다시 체험하게 되니 평생 행복합니다. 그래서 어린 시절 '따스함 체험'은 행복한 삶을 살아가게 할 대체 불가의 자원입니다.

이토록 소중한 인성교육, '따스함 체험'을 오랜 시간 실천하신 분들이 있습니다. 또 다른 분들이 쉽게 체험할 수 있게 도움을 주시고자 애써 오신 조선미 수석선생님을 비롯한 5명의 특별한 선생님들이 여기 있습니다. 수년간 따스함 체험을 어떻게 끌어내고 안내할 수 있는지 '감성깨움수업'을 정성으로 연구하고, 정리한 보석들을 모아 두 번째 『감성깨움수업』 책으로 만들어 주셨습니다. 선생님들이 전해 주시는 따스함 체험 연구 기록들을 보며 고맙고 가슴이 뭉클했습니다. 다섯 선생님의 따스함 체험들이 뜨거운 열정, 눈물로 담겨 있어서입니다. 이 책이야말로, 얼어붙은 한 아이의 가슴을 녹이고, 쓰러진 한 아이를 안아 주고 일으켜 줄 따뜻한 선물이라 확신합니다. 한 아이를 사랑하고 성장을 돕기 원하는 부모, 교사, 교육전문가들께 이 귀한 책을 온 맘으로 추천합니다.

우리 아이들을 이만큼 지켜 온 건 대한민국 구석구석 아이들의 삶에 뛰어들어 '따스함 체험'을 주시는 이런 보석 같은 선생님들이 계셔서일 겁니다. 그리고 평생을 묵묵히 아이들의 따뜻한 삶을 지켜 주시는 전국의 한 분 한 분의 선생님, 선생님이 이 나라 지키는 이름 없는 의병교육자십니다. 참 고맙습니다.

우리 아이들에게
행복한 순간을 만들어 주는 수업 이야기

여수미평초등학교 교장 오만기

우리 학교에는 마음의 힘을 기르기 위해 감성수업을 가르치고 있는 수석선생님이 있습니다. 교과를 가르치지 않고 마음에 관한 수업이라 아이들이 정말 좋아합니다. 전국적으로 알려져서 EBS 프로그램에 우리 아이들과 선생님이 소개되기도 했습니다.

그 수석선생님이 『감성깨움수업』 추천사를 써 달라고 부탁했습니다. 유명 인사도 아니고 추천사를 써 본 경험이 없어서 어려운 숙제를 받은 아이처럼 혼자 고민을 많이 했습니다. 하지만 책을 읽다 보니 무거운 돌을 다시 정상까지 계속 밀어 올리는 벌을 받은 시시포스처럼 교실에서 끊임없이 노력하고 계신 선생님들의 모습을 보게 되었습니다. 순수한 동심 속에 가려졌던 아이들의 상처와 아픔, 그리고 수업을 통해 성장해 가는 아이들의 생생한 모습을 마주하게 되었습니다. 또한 감성수업의 필요성을 적극 지지하고 지켜봤던 사람으로서, 더구나 좋은 책에 추천사를 쓰는 것은 영광스러운 일이기도 해서 저도 마음속 보석인 용기를 조심스럽게 꺼내 보기로 했습니다.

삶의 문제를 감정이 아닌 감성의 문제로 받아들일 때 그 삶은 진정한 의미의 사람살이가 된다고 문학박사이자 교육평론가인 한병선 님은 말하고 있습니다. 감정과 감성의 차이점도 알려 주고 있지요.

"감정은 희로애락과 같은 느낌으로 일시적으로 나타나는 마음의 색깔이다. 감정을 불러일으킨 자극요소가 사라지면 그 감정도 자연스럽게 소멸되고 만다. 마치 대기물리 현상처럼 변화무쌍하게 나타난다. 하지만 감성은 외부 사물의 자극을 통해 느끼는 감수적인 인식능력, 즉 민감성이다."[*]

감정을 어떻게 감성으로 수업에서 이끌어 가는지 실감나게 보여 주는 장면이 있습니다. 수업시간, 운동장에 활개를 펴고 하늘을 보고 누워 있는 아이는 무엇을 하고 있을까요? 그 아이의 답변은 마음을 햇볕에 널어 말리고 있다고 합니다. 마음을 햇볕에 말린다는 표현이 신선하고 충격적이지 않나요! 마음속에 응어리져 있던 감정, 고민을 종이에 써서 친구와 나눠 표현하고 운동장에 누워 자신의 마음을 햇볕에 말리는 수업, 이런 수업을 해 보고 싶지 않나요! 그 아이는 그 순간을 "학교에 다니면서 지금이 최고로 행복해요."라고 합니다. 우리 아이들에게 최고로 행복한 순간을 만들어 주는 수업이 곧 감성을 깨우는 수업이라고 생각되는 지점입니다.

이처럼 이 책에는 어떻게 아이들의 감성을 깨워 행복하게 성장시켜 줄까 하고 고민한 선생님들이 그림책, 영화, 감성맵, 감정카드, 보석(가치)카드, '아하대화' 등을 통한 감성깨움 실제 수업 적용 사례가 들어 있습니다. 요리의 레시피처럼 감성깨움수업의 레시피를 보여 주는 이 책이야말로 선생님들을 아이들과 함께 행복한 감성수업으로 이끌어 줄 것입니다. 『감성깨움수업』을 통해 아이들의 마음에 의미 있게 다가서는 선생님들의 첫걸음을 응원합니다.

---

[*] 『교육과 사색』 2021년 3월호.

『마음의 힘을 기르는 감성수업』책이 출간된 지 5년이 지났습니다. 머리의 힘, 지식 경쟁 위주의 교육이 아니라 마음의 힘을 기르기 위한 감성수업은 전국에 계신 많은 선생님들의 따뜻한 응원을 받았습니다. 또한 교육현장에서 적용할 수 있는 더욱 구체적인 방법들에 대한 질문들도 많았습니다. 이 책은 그 응원과 질문에 대한 다섯 선생님들의 실천 사례입니다. 열 길 물속은 알아도 한 길 사람 속은 알 수 없다는 속담처럼 눈에 보이지도 않고 만지지도 못 하며 쉽게 확인하기 어려운 마음, 그 마음속의 감성을 깨우기 위해 고민하며 수업한 교사와 아이들의 진솔한 만남 이야기입니다.

우리가 만나는 아이들, 요즘 크게 두 가지 경향성을 보이고 있습니다.

첫째, 무기력, 무표정, 무감각해지는 아이들이 많아지고 있습니다.

이러한 아이들을 걱정하는 것은 단지 저의 개인적인 생각만이 아니라 정신건강의학과 원장인 김현수 님은 심리학자인 드레이커스[R. Dreikurs, 1992]의 글을 빌려 학습 무능함을 보여 주는 네 가지 패러다임으로 풀이하고 있습니다.

"일등 하지 않을 거면 안 하는 게 나아요."(과잉열망)

"욕먹을 거면 안 하는 게 나아요."(경쟁)

"기대에 부응 못 할 거예요."(압박)

"뻔해요. 하나 마나예요."(실패예측)

　과잉열망, 경쟁, 압박, 실패예측에 관한 이 패러다임에 대해 김현수 원장님은 학습이 힘든 아이들에게서 나타나는 현상이라고 했습니다. 하지만 아이들과 생활을 같이 해 보면 지극히 평범하거나 심지어 열심히 노력하고 있는 아이들에게도 학습뿐만 아니라 생활하는 장면에서도 그 분위기가 서서히 전파되고 있음을 절실히 느낍니다. 1등만 기억하는 더러운 세상이라는 코미디의 멘트가 시류를 반영하듯 경쟁에 지친 교실 속 아이들이 서서히 무너지고 있습니다. 실제로 얼마 전 초등학교 1학년 공개수업을 보러 갔다가 수업 중에 두 명이나 엎드려서 자는 장면을 보게 되었습니다. 학습 무기력이 중고등학교에서 점차 초등까지 내려오더니 발표를 하고 싶은 열망이 최고조인 1학년 아이들조차 무능함, 무기력으로 수업 분위기가 가라앉고 있는 것을 실감하게 되었습니다. 더구나 더 걱정되는 것은 교사들의 입장도 별반 아이들과 다르지 않다는 것입니다. 가르쳐도 소용없고, 해 봤자 여기저기서 욕먹을 것 같은 아이들을 어쩔 수 없이 포기하며 수업을 진행하는 횟수가 많아지면서 교사들의 마음조차 흔들리고 가라앉고 있다는 것입니다.

　둘째, 아이들의 폭력성이 다양해지고 더 커지고 있습니다.

　한국교육개발원에서 발표한 2019년도 학교폭력 실태조사 결과를 살펴보면 학교급별 피해 응답률은 고등학교보다 초등학교가 높게 나타났으며 피해 응답 유형 중 1위인 언어폭력을 39%가 경험했습니다. 집

단따돌림(19.5%), 스토킹(10.6%), 사이버 괴롭힘(8.2%) 외에도 신체폭력, 강제 심부름, 금품갈취, 강요, 성폭력 등의 형태는 중고등학교 몇몇 문제 학생에서 시작되어 점차 초등학교 저학년 아이들까지 경험하고 있는 것으로 나타났습니다.

더욱 절망적인 것은 학생들이 인식하는 학교폭력 발생 원인이 단순히 장난으로(29.4%)나 특별한 이유 없이(19.2%) 일어난 경우가 35%나 된다는 것입니다. 그 외에도 피해 학생의 말과 행동 외모가 이상해서, 가해 학생이 힘이 세서, 괴롭힘에 대한 복수로, 선배나 친구가 시켜서, 가정문제, 공부에 대한 스트레스 등의 원인이 있지만 그냥 장난이나 재미로 다양한 형태의 폭력이 이루어지고 있습니다.

살이 찌면 뚱뚱하다 뭐라 해!
살 빼면 재수 없대!
나보고 어쩌라고!

우리 학교 4학년 학생이 쓴 3줄짜리 짧은 시입니다. 교사의 입장에서 보면 더없이 착하고 성실하고 모범적이며 외모까지 예쁘다고 느꼈던 학생이었습니다. 이 시를 읽기 전까지 이 학생이 느끼고 있는 마음을 저는 전혀 눈치채지 못했고 몰랐습니다. 마지막 문장이 계속 저를 괴롭혔습니다. "나보고 어쩌라고!" 아무리 노력해도 안 되는 친구들과의 불편한 관계 속에서 얼마나 힘들었을까! 나는, 우리 교육은 이 아이들에게 어떻게 해야 되는가?

가만히 생각해 보면 학교현장에서 발생하고 있는 무기력과 폭력성은 결국 숨기는 것과 드러내는 것의 차이일 뿐 본질은 같은 것이 아닐까요? 우리 아이들의 마음에 상처가 많다는 것이지요. 상처를 숨기고 싫어서 꽁꽁 자기 안으로 들어가 나오지 않는 것이 무기력이고, 자기 상처를 봐 달라고 소리치는 것이 폭력이 아닐까 생각합니다.

그래서 우리가 갈 교육의 방향이 굉장히 중요하다고 생각합니다. 어두운 동굴 속에 머물러 있는 아이들, 상처를 숨기려고 웅크려 있는 아이들, 강하게 보이기 위해 센 척하는 아이들, 교사와 친구들에게 무언의 몸짓으로, 살벌하고 은밀한 폭력으로 자신의 상처 난 마음을 표현하고 있는 그 아이들의 손을 잡아 이끌어 내어야 합니다. 아담에게 숨결을 불어넣는 장면을 그린 미켈란젤로의 그림처럼 말입니다.

스티븐 스필버그 감독의 〈ET〉에서 외계인 ET가 손가락을 내밀자 주인공 엘리엇도 손가락을 내미는 그 가슴 찡한 장면처럼 우리는 수업을 통해 아이들과 교감하고 싶습니다. 손가락으로 터치하며 이어지는 미세한 그 과정을 수업 속에 만들어 가야 합니다. 교사가 포기하면 이제 교육은 더 이상 희망이 없기 때문입니다.

여기 다섯 명의 선생님들은 우리 아이들에게 한 번 더 손을 내밀어 보았습니다.

한 번 더 눈을 마주치고 따뜻한 마음을 전해 보았습니다.

한 번 더 학생의 마음이 변화될 수 있도록 고민해 보았습니다.

마지막 한 번 더 힘을 짜내어 감성깨움수업으로 엮어 보았습니다.

혼자였다면 포기하고 사라졌을 수업시간의 수많은 보석 같은 순간들을 함께 질문하고, 의미를 찾아보았습니다.

아이들의 미세한 눈빛의 흔들림, 작은 행동의 변화를 보며 책으로 엮어 볼 용기를 가져 보았습니다.

'감성깨움수업'이라는 이름으로 전국에 있는 선생님들에게 손을 내밀어 봅니다.

이 책의 활자가 생명처럼 꿈틀꿈틀 살아 움직여 아이들에게 마음의 힘을 길러 주고 싶은 선생님의 고민과 질문에 대한 답을 찾아가는 작은 디딤돌이 되길 바랍니다. 그 디딤돌을 딛고 일어서서, 우리가 만나는 아이들의 마음을 이해하고 감성을 깨워 주는 선생님이 되었으면 좋겠습니다.

시인 조동화 님은 노래합니다.

> 나 하나 꽃피어 풀밭이 달라지겠냐고 말하지 말아라
> 네가 꽃피고 나도 꽃피면
> 결국 풀밭이 온통 꽃밭이 되는 것 아니겠느냐

감성깨움수업으로 내가 먼저 꽃피우기 시작하면 결국 모든 교실에 꽃이 피고 감성으로 물들여질 거라고 생각합니다. 미켈란젤로 그림의 제목처럼 천지가 창조되듯이 교실의 모습도 새로운 모습으로 바뀌길 간절히 희망합니다.

마힘샘
(마음의 힘을 기르는 수업을 응원하는 선생님)

차례

1장 톡톡! 감성깨움수업을 시작해요

2장 쑥쑥! 감성깨움수업과 함께 성장해요

4장 짠짠! 감성깨움수업 결과물을 소개해요

1장

톡톡!
감성깨움수업을 시작해요

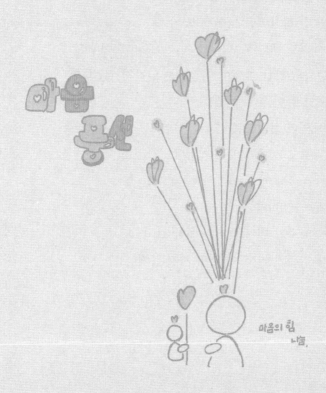

1.

감성깨움수업에 빠져 볼까?

우리 반 아이들의 감성을 깨워 주려면 어떻게 하지?
지금까지 해 보지 않아서
부담스럽고 힘들기도 하겠지요.
하지만 한 발자국만 들어가 보면,
한 손이라도 내밀어 보면, 한 마디라도 바꾸어 보면
아이들과의 만남, 수업이 이전과는 달라질 것입니다.
스스로 보듬어 주지 못했던
교사 내면의 감성도 만나게 되어
더욱 풍요로운 생활이 될 것입니다.

감성깨움수업이라는
바닷속에 용기 내어 들어가 보세요.
어느새 감성깨움수업에 풍덩 빠져들 거예요.

2.

마음이 강하면 몸도 강해진다!

감성깨움수업을 3년간 받은 학생의 작품입니다.

마음이 강하면 몸도 강해진다고 스스로 생각한 아이가 대견스럽습니다.

앞으로 사춘기를 지내면서 겪게 될 마음의 변화나 상처에 대해서도 의연하게 대처해 갈 거라고 믿습니다.

마음의 힘을 믿고 있기에 스스로 마음과 몸을 소중히 다루고 가꾸어 나갈 테니까요.

마음은 지성과 감성, 영혼이 모두 모여서 인간의 자아를 만들어 내는 장소라고 교육학자 파커 J. 파머는 말합니다.

마음의 힘을 기르기 위해서는 지성, 감성, 영성이 어우러져 함께 성장시켜야 합니다.

지금까지 교육이 지성을, 종교는 영성을 강조했다면 감성은 무엇이고 어떻게 성장시켜야 할까요?

3.

감성이란?

감성은 감각적 자극이나 인상을 받아들이는 마음의 성질입니다.

사람들이 감성을 받아들이는 데에는 다섯 가지 육체의 감각과 다섯 가지 정신의 감각이 있다고 합니다. 다섯 가지 육체의 감각은 시각, 후각, 청각, 촉각, 미각을 가리키고 다섯 가지 정신의 감각은 감정, 직관, 상상력, 영감, 보편적 인식입니다.[1]

'동생'이라는 같은 대상에 대해 경험과 자극에 따라 우리 인간은 모두 다른 감성으로 받아들입니다.

---

1. 베르나르 베르베르(2017), 『잠 2』, 열린책들, 189쪽.

동생

동생이 있으면 좋겠다.
엄마에게 계속 졸라도 안된다.
힝~

김태우

동생

동생이 ㄷ대린다
나도 ㄷ대려줬다
엄마한태 이른다
나만 혼난다

오주원

동생

엄마가
기차로 서울로 가셨다.
동생은
엄마를 찾으면 서 운다.
평소엔
미운동생이지만
오늘은 가엾다.

4.

학습 장면에서 감성은?

받아 올림이 있는 두 자릿수+두 자릿수(자극)에 대한 학습 장면에서 학생들마다 받아들이는 감성도 다르게 나타납니다.

감성과 감정은 습관이고 전염됩니다. 학습적 자극에 대해 긍정적 습관이 계속될 수 있도록 또한 긍정적 감성이 가득한 학생들이 많아질수록 우리 교실은 활기가 넘칠 것입니다. 하지만 현실은 반대로 가고 있습니다.

어떻게 해야 할까요?

감성깨움수업이 필요한 이유입니다.

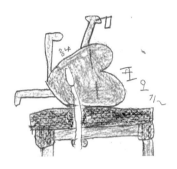

몰라, 몰라. 수업시간에 잠이나 자자.

지난번에 받아 올림이 없는 덧셈도 잘 해냈으니
받아 올림이 있는 덧셈도 해 보자!

5.

감성수업, 감성깨움수업은?

감성수업은 감성을 깨우기 위한 시작 단계로 '자신과 타인의 감정을 조율하는 감성지능이 IQ보다 중요하며, IQ와 달리 감성지능은 학습을 통해 계발할 수 있다'는 메시지로 전 세계에 '감성혁명'을 일으킨 심리학자 데니엘 골먼의 '감성지능' 이론을 수업에서 적용한 수업의 방법들입니다.[2]

즉 감성지능을 향상하기 위해 감성지능 영역 '자기 인식, 자기 조절, 목표설정, 공감, 사회화' 등 다섯 가지를 수업에서 적용해 보고 교사와 학생들이 마음의 변화, 수업의 변화를 가져온 결과물입니다.

감성깨움수업은 감성을 깨우기 위한
감성수업의 같은 이름이고
감성수업의 실천 사례입니다.
감성깨움수업은 감성을 깨우기 위해
학생들과 교사의 수업 모습을
구체적으로 쉽게 풀어놓은 이야기입니다.

---

2. 조선미 외(2016), 『마음의 힘을 기르는 감성수업』, 살림터, 29~34쪽.

학교에서 발생하는 많은 문제들은 감정과 관련되어 있습니다. 또한 그 감정은 감성지능과 연계되어 있습니다. 감성지능을 향상시키는 것이 곧 감성을 깨우는 일입니다. 그래서 이와 관련된 여러 연구 자료, 논문, 강의, 연수, 워크숍 등을 통해 감성을 깨울 수 있는 방법에 대한 연구를 바탕으로 수업에 적용해 보았습니다.

감성깨움수업은 감성수업을 실천하고 있는 교사들의 요구에 의해 감성지능을 적용한 감성수업과 더불어 교사와 학생의 만남, 학생과 학생의 만남, 지식과의 만남을 통해 감성을 깨울 수 있도록 교사가 의도적으로 설계하고 진행하는 수업입니다. 학생들의 앎과 삶 속에서 감성을 깨울 수 있게 하는 수업입니다. 교사와 아이들 모두 감성을 풍부하게 느낄 수 있는 수업입니다.

감성깨움수업은 감성을 수업 속에서 좀 더 구체적인 모습으로 보여주도록 그림책, 영화, 아하대화, 감정카드, 보석카드, 감성맵 등을 적용하기도 했습니다.

그러나 감성깨움수업의 가장 큰 본질은 교사의 마음입니다.
'어떻게 하면 감성을 깨울 수 있는 수업을 진행할 수 있을까?'에 대한 교사의 간절한 마음이 무엇보다 중요합니다. 학생들의 감성을 소중히 여기고 잠재되어 있는 감성을 깨워 주고자 하는 교사의 바람이지요.

각각 다른 감성을 가진 아이들과 어떻게 하면 수업에서 함께할 수 있을까? 동기유발, 수업 전개 과정, 학습 정리 장면의 어느 부분에 감성을 녹여 낼 수 있을까? 감성을 바탕으로 하는 학급교육과정 운영은 어떻게 진행해야 될까? 더 나아가 학교, 가정, 일상의 삶 속에서 감성을 깨워 행복하게 살아갈 수 있을까? 등에 대한 고민을 교사의 마음속에 품고 있다는 것이 중요하다고 생각합니다.

> "HAPPINESS ONLY REAL WHEN SHARED"
> 행복은 나눌 때만 존재한다.

> ⟨IN TO THE WILD⟩
> 실화를 바탕으로 한 영화와 책 『야생 속으로』의 주인공이
> 25세의 나이로 죽으면서 남긴 말입니다.

감성수업, 감성깨움수업에 관한 수업 사례들을 이 책을 통해 나누고, 자신의 수업을 통해 학생들과 나눔으로써 모두 감성적으로 행복하면 좋겠습니다.

6.

모든 수업을 감성수업, 감성깨움수업으로
진행할 수 있나요?

감성수업, 감성깨움수업의 본질은 마음의 힘을 기르고자 하는 수업입니다. 모든 수업에 인지적, 정의적, 기능적 목표가 있다면 감성수업, 감성깨움수업은 정의적이고 기능적인 목표 달성에 적합합니다. 그러므로 모든 수업, 즉 학생들의 마음을 읽어 주는 수업이라면 감성수업, 감성깨움수업이라고 할 수 있습니다. 유치원, 특수, 초등, 중등, 고등학교 학생들 대상 모두에게 가능합니다.

"지난 시간에 뭘 배웠니?"라고 인지적인 요소를 묻기 전에 "오늘 공부할 것에 대한 네 마음은 어떠니?"라고 학생들의 감정을 존중하는 것을 시작으로 수업 단계 단계마다 아이들의 감정이 어떻게 변하고 있는지 세심하게 지켜봐 주는 것, 수업의 인지적 요소보다 먼저 정의적 영역에 교사가 더 집중하는 것이 감성수업, 감성깨움수업의 방향입니다. 인지적 수업 목표 달성뿐만 아니라 감성적 요소까지 계속 지켜보고 살펴 주는 과정이 교사나 학생들에게 느끼는 시간이 많이 걸리고 먼 길로 돌아갈 것 같지만 꾸준히 하다 보면 훨씬 더 빠른 지름길이라는 것을 알게 될 것입니다.

교과에서 제시하는 수업모형은 바이블이 아닙니다. 학생과 교사 실태, 사회적·시대적 요구에 따라 발 빠르게 재창조, 재구성되어야 된다고 생각합니다. 학습 주제에 가장 알맞은 모형을 찾아 재구성해 보는 과정에서 감성수업, 감성깨움수업이 수업의 한 형태나 수업의 요소로 스며들면 좋겠습니다. 규격화된 수업모형에 감성수업, 감성깨움수업을 적용하기는 힘듭니다. 모형이라는 틀 안에서, 수업을 맞추지 말고 우리 아이들에게 맞는 수업을 찾아가는 과정에서 감성수업, 감성깨움수업의 필요성을 알아 가면 좋겠습니다.

　　모든 수업을 감성수업, 감성깨움수업으로 진행할 수는 없습니다. 그러나 모든 수업이 감성수업, 감성깨움수업이 될 수도 있습니다. 학생들의 실태를 고려한 교사의 선택, 필요에 따라서 결정될 것입니다.

7.

감성깨움수업을 통해
아이들에게 어떤 변화가 있었나요?

"감정을 표현하는 것은 내 마음을 햇볕에 널어 말리는 것과 같다."

마음속에 응어리져 있던 감정, 남에게는 아무것도 아닌 것 같지만 나를 힘들게 했던 고민들을 종이에 써 보고 친구와 나누면서 모두 표현하고 난 뒤 학교 운동장에 누워 자신의 마음을 햇볕에 말리는 수업 장면입니다.

"지금 마음이 어떠니?"라는 질문에 "학교에 다니면서 지금이 최고로 행복해요."라고 대답합니다.

듣는 교사의 마음도 뭉클하고 행복합니다.

감성깨움수업을 통해 아이들에게 어떤 변화가 생길까요?

학생들은 감성에 관련된 수업을 하고 나면 '후련하다', '괜히 참았다', '친구들을 이해하게 되었다' 등 자신의 마음을 감정으로 잘 표현합니다. 마음 상태에 대한 관심이 조금씩 많아지면서 안정적인 학교생활로 이어집니다. 스스로 감정, 감성을 귀하게 여기고 친구들의 마음도 살피고 공감하는 시간 덕분일 겁니다.

실제 학교 차원에서 감성깨움수업을 정기적으로 진행하고 있는 우리 학교의 경우 학교폭력대책자치위원회 회의가 대폭 줄어들었습니다. 2018년도 한 해 동안 학교폭력대책자치위원회가 18회나 열렸습니다. 방학을 제외하면 거의 한 달에 3~4번, 즉 일주일에 한 번 정도 진행되어 일부 선생님들은 원형탈모가 오기도 하고 휴직까지 할 정도로 힘들었습니다. 그러나 2019년도에는 학교폭력에 관한 회의가 단 1회 열렸습니다.[3] 물론 교사들이 노력하는 여러 가지 다른 방향도 있었지만 학교 차원에서 진행하고 있는 감성깨움수업이 큰 도움을 주었습니다.

---

3. 학교에서 진행되었던 학교폭력대책자치위원회는 2020년부터 관할 교육지원청으로 상향 이관되어 학교폭력대책심의위원회에서 운영되고 있습니다.

8.

감성을 깨우기 위한
교사들의 첫 번째 발걸음은 무엇일까요?

학생들의 감성을 깨우기 위해 교사들이 해야 할 첫 번째 발걸음은 무엇일까요?

첫 번째 발걸음은 교사가 아이들이 마음을 열어 표현할 수 있을 때까지 기다려 주어야 합니다. 처음에는 어색한 침묵, 불편한 순간, 빨리 가르쳐 주고 싶은 순간이 많을 것입니다. 이때 한 발자국 물러서 눈을 바라보고 호흡을 가다듬고 학생 스스로 말하고 싶은 것을 표현할 수 있도록 편안한 눈빛으로 지켜봐 주는 것은 어떨까요? 교사가 기다려 주는 모습을 보이면 주변 친구들도 당연하게 기다려 줄 수 있는 여유가 생깁니다. 그리고 아이들의 속마음을 표현할 수 있도록 대화를 이끌어야 내밀한 감정도 소통할 수 있을 것입니다.

"그 정도 문제는 아무것도 아니야~"로 시작해서 자신의 더 크고 아픈 경험으로 학생들의 문제를 축소시켜 버리거나,

"○○는 잘하고 있는데 왜 너만 이러는 거야!" 하며 비교 대상을 정하거나,

"~~~이렇게 할 거지! 내가 그럴 줄 알았다!"라고 예측해서 결과를 부정적으로 바라보지 말아야 합니다.

아이들이 제일 듣기 싫은 소리는 잔소리라고 합니다. 잔소리는 모

두 옳은 말이지만 말하는 사람이 하고 싶은 말만 하기 때문에 대화가 되지 않는답니다. 교사들의 잔소리가 줄어들고 아이들의 수다 소리가 많아지면 자연스럽게 마음과 마음이 만나게 되는 수업, 감성이 깨어나는 수업이 진행될 것입니다.

교사들은 감성이 중요하다는 것을 알면서도 지식 위주의 교육 방식에 머물러 있는 경우가 많습니다. 교육과정 안에 녹아 있는 감성적, 정의적 요소들이 중요하다는 확신과 자신감을 갖고, 학생들의 마음을 읽어 주면 지식교육도 자연스럽게 따라올 수 있다는 마음으로의 전환이 필요합니다. 예를 들어 감사라는 가치(지식)를 가르치기 위해 감사라는 말을 가르치고 감사해야 되는 상황에 대해 감사해야 된다고 강조하는 수업을 하고 나면, 감사를 공부나 지식으로 받아들여 시간이 지나면 망각해 버립니다.

하지만 학생들이 그동안 인지하지 못했던 상황이나 장면(자극)을 보거나 듣고 어떤 마음인지 느낄 수 있도록 그들의 감성이 깨어날 시간을 기다려 주고, 스스로 표현하게 하고 친구들의 마음과 공감하는 시간을 갖는다면 자발적으로 감사하는 마음이 우러나와 그것이 행동으로 이어지고 삶이 바뀔 것입니다.

마음은 가르치는 것이 아니라 느끼고 표현해야 힘이 생기니까요.

이러한 감성깨움수업이 더욱 효과적으로 진행되려면 교육현장에 여유가 있었으면 좋겠습니다. 서로 감정을 표현하고 존중하는 교실 문화가 되기 위해서는 눈을 마주치고 마음을 읽을 수 있는 시간이 있어야 되는데 교사들은 너무 바쁩니다. 교사가 오로지 수업과 아이들에게만 온 시간을 사용할 수 있는 시스템이 갖춰지길 바랍니다.

교사들도 자신의 감정에 대해 인식하고 표현하며 조절해 가는 수업을 받은 경험이 없는 경우가 많습니다. 연수나 책, 그리고 교사공동체를 통해 서로 마음을 나누며 든든한 심리적 안전지대를 만들어 가는 것도 좋은 방법입니다.

9.

감성깨움수업에 도움을 줄 자료들을 소개해 주세요

감성깨움수업 자료는 무엇이든 우리 주변에서 구할 수 있습니다.

이 책에서는 다섯 명의 교사가 주로 사용한 자료를 소개합니다.

여기서 제시한 것 외에도 주변에 마음만 먹으면 정말로 좋은 자료들이 넘쳐납니다.

자신이 만나고 있는 아이들이 관심, 흥미를 갖는 것 그리고 교사가 가장 잘 활용할 수 있는 것들을 찾아보시길 바랍니다.

- 동기유발, 수업 활동 자료, 과제 활동 등에 사용할 수 있습니다.
- 학습의 실태와 교사의 관점, 교수학습의 목적에 따라 자료들을 선택하세요.

두발자전거를 처음 탈 때 보조바퀴가 도움을 주는 것처럼 교사의 불안하고 어색한 마음, 학생들의 수줍고 꺼내기 어려운 마음을 대신해서 지지하고 도와줄 수 있는 자료들을 소개합니다.

자전거를 잘 타게 되면 보조바퀴는 거추장스럽습니다.

학생들과 마음을 나누다 보면 어느 순간 자료들이 필요 없는 순간이 올 것입니다. 그때까지 감성깨움수업에 도움이 되는 자료들을 사용해 보세요. 분명히 포기하고 싶을 때마다 안정감을 느낄 수 있도록 도와줄 것입니다.

- 그림책
- 영화
- 감성맵
- 감정카드
- 보석카드
- 아하대화

① 그림책

그림책 평론가 서정숙 님은 그림책 감상을 '산책'에 비유합니다. 산책길에서 만나는 자연 하나하나가 산책의 목적이듯, 그림책 속 인물을 만나고 사건을 경험하는 것, 그림책의 글과 그림이 빚어내는 이야기를 발견하는 것이 그림책 감상의 목적이기 때문입니다.

달리기 경주가 아닌 산책하듯 편안하게 자연스럽게 그림책을 수업 속으로 끌어오면 그림책 속의 글과 그림이 부드럽게 천천히 아이들의 영혼에 스며드는 것을 느낄 수 있습니다.

나그네의 모자 벗기기 시합에서 거센 바람은 나그네의 모자를 벗기지 못합니다. 따사로운 햇살이 나그네의 모자를 벗깁니다.

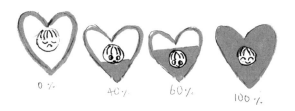

0 %   40%   60%   100%

아이들 내면의 감성을 깨우기 위해 산책길에 만나는 따사로운 햇살 같은 그림책들을 수업에 활용해 보았습니다.

감성을 깨우는 그림책

눈이 반쯤 감긴 들쥐, 프레드릭은 햇빛과 예쁜 색깔을 열심히 모으는 그림책 주인공입니다. 모두가 바쁜 늦가을, 다른 들쥐들은 겨우살이 준비에 여념이 없는데 프레드릭은 일도 하지 않고 느그적 느그적 햇살만 모으고 있습니다. 다른 이들의 눈에는 게으르게 느껴질 뿐입니다. 그러나 추운 겨울이 되었을 때, 들쥐들은 프레드릭이 모은 따뜻한 햇살, 여러 가지 예쁜 색깔, 재미있는 이야기 덕분에 기나긴 겨울날을 즐겁게 보내게 됩니다.

우리 주변에는 프레드릭처럼 혼자만의 생각에 빠진 친구들이 많이 있습니다. 너무나 낭만적이고 따뜻한 마음을 가져 쉽게 상처받는 영혼도 있습니다. 공부에 지친 아이들도 있고, 일하느라 따뜻한 햇살을 즐길 틈이 없는 힘든 어른들도 있지요. 다른 사람과의 관계에 어려움을 겪는 사람들도 있고요. 하루 일상은 남들이 눈치채지 못하게 그런대로 흘러가고 있지만 삶이 시들한 사람들은 더욱 많습니다. 또한 잘 살고 있는 것 같은데 어느 한순간 무기력해져서 다시 삶의 의미를 찾고자 하는 사람도 있습니다.

이들에게 병원의 주사나 약보다는 『프레드릭』 같은 그림책을 내밀어 보면 어떨까요? 사람의 언어 때문에 힘들어했던 사람들에게 그림책속의 이야기를 들려주면 어떨까요? 반쯤 감긴 눈과 빨간 꽃 한 송이를 들고 있는 프레드릭 그림을 보여 주고 이야기를 들려주며 등이라도 토닥토닥해 주면 어떨까요? 프레드릭이 친구들에게 햇살, 색깔, 이야기로 위안을 주듯 그림책은 그동안 깨닫지 못했던 내면의 감성을 깨울 수 있을지도 모릅니다.

『아름다운 실수』

"시작은 이러했어요."로 시작해서 "실수는 또 다른 시작이기도 해요."라고 끝나는 책입니다. 동그라미로 시작해서 머릿속 상상력의 모든 것을 보여 주는 그림으로 끝나는 정말 멋진 그림책입니다. 실수가 또 다른 성공을 위한 작은 디딤돌이라는 것을 그림책을 통해 간접 경험할 수 있습니다. 한 번의 실수로 교실에서 놀림을 당하는 아이들이 생각보다 많습니다. 이 책을 읽고 실수하는 친구들을 위해 "실수해도 괜찮아, 배울 수 있으니까!", "실수해도 괜찮아, 다시 함께 해 보자!" 등 구호를 만들어 사용해 보면 좋습니다.

『무릎딱지』

무겁고 어려운 주제인 '죽음'에 대해 학생들과 이야기할 수 있는 그림책입니다. 피 색깔을 연상시키는 빨간색 표지로 아이들의 눈길을 확 잡아끄는 책입니다. 글의 양이 많지만 "엄마가 오늘 아침에 죽었다."라고 시작하는 첫 문장부터 흡인력이 강합니다. 상처가 생기고 아물면서 떨어지는 무릎딱지처럼 어린아이가 엄마의 죽음 후에 자신의 마음 변화 과정을 받아들이며 일상을 살아내는 모습이 담담하게 표현된 슬프고도 아름다운 그림책입니다. 진정한 죽음의 의미를 고양이를 통해 이야기하는 『100만 번 산 고양이』 그림책도 함께 추천합니다.

할머니는 내 곁으로 오더니 가만히 내 손을 잡아 내 가슴 위에 올려 주며 말했다.

"여기, 쏙 들어간 데 있지? 엄마는 바로 여기에 있어. 엄마는 절대로 여길 떠나지 않아."

『피터 H. 레이놀즈 작가의 연계되는 그림책 읽기』

감성을 깨울 수 있는 좋은 방법으로 한 작가의 작품을 연관 지어 읽어 볼 수 있는 그림책을 소개합니다. 책 속 주인공들이 어떻게 성장하는지 재미있게 살펴본 다음 우리 반 친구들을 주인공으로 이야기를 만들어 보세요.

『점』	"어떤 것이라도 좋으니 한번 시작해 보렴. 그냥 네가 하고 싶은 대로 해 봐." 그려 보라고 격려하는 미술 선생님 덕분에 아무것도 그리지 못했던 주인공이 멋진 화가가 된 베티 이야기
『느끼는 대로』	그림책 『점』 마지막 장면에 등장해서 주인공 베티로부터 용기를 얻어 그림 그리기를 좋아하게 된 레이먼의 이야기
『그리는 대로』	그림책 『느끼는 대로』에서 주인공 레이먼이 그림을 포기했을 때 도와주었던 여동생 마리솔이 주인공으로 나오는 이야기
『나 하나로는 부족해』	그림책 『느끼는 대로』에서 등장해서 주인공 레이먼의 그림을 비웃었던 형 레온이 주인공이 되어 살아가는 이야기
『너에게만 알려줄게』	『느끼는 대로』 주인공 레이먼이 알려 주는 행복의 비밀

『나는 기다립니다』

책의 크기가 가로로 길게 만들어져 아이들이 호기심을 가지고 읽을 수 있는 감성 가득한 그림책입니다. 빨리 성장하기를 기다리는 어린 꼬마가 할아버지가 될 때까지 평생 동안의 과정을 흑백의 단조로운 그림에 빨간색 털실로 연결을 표현한 작품입니다. 초·중등 학생은 물론 학부모 수업에도 이야깃거리가 많은 책입니다. 책 크기가 작고 페이지별로 일정한 패턴이 시간별로 나눠지므로 자신의 경험을 그림책 패턴에 따라 그대로 표현해 보는 1인 1그림책을 쉽게 만들 수 있습니다.

『소피가 화나면, 정말정말 화나면』, 『소피가 속상하면, 정말정말 속상하면』

주인공 소피가 정말정말 화가 났을 때 그 감정을 자신과 주변을 다치지 않고 건강하게 표현하는 방법을 보여 주고 모든 사람이 느끼는 감성이 다르다는 것을 소피의 그림으로 보여 주는 그림책입니다. 너도 밤나무가 두 권의 그림책에서 연계되어 나옵니다. 소피에게 너도밤나무가 있었듯이 나에게는 어떤 것이 있을까? 토론할 수 있고 소피 대신 자신의 이름을 넣어 그림책을 만들어 가며 자신만의 감성을 깨워 볼 수 있습니다. 『소피는 할 수 있어, 진짜진짜 할 수 있어』라는 소피의 감정수업 마지막 작품까지 읽어 보는 것을 추천합니다.

『꽃을 선물할게』

까만 표지에 강렬한 색깔의 꽃들이 화려하게 꾸며져 있고 무당벌레, 거미, 곰이 등장하는 그림책입니다. 거미줄에 걸린 무당벌레는 아침, 점심, 저녁 세 번이나 그곳을 지나가게 되는 곰에게 아첨과 거짓말로 살려 달라고 애원합니다. 결국 꽃을 좋아하는 곰에게 진딧물을 잡아 주는 자신의 존재 의미를 알리며 목숨을 구하게 됩니다. 그림책에 나온 동물들은 인간의 삶의 모습을 그대로 보여 줍니다. 나에게 거미줄은 무엇일까? 자연생태계를 따르지 않은 곰의 행동은 올바른 것인가? 무당벌레의 선의의 거짓말에 대해서 어떻게 생각하는가? 등 동물들의 행동에 대해 토론하다 보면 결국 우리의 삶을 성찰할 수 있는 시간이 된답니다.

이 외에도 수많은 그림책이 우리들을 기다리고 있습니다. 가까이 다가가 오감을 이용해 가만히 그림책 한 페이지, 한 페이지를 넘겨 보시길 바랍니다. 자신만의 감성이 살아나는 그 지점에서 가만히 머물러 보세요.

② 영화

영화만 보여 주는 교사가 아니라 영화를 같이 보며 아이들의 감성을 함께 나누는 교사들이 있습니다. 이미지와 영상 시대에 살고 있는 학생들에게 영화를 활용한 수업은 학생들의 시청각 감각은 물론 감성까지 깨울 수 있는 좋은 자료이기 때문입니다. 한 학기 한 권 읽기를 한 학기 한 편 영화 보기로 적용해 보는 것도 추천합니다. 책과 영화를 병행해도 좋습니다. 영화 속 한 장면만을 가져와서 수업에 활용해 보는 것도 좋습니다. 평소에 숙제를 한 번도 하지 않았던 학생이 학교에서 본 영화 장면 뒤의 내용이 궁금해서 스스로 그 영화를 찾아본 다음, 학교에 와서 그다음 내용에 대해 신나게 발표를 하던 생각이 납니다. 그 학생에게는 책보다 영화가 훨씬 영향력이 컸던 것이겠지요. 영화 한 편이 잠들고 있던 우리 반 누군가의 감성을 깨울 수 있습니다.

> 란초: 그날, 난 깨달았어. 사람의 마음은 쉽게 겁을 먹는다는 걸.
> 그래서 속여 줄 필요가 있어. 큰 문제에 부딪치면 가슴에 손
> 을 얹고 얘기하는 거야. 알 이즈 웰(All is well), 알 이즈 웰
> (All is well).
> 라주: 그래서 그게 문제를 해결해 줬어?
> 란초: 아니, 문제를 해결해 나갈 용기를 얻었지!

"All is well."

이 문장이 얼마나 많은 사건을 해결해 가는지 〈세 얼간이〉 영화를 본 사람들은 알고 있습니다. 한 편의 영화는 학생들에게 진리를 가르치지 않아도 세상을 바라보는 관점을 스스로 배울 수 있게 합니다. 마음속 울림을 주는 영화 속 어떤 장면은 두고두고 마음 깊이 무의식에 살아남아 있다가 어느 순간 자신의 등대가 되기도 하고, 어두운 터널을 건너갈 수 있는 용기가 되기도 하고, 자신의 삶도 영화처럼 빛날 수 있다는 것을 깨우치게도 해 줍니다. 영화 수업의 장점은 학급의 모든 아이들이 좋아한다는 것입니다. 영화를 함께 감상하고 함께 이야기 나누었던 경험은 아이들 가슴에 추억으로 오래 남을 것입니다.

수업시간에 함께하면 좋은 영화

수없이 많은 영화가 있지만 전체관람이 가능한 작품 중에서 수업시간에 학생들과 함께 볼 수 있는 영화로 선별했습니다. 대체로 실화가 바탕이 된 작품이 아이들의 마음 깊은 곳, 감성을 깨우게 되는 경우가 많았습니다. 가짜 이야기, 허구가 아니라 우리 주변에서 일어났던 사실이 더 감동을 주니까요.

영어 단어에서 감동하다는 impressed, be moved, be touched로 표현됩니다. 감동의 정도로 조금씩 다르게 사용되지만 아이들과 수업을 하고 나면 영화 한 편이 아이들 마음에 가만히 닿는(touch) 과정, 살며시 움직이는(move) 모습을 생생히 볼 수 있습니다. 아이들은 영화를 보고, 교사는 아이들의 마음을 바라볼 수 있는 좋은 기회가 됩니다. 더구나 아이들의 마음이 움직이고 터치되어 가는 과정을 오롯이 지켜보면 지금껏 느끼지 못했던 그 아이의 순수함을 그대로 느낄 수 있습니다. 아무리 산만한 아이들도, 아무리 무기력한 아이들도 영화 속에 몰입하면 그 아이만의 순진무구한 표정이 그대로 나타나거든요. 폭력성이 심한 아이가 그지없이 순수한 얼굴로 영화 속에 빠져 들어가는 모습을 보면 그 아이를 전혀 다른 눈으로 바라보게 됩니다. 아이들 마음이 터치되는 순간, 흔들리며 움직이는 순간, 교사 또한 그 표정을 바라보며 아이들을 이해할 수 있게 되고 인정해 주는 순간이 되었습니다.

'아, 네게도 이런 예쁜 마음이 있었구나, 네게도 이런 순수한 마음이 있었던 거구나!'

학생들의 감성을 흔들지 않고 그대로 작품 전체를 설명 없이 감상하는 방법, 앞뒤 배경 설명과 함께 한 장면을 두고 토론하는 방법, 주인공의 입장이라면 어떤 마음일까 공감하는 방법, 인물들이 가지고 있는 가치(보석)는 무엇일까? 찾거나 자신과 비교해 가는 방법, 두 개의 영화로 주인공들의 마음을 비교하는 방법 등 영화를 활용한 감성깨움수업은 학생 실태에 따라 다양하게 진행될 수 있습니다.

실화 영화라서 더 감동적인 〈행복을 찾아서〉, 〈우리는 동물원을 샀다〉, 외모에 관한 고민이 있을 때 〈원더〉, 상상력을 마음껏 펼칠 수 있는 〈쿵후 팬더〉 등 감성깨움수업에 도움이 되는 영화는 교사의 관심,

학생의 실태에 따라 수없이 많습니다. 여기서는 지면 관계상 7편의 영화를 추천합니다.

〈지상의 별처럼〉

인도의 작은 마을, 난독증을 가진 8살 꼬마 이샨이 니쿰브 미술 선생님을 만나면서 변화해 가는 기적 같은 이야기입니다. 실제 이 영화가 상영되고 난 후 학력 위주의 엘리트 교육만을 추구하던 인도 사회에 커다란 반향을 불러일으켜 교육정책 전반의 재검토를 하는 전환점이 되었다고 합니다. 초등 저학년 아이들의 심리가 잘 표현되어 있습니다. 수업을 할 경우 영화 전체를 한꺼번에 보지 않고 시간 순서대로 나눠 보는 것도 좋은 방법입니다. 중요한 장면에 멈춰서 주인공의 마음이나 다음 전개 상황, 지금까지 알게 된 내용 등을 짚어 가면 영화에 대한 몰입도가 높아집니다.

> "세상은 네가 만드는 것, 그건 보는 사람의 눈에 달린 것, 네 마음을 자유롭게 해. 날개를 펴고 색깔을 마음껏 입히고 네 꿈을 마음껏 펼쳐 봐."

〈세 얼간이〉

세 명의 친구들이 자신의 진정한 꿈을 찾기 위해 겪게 되는 많은 모험들, 그리고 "알 이즈 웰"을 외치며 주변의 불가능한 것들을 가능한 것으로 바꿔 놓은 주인공 란초의 이야기입니다. 우정과 꿈, 진로에 관한 고민이 많은 초등 고학년, 중고등학생에게 추천합니다. 할리우드와 비교되는 인도 특유의 음악과 화려한 군무 장면이 등장하는 흥겨운 발리우드 영화입니다.

〈템플 그랜딘〉(실화)

자폐로 인해 겪어야 했던 수많은 난관들을 딛고 콜로라도 대학교의 교수가 된 템플 그랜딘Temple Grandin, 1947년~ 교수의 실화를 바탕으로 만들어진 영화입니다. 주인공이 성장하는 과정을 통해 자신이 가족, 이웃, 친구들에게 어떻게 대하고 있는지를 성찰하게 도와줍니다. 또한 그림으로 세상과 소통하는 주인공을 만나게 되면서 세상에는 다양한 사람들이 여러 가지 방법으로 서로 돕고 있다는 것을 깨우치게 됩니다.

"여러분은 말로 하는 언어에서 벗어나야 합니다. 저는 그림으로 생각합니다. 저는 언어로 생각하지 않아요."

〈우리들〉

초등학교 고학년 여자아이들 사이에서 일어나는 예민한 친구 관계와 학교폭력을 다큐멘터리처럼 엮은 독립영화입니다. 섬세하고 다치기 쉬운 여학생들의 마음이 실제 우리 주변 친구들을 촬영한 것 같은 느낌이 들 정도로 사실감 있게 표현되어 있습니다. 영화 수업을 통해 남학생들이 여학생들의 복잡 미묘한 감정을 이해하는 데 도움이 될 수 있습니다. 또한 캠프나 상담 활동을 위해 여학생들만 따로 감상하고 토론하는 시간을 갖는 것도 추천합니다.

> 누나: "야, 윤, 너 바보야, 걔가 다시 때렸다며, 너도 또 때려야지."
> 동생 윤: "그럼 언제 놀아? 나 그냥 놀고 싶은데…."

〈인사이드 아웃〉

마음속에 존재하는 기쁨이, 슬픔이, 버럭이, 까칠이, 소심이 등 다섯 개의 감정의 비밀을 보여 주는 애니메이션으로 주인공이 사춘기를 겪으며 자신 안의 감정을 인정하면서 성숙해 가는 이야기입니다. 마음 안에 여러 가지 감정이 존재하고 있으며 슬픔을 비롯한 모든 감정이 소중하다는 것을 느끼게 합니다. 『인사이드 아웃, 오늘은 울어도 돼』라는 책으로도 출간되었으므로 영화와 책을 함께 읽으면 좋습니다. 자신의 감정을 제대로 표현하지 못하거나 감정의 변화에 힘들어하는 아이들에게 추천합니다.

> 슬픔이: "난 우는 게 좋아. 울고 나면 나를 사로잡고 있는 내 삶 속의 고민들로부터 벗어날 수 있거든."
> 기쁨이: "잘못된 일에만 너무 신경 쓰지 마. 항상 되돌릴 방법은 있어!"

〈더 임파서블The Impossible〉(실화)

2004년 태국에서 발생한 인도양 쓰나미 재난사건을 배경으로 알바레즈 벨론 가족의 실화를 담은 영화입니다. 도덕과 기후 관련 수업에서 10분 정도 짧은 영상도 학생들의 감성을 깨우는 데 효과적입니다.

"가장 무서운 게 무엇인지 아니? 깨어 보니 나 혼자였어. 그게 가장 무섭더구나."

〈카쉬미르의 소녀〉(실화 바탕)

엄마를 잃어버린 파키스탄 국적의 말 못하는 다섯 살 아이가 인도에서 파완이라는 인물을 만나 우여곡절 끝에 종교와 국경을 초월한 사랑의 힘으로 엄마를 찾게 되는 영화입니다. 감상하고 난 뒤 『아름다운 실수』라는 그림책과 연계해서 실수에 대한 많은 토론을 진행할 수 있습니다.

③ 감성맵Maps

뒤죽박죽 섞여 있는 많은 지식들을 체계적, 논리적으로 생각할 수 있도록 데이비드 하이엘Dr. David Hyerle 박사가 제안한 씽킹맵Thinking Maps은 교실에 많이 사용되고 있습니다. 인간의 사고유형을 여덟 가지로 분류하여 그대로 맵핑하고 글로 표현하거나, 글을 다시 맵핑하는 과정에서 통합적 사고기능과 다양한 사고과정을 효과적으로 향상시킬 수 있지요. 또한 시각적으로 패턴화되어 복습하는 과정에서 지식이 쉽게 저장되는 장점이 있습니다. 그러나 지적 재산권으로 인해 책이나 자료를 통해 씽킹맵을 공유하기에 어려운 점이 있었습니다.

그래서 교실에서 자료를 받아들이고 분석, 전개, 평가할 수 있는 사고능력을 발달시키기 위해 도표나 맵Maps을 감성적으로 만들어 볼 수 없을까 머리를 맞대고 고민한 끝에 나무, 집, 나비, 꽃 등을 형상화하여 감성맵 일곱 가지를 만들어 사용하게 되었습니다.

데이비드 하이엘(Dr. David Hyerle) 박사가 제안한 씽킹맵(Thinking Maps)

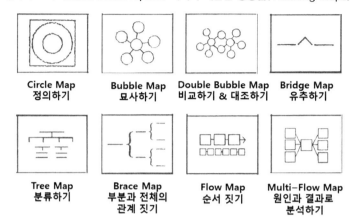

Circle Map
정의하기

Bubble Map
묘사하기

Double Bubble Map
비교하기 & 대조하기

Bridge Map
유추하기

Tree Map
분류하기

Brace Map
부분과 전체의
관계 짓기

Flow Map
순서 짓기

Multi-Flow Map
원인과 결과로
분석하기

감성깨움수업을 연구하는 마힘샘들이 만든 감성맵

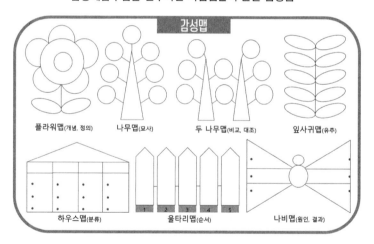

감성맵

플라워맵(개념, 정의)　나무맵(묘사)　두 나무맵(비교, 대조)　잎사귀맵(유추)

하우스맵(분류)　울타리맵(순서)　나비맵(원인, 결과)

플라워맵Flower Map

서클맵Circle Map을 감성맵으로 변형한 것으로 교과 단원 개관이나
정리, 모둠별 생각 정리, 국어과 낱말 뜻, 질문 만들기 등으로 활용하
기 좋습니다.

나무맵Tree Map

나무 모양을 형상화한 나무맵은 버블맵Bubble Map을 감성맵으로 변형한 것으로 한 주제에 대해 묘사하거나 설명, 특성, 성격 등을 표현하는 데 효과적입니다.

두 나무맵Two Tree Map

나무 두 그루를 형상화한 두 나무맵은 더블 버블맵Double Bubble Map을 감성맵으로 변형한 것으로 한 주제에 대해 비교나 대조하여 표현하는 데 효과적입니다.

잎사귀맵Leaf Map

아카시아 두 잎이 마주 보며 나 있는 모양을 형상화한 잎사귀맵은 브리지맵Bridge Map을 감성맵으로 변형한 것으로 유추할 때 활용하기 좋습니다.

하우스맵House Map

집 모양을 형상화한 하우스맵은 트리맵Tree Map과 브레이스맵Brace Map을 감성맵으로 변형한 것으로 한 주제에 대해 분류할 때 활용하기 좋습니다.

울타리맵Fence Map

나무 울타리 모양을 형상화한 울타리맵은 플로맵Flow Map을 감성맵으로 변형한 것으로 순서대로 자료를 정리할 때 활용하기 좋습니다.

나비맵Butterfly Map

나비가 날개를 활짝 폈을 때 모양을 형상화한 나비맵은 멀티플로맵 Multi-Flow Map을 감성맵으로 변형한 것으로 원인과 결과를 정리할 때 활용하기 좋습니다.

감성맵 중에서 플라워맵과 하우스맵은 꽃맵, 집맵으로 발음하기에 불편함이 있어서 영어 발음 그대로 사용하고 나머지는 나무맵, 두 나무맵, 잎사귀맵, 울타리맵, 나비맵처럼 한글로 조작적 정의를 하고 사용했습니다.

꽃, 나무, 나뭇잎, 새, 잎사귀, 울타리, 나비 등을 형상화한 맵이 큰 마당에 펼쳐진 모습은 정보를 시각화하여 효과적으로 받아들일 뿐만 아니라 감성을 깨울 수 있도록 도와줄 것입니다.

④ 감정카드

뇌는 습관이 된 감정을 더 확대하고 강화시킨다고 합니다. 예를 들어 우리가 '불안'이라는 감정에 습관이 들어 있으면, 우리는 알게 모르게 '불안'을 유발하는 일에 더 신경을 쓰고, 안 좋은 일이 발생하면 실제보다 훨씬 큰 걱정과 불안을 느끼게 된다는 것입니다. 반대로 행복이란 감정에 습관이 들어 있으면, 기분 좋은 일이 발생했을 때 뇌는 훨씬 큰 관심을 두며 그 느낌을 확대해서 받아들이게 되지요. 그러므로 감정은 습관입니다.

따라서 수업현장에서 학생들이 감정을 스스로 인식하고 잘 조절할 수 있는 힘을 갖도록 하는 것, 수업 목표 달성을 위해 감정을 바람직하게 선택하도록 돕는 것, 친구의 감정을 공감하고 마침내 사회화에 이바지할 수 있도록 교육하는 것이 교사의 역할이 될 것입니다. 그로 인해 학생들은 주변 상황이나 본인의 노력으로 부정적인 감정을 긍정적인 감정으로 승화시키는 경험을 할 수 있게 될 것입니다.

수업이나 행사를 시작하거나 끝낼 때, 새로운 지식과 개념을 배울 때, 학생이나 학부모 상담을 할 때 그들의 감정에 관심을 가져 보세요. 스스로 감정을 표현할 수 있게 시간을 주세요. 옆의 친구들이 감정을 말할 때 공감하게 해 주세요. 우리들의 감정은 긍정적이거나 부정적인 것 모두 소중하다는 것을 자꾸 표현해 주세요. 알아야 할 사실, 옳고 그름을 따져야 할 결과를 묻기 전에 지금 현재 네 마음은 어

마음을 열어 주는 감정놀이카드 표(29장의 감정카드와 1장의 빈 카드)

[1] 행복하다	[2] 감동하다	[3] 즐겁다	[4] 자랑스럽다	[5] 만족스럽다	[6] 자신만만하다
[7] 안심되다	[8] 힘나다	[9] 설레다	[10] 망설여지다	[11] 조마조마하다	[12] 막막하다
[13] 불편하다	[14] 부담스럽다	[15] 당황스럽다	[16] 안타깝다	[17] 불안하다	[18] 두렵다
[19] 어렵다	[20] 힘들다	[21] 후회스럽다	[22] 속상하다	[23] 부끄럽다	[24] 분하다
[25] 슬프다	[26] 짜증나다	[27] 우울하다	[28] 귀찮다	[29] 비참하다	[30] 빈 카드

때? 하고 물어봐 주고 공감해 준 다음에야 우리는 다음 단계로 의미 있게 나아갈 수 있답니다.

⑤ 보석카드

맹자의 성선설은 인간의 성품이 본래부터 선하다고 봅니다. 사람들은 어린아이가 우물에 들어가려 하는 것을 언뜻 보면 다 깜짝 놀라며 불쌍히 여기는 마음이 생기는데, 이는 그 어린아이의 부모와 교제하기 위한 것도 아니고 동네의 친구들에게 어린아이를 구해 주었다는 명예를 얻기 위함도 아니며, 어린아이를 구해 주지 않았다고 비난하는 소리가 싫어서도 아니라는 것입니다.

그러므로 맹자가 성선이라고 했을 때의 선은 인간의 의식이나 생각이 개입된 판단에 의해 이루어진 도덕적 행위를 표현한 말이 아니라, 의식을 초월해 그 밑바닥에서 흐르고 있는 성性의 움직임 그 자체를 표현한 말입니다.

그리스 신화에 나오는 조각가 피그말리온의 이름에서 따온 피그말리온 효과는 자성적 예언, 자기 충족적 예언으로 타인의 기대나 관심으로 인해 능률이 오르거나 결과가 좋아지는 현상을 말합니다.[4]

동양의 성선설, 서양의 피그말리온 효과는 교사의 내면에 힘을 주고 희망을 품을 수 있도록 만들어 줍니다. 교사가 모든 인간은 태어날 때 착한 미덕이 가득 담긴 광산을 갖고 태어난다는 인간관을 가지고 있다면, 교사는 학생들이 마음의 광산에서 스스로 보석을 찾아 연마할 수 있도록 도와주고 지지해 주는 후원자가 되는 것입니다.

자신을 믿어 주고 신뢰하는 교사와 함께 생활하는 학생들은 자기

---

4. 한국민족문화대백과 사전 참고.

자신을 진심으로 사랑하게 됩니다. 교과 공부하듯이 인성교육도 자기 성찰을 통해 습득할 수 있게 됩니다. 그러다 보면 감성도 자연스럽게 깨워질 것입니다.

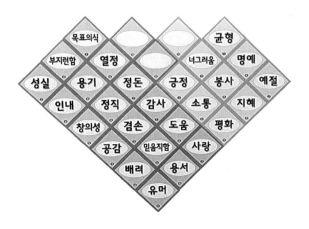

⑥ 아하대화

'아하대화'는 말로 모건이란 의사가 호주 원주민 부족의 중요한 행사에 참석하는 과정에서 얻은 깨달음을 적은 『무탄트 메시지』라는 책에서 소개하고 있는 원주민들의 대화 방법에서 아이디어를 얻었습니다. '참사랑 부족'이라 불리는 호주 원주민들은 오랜 세월 동안 그들의 삶의 터전인 숲을 파괴하지도 않고, 어떤 오염 물질을 자연 속에 내놓지 않으면서도 풍부한 식량과 안식처를 얻을 수 있었다고 합니다. 그들은 창조적이고 건강한 삶을 오래도록 산 뒤 영적으로 충만한 상태에서 이 세상을 떠났다고 기록되어 있을 정도로 우리가 배울 점이 많습니다. 그중에서도 특이한 점은 그들은 우리처럼 생일을 축하하지 않고 대신 자신이 무엇인가를 연구하거나 관찰해서 성취하게 된 날, 자랑스러운 날을 어린이 스스로 정하면 온 부족이 모여 우리의 생일처럼 축하한다고 합니다. 그 성취의 크기 유무나 진실 여부에 상관없이

그저 감탄과 칭찬, 격려를 할 뿐이죠.

그래서 이 원주민의 대화처럼 수업 장면에서 상대방이 말할 때 "아하!"라고 감탄사를 넣어 주며 칭찬과 격려의 눈빛을 주는 것만으로 서로 마음을 나누고자 했습니다. '아하대화'를 구조화하여 학생들에게 설명하기 위해서 세 가지 원칙(침묵, 경청, 감동)을 제시하여 1년 내내 교실 칠판 한쪽에 게시하였습니다. 의사소통 과정이 말하는 사람보다는 듣는 사람의 태도에 따라 결정된다는 점에서 '아하대화'는 타인을 위한 감성 훈련에 효과적입니다.

가장 중요한 것은 마음으로 듣기(감동)입니다. 발표하는 친구를 위해 고개를 끄덕여 주거나 따뜻한 눈빛을 주거나 "아하, 그렇구나!" 추임새를 넣어 주는 것을 의도적으로 연습시키는 것이 좋습니다. 행복해서 웃는 것이 아니라 웃다 보면 더 행복해지는 것처럼, 수업시간에 충분히 이해가 되어서 고개를 끄덕이고 추임새를 넣는 게 아니라, 고개를 끄덕이고 "아하!" 추임새를 넣으면서 적극적으로 듣다 보면 선생님이나 친구의 발표 내용을 훨씬 더 빠르게 이해할 수 있게 됩니다.

교실에서 "아하!"라는 소리가 자주 들린다는 것은 우리 반 모두 공감하고 배려하고 있다는 것입니다. 처음에는 장난으로 하던 아이들도 자신이 말하고 듣는 과정에서 '아하대화'의 도움을 많이 받고 있음을 알게 됩니다. 그래서 '아하대화'는 적극적으로 경청하는 자세를 갖게 합니다. 더 좋은 점은 발표하는 학생들도 듣는 친구들이 "아하!"라고 표현해 주면 그 에너지를 받아 자신감을 가지고 용기를 발휘할 수 있게 된다는 것입니다.

〈2050 유엔 미래 보고서〉에는 학생들이 앞으로 국·영·수 과목을 배우는 게 아니라 소통, 공감, 협력 등을 배우게 될 거라고 말하고 있습니다. 2015 개정교육과정도 과목 중심이 아니라 역량 중심으로 편성되었습니다. 이러한 역량을 뒷받침할 수 있는 내면적 힘이 곧 감성입니다.

빌 게이츠, 마크 저커버그, 벤 버닝키. 이들의 공통점은 뭘까요? 대학에서 '감성수업'을 수강했다는 사실입니다. 명석한 두뇌와 지식을 쌓는 것 못지않게, 타인과 공감하고 소통하는 '감성 능력'을 키우는 것이 중요합니다. 한쪽 날개로만 비행하는 새는 없습니다. 좋은 인재는 머리와 가슴, 즉 '지능'과 '감성'이라는 두 날개가 있어야 비로소 제 역량을 발휘할 수 있습니다. 우리 아이들이 미래가치를 높이는 삶을 살

수 있도록 학교에서 풍부한 감성깨움수업이 이루어지길 기대해 봅니다(EBS 〈미래교육 플러스〉 감성교육편 클로징 멘트).

다른 나라 사례를 보면 미국의 거의 모든 주에서 '사회적 감성적 학습SEL: Social and Emotional Learning'은 필수 교과목입니다. 캐나다의 초중고에서는 '공감교육', 미국 크리크 중학교에서는 '영웅 만들기 프로젝트', 그리고 영국 웰링턴 고등학교는 '행복교육'을 실시하고 있습니다. 우리나라 교육도 학생들의 감성을 깨울 수 있는 수업에 한 발짝 다가갈 수 있도록 이 책의 내용이 도움이 되길 바랍니다.

혼자 걷는 길은 없다.

당신이 지금 무슨 일을 하고 어떤 여행을 하든

과거에 그 길을 걸었던 모든 사람, 현재 걷고 있는 모든 사람이

정신적으로 연결되어 당신과 함께 걷는다.

당신은 그 모두와 함께 걷고 있는 것이다.

이것이 우주의 법칙이다.

같은 파동끼리 연결되어 있기 때문이다.

_류시화

2장

쑥쑥!
감성깨움수업과 함께 성장해요

고양이

내가 과자를 가지고
나갔더니

야옹야옹 따라온다
한 봉지를 다 주고 말았다

8살도 행복을 알긴 알까?

고민쌤 에휴, 우리 반 아이들은 맛있는 거 먹거나 텔레비전 보고 게임할 때 행복하대요. 용돈 더 받으면 최고로 행복하단 아이도 있어요. 심지어 어떤 애들은 전혀 행복하지 않대요. ㅜㅜㅜ

마힘쌤 그런 아이들과 수업을 하면 힘이 빠지겠어요.

고민쌤 네. 여러 아이들이 걱정되지만 특히 한 아이가 더 걱정이에요. 그 아이는 심한 우울증과 무기력으로 상담교사와 꾸준히 상담을 받고 있어요. 평소 수업 도중 조금만 하기 싫거나 어렵다고 느끼면 울어 버려요. 자기도 왜 우는지 모르겠대요. 한번은 요즘 행복하냐고 물어보니 대답을 안 하더라고요. 그래서 조금이라도 즐거울 때가 언제냐고 했더니 맛있는 거 먹을 때와 만화 보는 것만 이야기하네요.

마힘쌤 저런…. 어린아이가 벌써 그렇게 우울증이 심하다니 놀랍네요. 그 아이를 지켜보는 선생님 마음이 많이 아프시겠어요.

고민쌤 네. 그 아이의 환경이나 상황이 자존감을 낮게 만들고 자신은 행복과 거리가 멀다고 생각하게 만든 것 같아요. 그리고 행복에 대해 생각할 기회조차도 없었던 것 같아요. 행복하지 않다고 느끼는 아이들뿐만 아니라 행복하다고 생각하지만 진짜 행복에 대해 모르는 아이들에게 어떤 도움을 주면 좋을까요?

마힘쌤 피터 레이놀즈의 『너에게만 알려줄게』 그림책을 추천하고 싶어요. 이 책은 행복은 혼자 스스로 만들어 가는 것임을 알게 해 준답니다. 존재만으로도 반짝반짝 빛나는 자신을 찾아갈 수 있는 좋은 기회가 될 거예요.

감성깨움수업 레시피

준비물 그림책 『너에게만 알려줄게』피터 레이놀즈 글·그림, 『행복한 아이』 책, 색연필, 네임펜, 사과 모양 종이, 나무맵(또는 A4용지)

① 학생들에게 언제, 무엇을 할 때 행복한지 물어보며 이야기 나누기
② 『너에게만 알려줄게』를 읽어 주며 나는 무엇을 할 때 행복한지 더 생각하기
③ 『행복한 아이』 책에 내가 행복한 경우를 찾아 동그라미 표시하기(책에 없지만 다른 행복 방법이 있으면 아래 빈칸에 쓰기)
④ 친구와 이야기를 나누며 내가 찾은 행복과 친구가 찾은 행복, 피터 레이놀즈가 말하는 행복 비교하기
⑤ 내가 가장 행복해지는 방법을 하나 골라 사과 모양 종이에 옮겨 쓰기
⑥ 사과 모양 종이 행복 나무에 달기
⑦ 나무맵에 행복해지는 방법을 정리해 보며 진짜 행복 생각하기

행복한 아이 책 표지예요.

나는 언제 행복한지 생각해 봐요.

책에 없지만 내가 행복해지는 방법을 아래 빈칸에 써요.

내가 가장 행복해지는 방법 하나를 골라 정리해요.

사과 모양 종이에 행복 방법을 써요.

행복 나무에 행복을 달고 있어요.

〈1학년 우리 반 아이들이 생각한 행복의 방법〉

김○○: 가족들과 즐거운 시간을 보내겠습니다.

김○○: 음악을 즐기겠습니다.

김○○: 혼자서 평화를 가지는 상상을 하겠습니다.

김○○: 하늘을 나는 상상을 하겠습니다.

김○○: 항상 즐거운 마음을 갖겠습니다.

김○○: 엄마와 시간을 보내겠습니다.

김○○: 가족과 함께 시간을 보내겠습니다.

김○○: 신나게 피구를 하겠습니다.

박○○: 시를 즐기겠습니다.

성○○: 소리 내어 웃겠습니다.

윤○○: 식물과 이야기를 나누겠습니다.

이○○: 별을 따는 상상을 하겠습니다.

이○○: 가족과 재미있는 시간을 보내겠습니다.

임○○: 혼자만의 시간을 갖겠습니다.

장○○: 즐겁게 축구를 하겠습니다.

최○○: 잠을 충분히 자겠습니다.

허○○: 인형 놀이로 스트레스를 풀겠습니다.

시를 즐기겠다던 우리 반 박○○이 시를 즐기며 만든 동시집입니다.

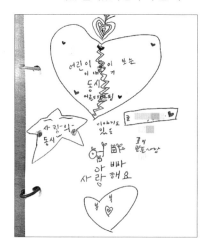
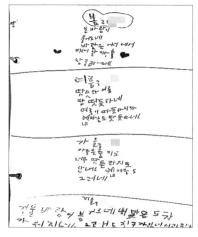

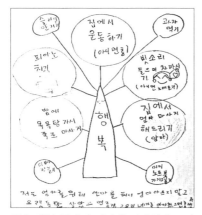

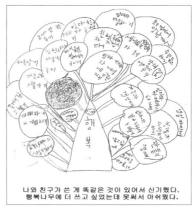

많은 행복 중에서 엄마께 마사지해 드리기를 선택한 이○○ 학생. 안마를 하다 보면 손이 아프고 힘들 텐데 행복하냐고 물었더니 손은 아파도 엄마가 좋아하시는 모습을 보면 행복하다고 하네요. 어리지만 벌써 주는 것의 행복과 기쁨을 아는 아이입니다.

시를 즐기겠다던 박○○ 학생의 진짜 행복 나무맵. 가족과 함께하는 행복, 나 혼자서 누리는 행복, 주변 사람들과 같이 있는 행복 등 매우 다양한 행복을 찾고 울창한 나무로 표현한 점에서 이 학생의 풍부한 감성을 엿볼 수 있습니다.

"지금 여러분은 행복한가요?"

이 질문에 몇 명을 빼고 거의 손을 들었습니다. 생각보다 많은 아이들이 손을 들어 다행이라는 생각과 함께 손을 들지 않은 친구들을 마음에 담아 두고는 그 뒤 그 아이들을 지켜보았습니다. 무엇을 해도 표정이 밝지 않거나 무표정인 아이, 감정을 솔직하게 발산하지 못하는 아이, 친구들과 쉽게 어울리지 못한 아이, 행복해할 줄 알았는데 의외로 손을 들지 않은 아이 등 다양했습니다. 그중 가장 눈여겨보며 대화를 나눠 본 친구가 한 명 있습니다.

자신의 신체적 상황과 가정환경 때문에 우울증과 무기력증에 빠진 그 아이는 심하게 자존감이 낮아지다 보니 자신을 사랑하는 법도 행복을 느끼는 법도 몰랐습니다. 자신은 그 무엇도 하지 못한 것 같다고 생각하고 노력해 볼 생각도 하지 않은 채 날마다 먹고 놀기만 하는 게 제일 좋고 그 외에는 어떤 것도 하지 않으려고 했습니다.

손을 들었지만 진짜 행복하다는 것이 무엇을 뜻하는지 모르는 아이들도 많았습니다.

그저 공부 안 하고 놀 때, 휴대폰이나 텔레비전을 볼 때, 맛있는 것을 먹을 때 등 단순한 즐거움(쾌락)에서만 행복을 느끼는 우리 아이들이 많습니다. 우리가 인생을 살면서 가장 중요한 것은 '행복'임을 모르는 사람은 없습니다. 하지만 진정한 행복이 무엇인지 진지하게 고민해 본 사람은 얼마나 될까요? 더군다나 아이들의 경우 어른들이 만든 행복의 기준에 따라 살아가는 경우가 많아 더욱 이 문제에 대해 생각할 기회가 없다고 생각합니다. 이런 우리 아이들이 행복은 멀리 있는 것이 아니고 남이 만들어 주는 것도 아닌 내가 얼마든지 만들어 나갈 수 있는 것임을 느끼게 해 주고 싶었습니다.

아이들에게 행복에 대해 고민해 보고 좀 더 행복한 나의 삶에 대해 생각할 기회를 주자고 결심한 나에게 가장 적합한 책은 피터 레이놀즈의 『너에게만 알려줄게』였습니다. 주제가 진로와 관련되어 있기에 진로 활동 1시간을 활용했습니다. 피터 레이놀즈 3부작 시리즈로 미술 표현 및 감상 활동을 한 아이들에게 같은 작가의 또 다른 이야기는 매력적일 수 있습니다. 제 예상대로 아이들은 레이놀즈의 행복의 비결 속으로 빠져들었습니다.

"여러분은 언제, 무엇을 할 때 행복하나요?"라는 질문으로 수업을 시작하여 피터 레이놀즈 선생님이 직접 겪은 행복의 비결을 소개하며 그림책을 읽어 주었습니다. 그림책을 읽어 주기 전 책 일부를 복사하여 행복한 아이 책을 만들어 두었습니다. 책을 읽고 나서 이 행복한 아이 책을 나누어 주었습니다. 다양한 행복의 비결을 살펴보고 나는 언제 행복한지 해당하는 그림에 동그라미 표시를 했습니다. 또 책에는 나오지 않지만 내가 행복해지는 방법을 빈 공간에 자유롭게 써 보았습니다. 짝과 함께 이야기를 나누며 내가 생각한 행복, 친구가 생각한 행복을 비교하였습니다.

피터 레이놀즈 선생님이 생각한 행복과 우리가 생각한 행복의 차이점과 공통점에 대해 전체적으로 이야기를 나누었습니다. 충분한 이야기 끝에 내가 행복해질 수 있는 가장 좋은 방법 하나를 고르게 했습니다. 그리고 사과 모양 종이에 행복의 비결을 네임펜으로 쓴 뒤 복도에 있는 행복 나무에 걸게 했습니다. 아이들은 가족들과 시간을 많이 보내겠다, 혼자 평화를 갖는 상상을 하겠다, 시를 즐기겠다, 소리 내어 웃겠다 등등 각각 자기만의 행복의 방법을 찾으려는 노력을 보였습니다.

꾸준히 실천할 수 있도록 사과나무에 가서 다시 읽어 보거나 잘 실천하고 있는지 자주 언급해 주는 것이 필요합니다. 저는 사과나무에 쓴 행복의 방법에 대해 몇 번 말하다가 잘 지키리라 생각하며 이를 잊고 말았습니다. 어느 순간 아이들도 행복의 방법에 대해 잊어버렸다고 생각했는데 한 아이가 자기가 약속했던 대로 시를 꾸준히 쓰고 즐기는 모습을 보게 되었습니다. 누군가에게는 의미 있는 활동이었구나 싶어서 다행이었고 깨달음을 준 그 아이에게 고마웠습니다.

그 뒤 창의적 체험활동(적응 활동) 시간에 '나의 행복 나무'를 주제로 수업을 더 하게 되었습니다. 전에 나무에 달았던 행복의 방법을 상기시키며 잊고 있었던 행복의 방법에 대해 다시 이야기를 나누자고 했습니다. 우리가 썼던 행복의 방법을 다시 떠올려 보고 나에게 또는 남에게 도움이 되지 않거나 피해가 되는 것을 사례로 제시하며 '진짜 행복'에 대해 이야기를 나누었습니다.

나무맵에 나의 행복을 표현하게 했습니다. 전까지는 인쇄가 된 나무맵을 제시했지만 오늘 주제는 좀 더 자유롭고 다양하게 표현할 기회를 주고 싶어서 직접 자신이 맵을 그려 보게 했습니다. 그 뒤 짝과 서로 행복 나무맵을 보여 주며 이야기를 나누었고, 가장 행복하다고 생각하는 순간을 골라 색칠하게 했습니다. 마지막으로 오늘 활동을 하며 느낀 점과 생각한 점, 새로 알게 된 점 등을 정리하여 썼습니다. 아이들은 지난번 행복 수업보다 훨씬 깊은 생각을 하게 되었습니다.

제가 가장 걱정하던 그 아이는 처음 행복에 대해 이야기할 때 많은 주저함이 있어서 "이건 어때?" 하며 제가 다양한 행복의 방법을 제안했고 그중 하나를 선택했었습니다. 같이 고른 행복의 방법은 '소리 내어 웃겠습니다'였습니다. 하지만 두 번째 행복 나무 활동에서는 좀 더 적극적으로 행복한 순간을 이야기하였고 친구와 각자 쓴 행복에 대해 이야기 나누는 것이 좋았다고 활동 소감에 썼습니다. 그 아이의 행복은 아직 외부에 의한 것들이 많지만 행복한 순간들을 떠올려 보고 행복을 상상해 보았고 그 경험이 즐거웠다는 것만으로도 만족스러웠습니다. 다른 아이들도 행복 나무맵을 만들며 행복은 우리 주변에 가까이 있으며 내가 만들어 가는 것을 느끼고 행복한 시간을 가졌습니다.

아이들과 함께 저도 행복에 대해 잠시나마 생각해 보았습니다.

- 난 요즘 행복한가?
- 나에게 행복이란 무엇인가?
- 내가 좋아하는 이것을 할 때 난 진심으로 행복해하는가?
- 이 행복이 나만의 행복이 아닌 타인에게 이로움을 주는 행복인가?
- 내가 나로서 행복할 수 있는 또 다른 방법은 무엇일까?

이런 다양한 질문을 하며 생각에 빠질 때 자아가 뚜렷하게 느껴지는 기분이 들었습니다. 저도 아이들과 함께 행복 나무맵을 표현하고 활동 소감을 이렇게 쓰고 읽어 주었습니다.

"저는 참 행복하고 감사한 사람입니다. 이렇게 많은 행복을 누리고 살기 때문입니다. 우리 반 모두가 앞으로도 소소한 행복을 찾으며 계속 행복한 사람이 되면 좋겠습니다. 선생님, 그리고 여러분 모두 존재만으로도 특별하니까요."

2. 영화+감성깨움수업

영화로 수업할 수 있다고?

고민쌤 우리 반에 자폐증을 가진 아이가 있는데 매일 똑같은 행동을 하고 대화가 통하지 않으니 친구들이 가까이하질 않아요. 개별 반과 교실을 오가는 그 학생에게 우리 반 아이들이 마음을 열고 다가갔으면 좋겠어요.

마힘쌤 선생님의 고민이 느껴지네요. 교실에서 그런 경우 대체적으로 아이들은 호의적으로 대하거나 아예 적대시하거나 아니면 무시하거나 하는 경향이 있더라고요.

고민쌤 우리 반 친구들은 무시하는 편이에요. 말도 통하지 않고 같이 놀지도 않고 이해하려고 노력도 안 해요. 심지어 짝꿍도 하지 않으려고 해서 어떻게 아이들 마음을 이끌어 줘야 할지 막막합니다.

마힘쌤 학생들과 영화를 한 편 보고 이야기를 나눈 다음, 교실 속 그 아이의 멋진 미래를 상상해 보는 것은 어떨까요? 친구들이 그 아이를 이해하지 못하고 겉모습만 보고 행동했다면 영화를 보고 나서는 달라질 거예요. 실제로 일어난 일을 영화로 만들었는데 영화 속 주인공의 TED 강연도 볼 수 있답니다.

한 학기 한 권 읽기를 책을 읽는 독서가 아닌 영화를 감상하는 수업으로 구성해 보았습니다. 모처럼 교육과정에 책 읽기, 독서 단원이 들어와서 학생들이 책을 즐겨 읽으면서 평생 독자로 자라는 모습을 기대하고 있는데, 영화로 수업한다면 불편함을 느끼는 사람들도 있을 것입니다. 하지만 우리 아이들은 활자보다 영상에서 더 친밀감을 느끼고 있으며 영상과 활자를 구분하지 않고 넘나드는 것이 앞으로 우리 아이들에게 더 도움이 되지 않을까 생각합니다.

한편 한 학기 한 권 읽기를 반기면서도 걱정하는 이유를 변춘희 어린이책시민연대 활동가는 이렇게 주장하고 있습니다.

2015 개정교육과정에 '한 학기 한 권 읽기'가 들어간 것은 한 학기에 책 한 권조차 읽지 않는 학생들에게, 경쟁교육 탓에 책 읽을 시간이 없는 학생들에게 책을 읽을 수 있는 시간을 확보해 준다는 의미에서 반가운 소식이다. 아이들이 이 시간에 책 읽는 즐거움을 경험할 수 있으면 좋겠다. 책 읽기를 권하고 가르칠 때 책 읽기의 본질인 자유로운 책 읽기를 침해하지 말아야 한다. 책을 읽는 것과 관련한 나쁜 기억이 학교교육을 통해 쌓이지 않기를 바란다.

책을 읽는 것이 어려움을 참고 견뎌야만 하는 지겨운 공부가 아니라, 재미있고 새로움을 발견하고 공감하고 위로받고 용기를 얻는 경험이 되면 좋겠다. 책 읽기가 영화나 드라마를 보는 것만큼이나 재미있는 일이란 걸 경험하면 좋겠다.

그런데 이제 학교 수업시간에 책 읽기를 가르친다니 반가운 한편 걱정도 인다. 책 읽기의 본질인 자유로운 읽기를 가르치는 것이 가능할까 하는 걱정 말이다. 읽을 책을 고르는 것부터 책을 읽는 과정, 책을 읽고 생각하고 느낀 것들을 표현하는 것까지 모두 가르치고 학습할 텐데 '자유로운 책 읽기'를 침해하지 않고 가르치고 배우는 것이 불가능할지도 모르기 때문이다.〈학교도서관 저널〉 2017년 9월호

독서를 싫어하는 아이들은 있어도 영화를 싫어하는 아이들은 없습니다. 책에 흥미가 없는 아이도 영화 자막은 열심히 읽습니다. 영화 수업도 충분히 한 학기 한 권 읽기의 성취기준을 달성할 수 있습니다. 슬픈 장면에서 함께 훌쩍이고, 재미있는 장면에서 함께 웃고, 감동스

단원	독서단원. 책을 읽고 생각을 나누어요 (3, 4학년 수업에 적용했지만 학년 실태에 맞게 적용 가능함)			
성취기준	[4국02-05] 읽기 경험과 느낌을 다른 사람과 나누는 태도를 지닌다. [4국03-05] 쓰기에 자신감을 갖고 자신의 글을 적극적으로 나누는 태도를 지닌다. [4국05-05] 재미나 감동을 느끼면서 작품을 즐겨 감상하는 태도를 지닌다.			
차시	학습 내용	자료	기능	교과 역량
1~2차시	• 영화 소개 • '자폐증'에 대해 알아보기 • 영화의 시대적 배경 알아보기 • 영화 속 인물 안내하기	영화 감정카드 보석카드 학습지	공유·소통 하기	문화 향유 역량
3~4차시	• 영화 감상하기 • 영화 속 인물, 템플 그랜딘 감정의 변화 과정 따라가기 • 주인공을 도와주는 인물들의 보석 찾아 주기 • 영화 속 한 장면 역할극 해 보기		감상·비평 하기	
5~6차시	• 영화 감상하기 • 영화 속 인물에게 질문하기 • 영화 속 명대사 찾고 필사하기 • "만약 나라면 어떻게 할까?" 주인공이 난관을 만날 때 자신의 경험과 비교해 보고 친구들의 경험에 공감하기		감상·비평 하기	
7~8차시	• 질문을 통해 주인공의 삶에 대한 태도에 더 깊이 공감하기 • 공감하는 태도를 실천하고 확산하기 • 글이나 그림으로 표현하기	수업안 참고	공유·소통 하기	

러운 장면에서 함께 마음이 울렁입니다.

집에서 영화를 보는 것보다 영화관에서 영화를 보면 화면, 화질, 음향의 차이도 있지만 많은 사람이 함께 보면서 느껴지는 분위기로 인해 더 많은 감동이 일어나듯이 교실에서 함께 영화를 보면 동질 집단에서 떠오르는 다양한 경험과 거기에 따른 각자 다른 생각들을 나누게 되니 이야기할 거리가 많아지고 토론은 더 활발해집니다.

글쓰기는 더 깊어집니다. 감성을 깨울 수 있는 적합한 수업입니다. 친구들과 울고 웃으며 더불어 푹 빠져 보았던 추억은 오랫동안 아이들의 가슴에 남는 한 학기 한 권 읽기의 또 다른 맛, 영화 수업이 됩니다.

한 학기 한 권 읽기 독서단원이 아니더라도 교과목별 성취기준은 그 자체가 대강화되어 있으므로 성취기준에 맞는 영화를 찾아 영화 한두 장면 활용하기, 요약된 줄거리 활용하기, 전체 영화 감상하기 등 다양하게 편성 가능합니다. 또 교과 내, 교과 간, 창의적 체험활동, 캠프, 방과후 활동 등 학급 실태에 맞게 편성하시면 됩니다.

감성깨움수업 레시피

준비물	영화 VOD나 DVD, 감정카드, 보석카드, 활동지

① 영화 보기 전 단계

- 제목, 주인공 이름, 영화 촬영 시대, 촬영 지역, 영화에서 나오는 중요한 사건에 대한 배경지식 등으로 학생들의 흥미 높이기

② 영화 보기 단계
- 눈여겨볼 장면 찾고 영화 이야기 나누기
- 질문 나누기(중요 사건이 있을 때 주인공의 감정이나 보석 찾기)
- 같은 장면이지만 친구들의 다른 마음에 대한 공감하기
- 학생들에게 안내하고 받아들인 만큼의 이야기로 수업 구성하기
- 영화를 선악이나 흑백논리로 평가하지 않고 다양한 삶의 형태와
  방식으로 보면서 내면에서 느껴지는 마음에 대해 표현하기

③ 영화 보고 난 후 단계
- 영화에 대한 감정과 느낌을 표현하기
- 영화 속 복선 찾기, 명대사나 명장면 찾기
- 영화 장면 몸으로 표현하기
- 감정이 고조되거나 갈등이 해소되는 부분에 대한 토의·토론과
  글쓰기

감성깨움수업 활동 1
_ 영화 〈템플 그랜딘〉으로 인물의 마음 공감하기

▶영화 보기 전 단계

자폐증에 대해 알아보기
(교사의 강의식 안내보다는 학생들이 알고 있는 정도를 함께 이야기
나눈 후 교사가 추가 설명하는 방식으로 진행)
자폐 스펙트럼 장애는 아동기에 사회적 상호작용의 장애, 언어성 및

비언어성 의사소통의 장애, 상동적인 행동, 관심을 특징으로 하는 질환입니다. 대개는 3세 이전에 다른 또래들과의 발달상의 차이점을 발견할 수 있습니다. 18개월 무렵에 언어 발달이 늦어서 부모가 걱정하기도 합니다. 지능이나 자조 기능이 상대적으로 양호한 일부 아이들은 학령기가 되어서야 자폐 스펙트럼 장애를 진단받기도 합니다. 각각의 문제 행동이 광범위한 수준에 걸친, 복잡한 스펙트럼을 갖고 있다는 의미에서 스펙트럼 장애라고 부릅니다. 이 때문에 같은 자폐 스펙트럼 아이라도 보이는 모습은 각기 다를 수 있습니다.

학급에 자폐증이 있는 학생이 있는 경우 함께 자폐증에 대해 이야기하고 알아본다는 것에 불편함이 있을 수 있고 교사들의 찬반이 있을 수 있습니다. 하지만 학생들과 수업을 하고 난 후 (자폐증이 있는 친구와 함께 수업을 한 경우, 자폐증이 있는 아이가 개별 반이나 다른 수업을 가고 없을 때 진행하는 경우 두 가지 모두 큰 무리는 없었음) 오히려 반 친구들이 그 학생과 서로 이해하고 공감하는 분위기로 많이 바뀌어 감을 알 수 있었습니다.

사회적 상호작용의 장애	• 눈 맞추기, 표정, 제스처 사용이 적절하지 않거나 빈도가 적다. • 발달 수준에 적합한 또래 관계를 형성하지 못한다. • 자발적으로 다른 사람과 즐거움이나 관심을 함께 나누고 싶어 하지 않는다. • 정서적 상호작용이 부족하다.
의사소통 장애	• 구어 발달이 지연된다. • 대화를 시작하거나 지속하는 데 어려움이 있다.
행동이나 관심이 한정되고 반복적이며 상동적인 양상	• 한정된 관심사에 몰두하며, 그 몰두하는 정도가 비정상적이다. • 외관상 독특하다. • 비기능적인 일이나 관습에 변함없이 집착한다. • 상동적이고 반복적인 운동 양상(손이나 손가락을 흔들고 비꼬는 등)을 보인다. • 물건의 어떤 부분에 대해 지속적으로 집착한다.

Daum 질병백과 참조

『나의 문화유산답사기』 머리말에서 유홍준 교수는 아는 만큼 보인다고 했습니다. 사랑하면 알게 되고, 알고 나면 보이나니, 그때 보이는 것은 전과 같지 않으리라고 설명하듯이 1년을 함께 살아가는 친구에 대해 알게 되면 그전에 보이는 것과 다른 모습으로 친구가 이해되는 것이 당연한 이치 아닐까요?

무조건 도와주고 기다려 줘야 한다는 의무감에서 벗어나 그 친구를 다른 각도로 이해하게 되니까요. 모든 아이들이 한꺼번에 바뀌진 않지만 먼저 손을 내밀고 표현해 주는 아이들이 한두 명씩 생기고 그런 분위기가 계속되면 반 전체 분위기가 달라진답니다. 교사 또한 함께 영화 수업을 하고 난 후 조금 더 따뜻한 마음으로 우리 반의 그 아이를 바라보게 되었습니다.

▶영화 보기 단계

자폐증을 가진 실제 사례 살펴보기

(영화 마지막 장면 주인공의 TED 강연 모습 보기)

"전 완치된 게 아닙니다. 평생 자폐아겠죠. 저의 엄마는 제가 말을 못할 거라는 진단을 믿지 않으셨어요. 그리고 제가 말을 하게 되자 학교에 입학시켰어요. (중략) 제가 뭔가에 참여할 수 있도록 많은 분들이 최선을 다했어요. 그분들은 아셨습니다. 제가 다를 뿐이라는 것을! 모자란 게 아니라 다르다는 것을! 게다가 저는 세상을 다르게 보는 능력이 있었습니다. 다른 사람들이 보는 것까지도 자세히 볼 수 있는 능력입니다. 엄마는 나를 혼자 살아갈 수 있도록 가르치셨어요. 모든 것이 낯설었지만 그것들이 새로운 세상으로 나아갈 수 있는 관문이 되었어요. 문이 열렸고, 제가 걸어 나왔습니다. 저는 템플 그랜딘입니다."

현재 영화 속 주인공은 어떤 모습으로 살고 있을까? 상상하기

템플 그랜딘은 4세부터 자폐증을 지니게 된 인물로, 주변의 배척과 따돌림에도 꿋꿋하게 자신의 의지와 노력으로 자폐증이라는 험난한 시련을 이겨 내고 자신의 꿈을 펼쳐 나간 멋진 여성입니다. 비학대적인 가축 시설의 설계자이며 현재 콜로라도 주립대학의 교수입니다. 영화 속 주인공이 어떻게 성공하게 되었는지 알아보며 실제 사례를 바탕으로 만들어진 영화에 대한 궁금증을 충분히 갖게 합니다.

외국 영화로 수업을 진행하면 대사를 읽으면서 영화 내용을 따라가야 하기 때문에 읽기 속도나 독해능력이 늦은 아이들은 영화가 시작되기 전 충분한 설명이 필요합니다. 또 영화를 볼 수 있는 교실 환경, 책상 자리 배치나 조명을 세팅하는 것도 중요합니다.

▶영화 보고 난 후 단계

단계(분)	교수·학습 활동	인성 요소 및 핵심 역량 요소
마음열기 (10′)	• 공감하는 마음 알기 • 학습문제 확인하기	문제해결력
마음나누기 (60′)	• 영화 속 주인공의 삶에 대해 알아보기 • 질문을 통해 주인공의 삶에 대한 태도에 더 깊이 공감하기 • 내 주변에 템플 그랜딘이 있다면? 토의하기	문제해결력 의사소통능력 공감
마음다지기 (10′)	• 새롭게 배운 것을 마음속에 다지기 • 공감하는 태도를 실천하고 확산하기	배려 협동

단계(분)	교수·학습 활동	자료 및 유의점
마음열기 (10′)	▶ 동기유발 • 마음열기 – 지금 자신의 마음을 몸짓으로 표현해 보기 • 서로 마음이 통하지 않았을 때 경험 나누기 • 동기유발로 '템플 그랜딘의 연설' 듣기 – 영상을 보니 어떤 느낌이 드는가? – 영상 속의 주인공에게는 어떤 일이 벌어졌을까? ▶ 학습문제 확인 [주인공의 삶에 대해 공감해 보자.]	감정카드 아하대화 자료 동영상 자료 (영화 속 장면)
마음나누기 (60′)	▶ 마음나누기 – 수업시간에 필요한 보석 찾기 [활동 1] 템플 그랜딘의 고민 듣고 질문하기 • 고민의 글 듣기(선생님이 직접 고민을 읽어도 되고 반 학생 중에 자원해서 고민지를 읽을 사람을 뽑는다, 자원자는 친구들의 질문에 답을 해 줌) – 나는 템플 그랜딘입니다. 자폐를 앓기 때문에 학교 친구들과 사귀기 힘이 듭니다. 친구들과 우정을 나누면서 학교생활을 잘할 수 있는 방법을 알고 싶어요. • 질문으로 친구의 마음에 더 깊이 들어가기(반 전체 모두 질문을 하는 것을 원칙으로 함) – 학교에서 생활할 때 언제 가장 힘드나요? – 자폐라는 것을 언제부터 알게 되었나요? – 친구들과 가장 하고 싶은 일이 있다면? – 짝꿍을 매일 바꾸어 보면서 서로 공감하는 시간을 가진다면 어떨까요?(발표하는 사람의 해결책이 있어도 '~은 어떨까요?'라고 질문하고 주인공이 답하게 한다.) • 짝 토론, 전체 토론을 통해 공감하기 • 자신의 몸과 마음 상태를 친구들에게 공감하기 ('아하대화' 활용) • 2~3명 공감 활동 진행하기 [활동 2] 영상 속 주인공에 대한 글쓰기(세 가지 활동 중 한 가지를 골라서 3~5줄 글쓰기) • 내가 만약 템플 그랜딘이라면? 나에게 글쓰기 • 자신의 역경을 이겨 낸 그랜딘에게 편지 쓰기 • 우리 주변에서 생각나는 친구나 어른들께 편지 쓰기 [활동 3] 반 전체 공감하기 • 모둠끼리 친구들의 글 읽어 보기 • 어떤 표현이 자신의 마음에 와닿는지 읽고 함께 공감하기 • 전체 친구들에게 나누고 싶은 편지 읽으며 공감하기	질문 방법 칠판 자료 (발표할 때 함께 존중하는 마음을 갖도록 '아하대화' 하기) 활동지

	▶ 마음다지기-새롭게 배운 것을 마음속에 다지기	
마음다지기 (10′)	▶ 보석 찾아 주기 • 오늘 활동 중에서 평소에 찾지 못했던 우리 반의 보석 찾기 ▶ 공감에 대해 배우고 주변에 약속하기 • 수업을 마치고 하고 싶은 일을 생각하고 발표하기 • 내 주변에 공감하고 싶은 사람을 생각하고 실천 해 보기	보석카드

활동지 (예시)

학년   반 이름 (   )

• 내가 만약 템플 그랜딘이라면? 나에게 글쓰기

• 자신의 역경을 이겨 낸 그랜딘에게 편지 쓰기

• 우리 주변에서 생각나는 친구나 어른들께 편지 쓰기
1. 한 가지 상황 선택하기
2. 3~5줄로 글쓰기
3. 친구와 바꾸어 읽기
4. 공감해 주기

○○이는 얼굴이 유난히 하얀 남자아이였습니다. 평범한 아이들보다 행동이 느리고 말로 표현하기를 어려워하였고 또래 친구들에 비하면 3~4살 정도 어린 동생 같은 행동을 많이 했습니다. 잘 지치고 잘 삐지고 잘 울었습니다.

3월은 선생님의 보살핌으로 그런대로 지나갔지만 4월이 되면서 친구들도 지치기 시작했습니다. 오히려 선생님이 ○○만 특혜를 주는 것처럼 생각되어 마음의 상처를 받은 아이들이 있다는 것을 일기장을 통해 알게 되었습니다.

비가 오는 어느 날, 점심시간에 나가서 놀지 못하는 아이들이 보드게임이나 바둑, 독서 등을 하고 있었습니다. ○○이가 친구들과 어울리지 못하고 혼자 노는 것이 보였습니다.

'어떻게 하면 함께 친하게 놀 수 있을까?'에서 시작된 질문은 '어떻게 ○○를 이해하고 공감할 수 있을까?'라는 고민으로 이어졌고 〈템플 그랜딘〉 영화가 생각났습니다.

"얘들아! 우리 오늘 비도 오고 나가지 못하니까 함께 영화 볼까? 선생님 인생에서 가장 감동적인 최고 영화 5위 안에 드는 건데 어때?"라고 말하자 아이들이 한두 명씩 호기심에 다가왔습니다. 교실 블라인드를 내리고 불을 끄고 책상을 뒤로 하고 의자만 가운데로 몰아 놓고 영화관 분위기를 내 봤습니다. 그리고 영화에 등장하는 인물과 자폐증, 현재 실존하는 인물이 있다는 것을 설명하자 아이들이 영화 보자는 데 모두 한마음이 되었습니다.

그렇게 영화가 시작되고 일주일 동안 점심시간, 국어 시간, 창체 시간을 활용해서 템플 그랜딘을 만났습니다. 영화 속 주인공이 문을 열지 못하고 가게에서 나가지 못할 때 우리 반은 함께 그녀를 응원했습니다.

"문 열어, 열어, 괜찮아! 쉬워!"

그녀가 만든 안전 보호 장치와 소 도축에 관한 가축 시설 설계도의 꼼꼼함을 볼 때는 "와아~" 함성이 동시에 터졌습니다. 템플의 이모가 그녀의 감정을 서로 이해하기 위해 사진을 보며 화나거나 만족스러운 모습을 알려 줄 때 우리 반 아이들은 그 표정을 흉내 내어 보았습니다. 현재 미국에 살고 있는 인물이며 대학교수로 생활하고 있다는 것, 그녀가 실제 강연한 TED 영상은 아이들에게 깊은 감동을 주었습니다. 영화 속 내용이 상상 속에서 만들어진 이야기가 아니라 실제 현실에 존재한다는 것에 대해 아이들의 반응이 제일 컸습니다.

영화가 끝나고 난 뒤, 우리 반은 자연스럽게 이런저런 이야기를 나눴습니다. 자신의 감정을 이야기하기도 하고 영화 속에서 제일 재미있었던 부분을 찾기도 하면서 우리 반 ○○이 이야기가 자연스럽게 흘러나왔습니다. 한 편의 좋은 영화의 힘은 제가 의도한 것보다 훨씬 크고 강력했습니다. 영상에 대한 기억도 오래가서 1년 내내 우리 반의 마음속에 간직되었습니다.

영화 수업을 진행할 때 ○○이는 함께 하기도 하고 다른 곳에서 수업을 받기도 해서 우리들은 더 솔직한 이야기를 나눌 수 있었습니다. ○○이 때문에 힘들었던 아이들은 훌쩍이기도 하고 제가 안아 주는 시간도 가졌습니다. 그러한 시간들을 통해 아이들 마음속에 배려, 긍정, 공감 등의 보석이 반짝반짝 빛나는 것을 보았고 그 보석들을 갈고 닦기 위해 노력하는 아이들을 만났습니다.

그 뒤로 우리 반은 〈세 얼간이〉, 〈지상의 별처럼〉 등 좋은 영화를 자주 보았고, 깊은 이야기를 나누었습니다. 그런 날은 일기가 달라져 있었고, 아이들이 조금씩 성장해 가는 것을 느꼈습니다.

한 권의 책이 한 사람의 인생을 바꾸어 놓듯이 한 편의 좋은 영화는 우리 반의 가장 힘들었던 상처를 아물게 하였고 자신의 보석을 찾아 주는 시간, 친구의 가치를 새롭게 알아 가는 계기가 되어 주었습니다.

영화 수업에서는 좋은 영화를 선택하는 것이 가장 중요하다고 봅니다. 그리고 시간을 확보하는 것이지요. 영화 감상 전과 후에 학생들이 자유로운 감상의 시간과 영화와 자신의 삶을 연계시킬 수 있는 질문거리를 찾고 토론할 수 있는 분위기를 만들어 가는 것 등은 걱정하지 않아도 됩니다.

영화를 보고 나면 아이들은 할 말이 많아집니다. 그 말들을 들어주고 공감하다 보면 어느새 조금씩 변화되는 아이들의 모습이 보였습니다. 토론에 열심히 참여하지 않은 아이들도 영화를 통해 마음의 변화가 있어서인지 자연스레 행동으로 스며들었습니다.

단번에 모든 아이들이 변화하진 않지만 한두 명씩 아주 사소한 행동으로 변화해 갑니다. 교사는 그 순간만 포착해서 격려해 주면 영화가 삶에 얼마나 많은 영향을 주는지 금방 알 수 있을 겁니다.

감성깨움수업 활동 2
_ 영화 〈지상의 별처럼〉으로 질문 수업하기

- 영화 감상 중이나 후에 학생들이 질문을 만들어 나갑니다.
- 질문에 대한 답은 즉시 하지 않아도 됩니다.
- 질문 중에서 기억에 남거나 토론해 보고 싶은 핵심질문을 선택해서 토론하고 글쓰기 활동으로 진행합니다.

▶ 질문 만들기(이샨이 기숙학교 니쿰브 미술 선생님을 만나기 전까지)

- 주인공의 이름은?
- 왜 이렇게 글자가 어렵게 나올까요?
- 이샨은 무엇을 좋아하나요?
- 이샨이 던지는 건 뭘까요?
- 이샨은 일부러 시험지를 줬을까요?
- 이샨이 무엇을 발견했네요. 여러분이라면 이것을 어떻게 할까요?
- 이샨의 보물 주머니에는 무엇이 들어 있을까요?
- 이샨은 왜 신발을 벗지 않을까요?
- 이샨은 언제 우유를 '부르르' 하고 장난치나요?
- 이샨은 공을 어디로 던질까요?
- 이샨은 왜 화분을 발로 찼을까요?
- 이샨의 표정을 잘 보세요. 나도 이런 적 있나요?
- 이샨이 행복할 때 나오는 음악을 들으면 어떤 느낌이 드나요?
- 내가 힘들 때 나를 위해 해 주는 것이 있나요?
- 아빠는 왜 이샨의 뺨을 때렸을까요?
- 뺨을 맞은 이산은 왜 웃었을까요?
- 우리 아빠라면, 내가 아빠라면 어떻게 할까요?
- 아빠는 왜 이샨의 이야기를 듣지 않을까요?
- 아빠와 엄마의 행동이 어떻게 다른가요?
- 이샨의 성격은 어떤가요?
- 상처 난 곳에 물이 닿으면 어떤가요?
- 이샨은 아빠를 좋아하나요?
- 왜 음악이 이렇게 빠를까요?
- 빙글빙글 돌아가는 건 뭘까요?

- 이샨이 앞으로 나온 이유는 뭘까요?
- 아까 엄마가 닦아 준 구두가 더러워졌어요. 이샨이 일부러 그랬을 까요? 나도 이런 적 있나요?
- 언어 선생님은 이샨에게 무엇을 말했나요?
- 이샨은 수업시간에 왜 이러고 있을까요?
- 이샨은 왜 이렇게 책을 읽을까요?
- 여러분이 선생님이라면 어떻게 할 것 같아요?
- 혼나고 있는 이샨은 왜 웃었을까요?
- 이샨이 친구들 앞에서 'Yes'라고 한 이유는 뭘까요?
- 이샨은 수업이 끝나지 않았는데 나왔어요. 이샨이 행복해 보이 나요?
- 인도의 날씨는 어떤가요?
- 이샨은 건널목을 건널 때 차를 보나요?
- 이샨은 얼음을 보면서 무슨 생각을 할까요?
- 이샨은 지금 누구에게 'No'라고 말하고 있나요?
- 여러분도 이렇게 말할 수 있는 사람이 있나요?
- 결석계에 사인한 사람은 누구일까요?
- 이샨은 시험을 잘 볼 수 있을까요?
- 이샨이 엄마에게 뭔가를 부탁할 때 엄마를 'Yes' 하게 만드는 기 적의 언어는 무엇인가요?
- 왜 이샨은 수족관을 가자고 할까요?
- 아이들이 왜 차로 달려갔나요?
- 엄청난 일이 벌어졌어요. 이샨이 자기 의견을 강하게 말한 적 있 나요?
- 기숙학교는 어떤 곳일까요?

- 엄마의 마음은 누구를 위한 것일까요?
- 이샨의 감정 변화를 알아볼까요?
- 이샨은 사람들이 있는 곳에서 왜 먹지도, 자지도, 함께하지도 않을까요?
- 이샨은 기숙학교에 가서 왜 그림을 그리지 못하나요?

핵심질문

- 엄마나 아빠의 속마음을 알게 된 적이 있나요?
- 내 마음속 생각을 그대로 표현하는 것이 옳을까요?(찬반 토론 '선의의 거짓말은 필요하다'라는 논제로 이어짐)
- 이샨은 그림을 잘 그리는데 가족과 자신도 그것을 잘 몰랐습니다. 내가 잘하는 것을 누군가 찾아 준 적이 있나요?

▶ 글과 그림으로 표현하기

이샨을 기숙학교로 떠나보내고 난 후 엄마가 이샨을 그리
워하며 우는 장면을 자신의 삶과 비교하여 표현함

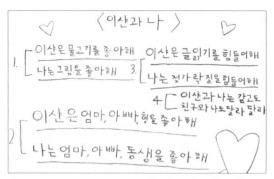

영화 속 주인공과 나를 비교하여 다른 점과 같은 점을 찾아보며 공감하는 시 쓰기

이샨은 물고기를 좋아해

나는 그림을 좋아해

이샨은 엄마, 아빠, 형을 좋아해

나는 엄마, 아빠, 동생을 좋아해

이샨은 글 읽기를 힘들어해

나는 젓가락질을 힘들어해

이샨과 나는 같고도 달라

친구와 나도 달라

▶주인공 따라 하기

블록 맞추기

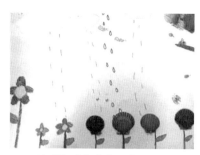

자연을 이용하여 그림 그리기

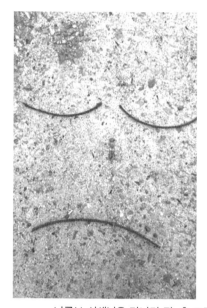
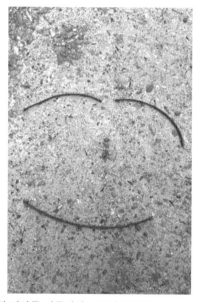

니쿰브 선생님을 만나기 전·후 표정 변화를 나뭇가지로 표현했어요.

감성깨움수업 활동 3
_ 영화 〈카쉬미르의 소녀〉로 인물의 마음 알아보기

영화 〈카쉬미르의 소녀〉는 러닝 타임이 159분이나 되는 영화입니다. 축약본으로 30분짜리 영상을 보면서 다섯 살 여자 주인공 샤히다의 마음을 찾아보았습니다. 큰 사건이 일어날 때마다 그 장면에서 멈춰 지금 주인공의 마음을 표현해 보고 주인공과 친구들이 찾은 마음에 공감하는 시간을 가졌습니다. 감정 표현을 풍부하게 했던 경험은 나중에 글쓰기로 잘 표현되었습니다. 또한 〈지상의 별처럼〉 영화 속 남자 주인공 이샨의 마음과 비교해 보면서 두 주인공이 찾으려고 노력했던 보석에 대해서도 이야기하는 시간을 가졌습니다.

▶샤히다의 마음 변화 알아보기

나무 장난감을 쫓아가다 절벽 아래로 떨어져 간신히 나뭇가지에 매달려 있는 장면	불안하다, 무섭다, 두렵다, 조마조마하다, 살려 주세요, 막막하다
기차가 정차했을 때 구덩이에 빠진 양을 구하려고 내렸다가 엄마가 탄 기차가 출발해서 타지 못하는 장면	후회스럽다, 겁나다, 불안하다, 무섭다, 두렵다, 속상하다
혼자 탄 기차가 인도에 도착하고 모르는 사람이지만 뭔가 끌리는 '파반'을 만났을 때 장면	안정되다, 다행이다, 안심하다, 힘나다, 희망이 생기다, 고맙다
파반이 할 수 없이 여행사를 통해 샤히다 혼자 파키스탄으로 보내려고 할 때	마음이 아프다, 슬프다, 힘들다, 속상하다, 우울하다
파반의 눈물겨운 노력으로 엄마를 만났던 샤히다가 파반이 온몸에 상처를 입고 인도로 돌아가는 모습을 바라보는 장면	기쁘다, 자랑스럽다, 감동스럽다, 따뜻하다, 고맙다

▶ 〈카쉬미르의 소녀〉의 주인공 샤히다와

〈지상의 별처럼〉의 주인공 이샨의 보석 찾기

샤히다	사랑, 평화, 자유, 인내, 긍정, 공감
이샨	목표의식, 사랑, 성실, 자유, 열정, 희망

🌱 감성깨움수업 Tip ❧❧❧❧❧❧❧❧❧❧❧❧❧❧❧

학급 실태에 따라 영화를 감상하는 방법을 다르게 하는 것이 좋답니다. 영화 감상 전에 충분한 설명이 필요할 수도 있고, 영화 속 한 장면에서 멈추고 토론을 진행할 수도 있습니다. 또 영화가 축약된 줄거리만으로도 수업을 진행할 수 있습니다. 영화만 보여 주는 수업이 아니라 영화를 하나의 수업 자료처럼 생각하면 어떨까요?

3. 감성맵+감성깨움수업

생각정리, 감성맵으로 끝!

고민쌤 선생님, 아이들은 새롭게 이야기를 만드는 것을 어려워하는 것 같아요.

마힘쌤 교과서에서 제시해 준 내용으로만 무엇인가를 상상하며 만드는 것이 어려울 수 있어요.

고민쌤 그럼, 더 쉽게 아이들이 만들 수 있는 방법이 있을까요?

마힘쌤 음, 교과서에 나오는 그림책을 직접 보여 주면 어떨까요?

고민쌤 오! 그림책 좋네요. 또 다른 방법은 없을까요?

마힘쌤 감성맵과 질문 만들기 그리고 동영상을 수업에 활용해 보셨나요?

고민쌤 질문 만들기와 동영상은 활용해 보았는데 감성맵은 어떤 활동인가요?

마힘쌤 감성맵은 뒤죽박죽 섞여 있는 생각들을 지도로 잘 표현해 보는 활동이랍니다. 우리가 잘 알고 있는 마인드맵을 생각하시면 됩니다. 감성맵은 학생들의 감성적인 생각들을 논리적으로 표현하는 데 도움이 된답니다. 학생들이 만든 감성맵을 보시면 쉽게 이해가 될 거예요. 국어과 4학년 내가 만든 이야기 단원으로 어떻게 진행하는지 보여 드릴게요.

단원 재구성

단원	4-1-5. 내가 만든 이야기	학년	4학년
성취기준	[4국05-03] 이야기의 흐름을 파악하여 이어질 내용을 상상하고 표현한다. [4국03-05] 쓰기에 자신감을 갖고 자신의 글을 적극적으로 나누는 태도를 지닌다. [4국05-05] 재미나 감동을 느끼면서 작품을 즐겨 감상하는 태도를 지닌다.		

차시	학습 내용	자료	기능	교과 역량
1~2차시	• 단원 도입 플라워맵 •『구름공항』이야기 차례 정하기 •『구름공항』이야기 꾸미기 • 선생님과『구름공항』그림책 읽기	감성맵 (플라워맵) 그림책	공유·소통 하기	문화 향유 역량
3~4차시	• 사건의 흐름을 파악하며『까마귀와 감나무』이야기 읽기 • 이야기 속 사건의 흐름 정리하기 • 주인공에게 필요한 보석 찾아 주기	핵심질문 보석카드	감상·비평 하기	
5~6차시	• 이야기 흐름 파악하며『아름다운 꼴 찌』이야기 읽기 • 처음, 가운데, 끝으로 이야기 내용 정 리하기	핵심질문 질문 만들기	감상·비평 하기	
7~8차시	• 사진 자료 살펴보며 이어질 내용 상 상해서 이야기 만들기 • '내가 상상한 이야기' 책 표지 꾸미기	동영상 이야기 학습지	표현 하기	
9~10차시	• 상상한 이야기 친구에게 들려주기 • 감상관점을 보며 이야기 고치기 • 단원 마무리 플라워맵 • 씨앗질문 만들기	감성맵 (플라워맵)	점검·조정 하기	

1~2차시는 5단원을 처음 시작하는 차시입니다. 그래서 플라워맵을 활용하여 단원 도입을 먼저 한 후 교과서를 살펴보며 핵심질문과 학생 깨움질문을 만들어 질문수업을 적용했습니다. 그리고 교과서에 나오는 『구름공항』 내용을 학습지를 활용해 자신만의 이야기 차례를 만들고 활동했습니다.

아이들이 정한 차례의 『구름공항』 이야기와 선생님이 읽어 주는 『구름공항』 그림책을 비교하며 이야기를 들으며 감성과 생각을 깨워 주었습니다. 3~4차시에서는 보석카드를 이용해 주인공에게 필요한 보석을 찾아 주고, 5~6차시에서는 모둠 친구들과 핵심질문을 함께 만들었습니다. 7~8차시에서는 동영상 자료를 활용하여 나만의 이야기를 만들었습니다. 9~10차시에서는 내가 만든 이야기를 친구들과 함께 나누었습니다.

2시간 연속 차시로 감성깨움수업을 진행하면서 핵심질문 만들기를 개별, 모둠별, 전체 형태로 확장하여 활동하며 학습문제로 이끌어 갔습니다. 매 차시마다 학생들이 궁금하거나 알아보고 싶은 내용을 교과서를 살펴보며 플라워맵에 깨움질문을 만들고 학습 활동 후 깨움질문을 해결하는 시간을 가졌습니다. 10차시에서는 플라워맵을 마무리하며 단원을 정리했습니다. 한 단원을 감성깨움수업으로 활동하면서 학생들은 질문 만들기에 흥미를 갖고 플라워맵을 하나둘 채워 가는 보람을 느꼈습니다.

감성깨움수업 수업안(1~2/10)

교과	국어	학년	4학년	차시	1~2/10
단원	5. 내가 만든 이야기	준비물		플라워맵, 그림책『구름공항』, 그림카드, 학습지	
학습 문제	이야기의 차례를 정리해 볼까?				

도입	• 플라워맵으로 단원 도입하기 – 교과서의 그림과 글을 살펴보며 핵심 단어를 찾아 플라워맵의 원에 적기 • 핵심질문 만들기 – 붙임 종이에 개인별로 이 시간 공부할 내용의 핵심 질문 만들기 – 모둠 보드판에 핵심질문을 부착한 후 피라미드 토론으로 모둠 핵심질문을 정하기 • 교사 깨움질문으로 핵심질문 제시하기 – 모둠에서 정한 핵심질문을 칠판에 부착한 후 핵심 낱말을 추출하여 학습문제로 도출하기	⇩
전개	• 학생 깨움질문 만들기 – 이 시간에 알고 싶은 내용을 플라워맵의 꽃잎에 적어 깨움질문 만들기 •『구름공항』이야기 차례 정하기 – '구름공항 이야기 차례' 학습지에 교과서 붙임자료 그림을 붙여 가며 자신이 생각한 대로 이야기 차례 정하기 •『구름공항』이야기 꾸미기 – 차례대로 붙인 그림을 보며 자신만의 이야기를 만들어 적기 • 모둠 친구들에게 내가 만든 '구름공항' 이야기 발표하기 • 플라워맵에 적은 깨움질문 해결하기	⇩ ⇩ ⇩
정리	• 학습 활동 정리하기 – 활동으로 알게 된 점과 느낀 점 이야기 나누기 • 감성깨움 활동으로『구름공항』그림책 읽기 – 내가 만든 '구름공항' 이야기와 비교하며 듣기	

감성깨움수업 수업안(3~4/10)

교과	국어	학년	4학년	차시	3~4/10
단원	5. 내가 만든 이야기	준비물		플라워맵, 가치카드, 학습지	
학습 문제	이야기의 흐름을 파악하려면 어떻게 해야 할까?				
도입	• 핵심질문 만들기 - 교과서 그림과 글을 살펴보며 핵심질문을 개인별로 만들기 - 핵심질문을 모둠 친구들과 돌아가며 말하기				
전개	• 이야기 읽기 - 교과서「까마귀와 감나무」읽기 - 이야기의 흐름을 파악하기 위해 일어난 일, 등장인 물의 행동과 말들을 살펴보며 읽기 • 학생 깨움질문 만들기 - 플라워맵에 이 시간 활동에서 궁금하거나 배우고 싶은 깨움질문 만들기 - 교과서에「까마귀와 감나무」내용을 정리한 후 함께 내용 파악하기 • 주인공에게 보석 찾아 주기 - 등장인물과 일어난 일 알아보기 - 등장인물의 행동과 말에 드러난 특징 말하기 - 주인공 형과 동생에게 필요한 보석 찾아 주며 이야 기 나누기 - 형: 정직, 절제 동생: 부지런함, 배려	 ⇩ ⇩ 			
정리	• 학습 활동 정리하기 - 이야기의 흐름을 파악하는 방법 정리하기 • 플라워맵에 적은 깨움질문 해결하기				

감성깨움수업 수업안(5~6/10)

교과	국어	학년	4학년	차시	5~6/10
단원	5. 내가 만든 이야기	준비물		플라워맵, 붙임종이, 모둠 보드판	
학습 문제	이야기의 흐름은 어떻게 파악할까?				

도입	• 모둠 핵심질문 만들기 - 교과서를 보며 모둠 친구들과 핵심질문 만들기 • 핵심질문 도출하기 - 모둠 보드판에 적은 핵심질문을 모둠별로 칠판에 부착하기 - 핵심질문으로 도출하여 학습문제로 제시하기 - 학습 순서 안내하기	 ⇩
전개	• 깨움질문 만들기 - 교과서를 살펴보며 플라워맵의 꽃잎에 깨움질문 만 들기 • 이야기 흐름 파악하기 - 『아름다운 꼴찌』 읽고 일이 일어난 차례 파악하기 - 이야기의 처음, 중간, 끝 알아보기 - 등장인물의 행동과 말 파악하기 - 내용 정리해서 말하기	 ⇩ ⇩
정리	• 활동 정리하기 - 이야기의 흐름을 파악하기 위한 방법 정리하기 • 플라워맵에 적은 깨움질문 해결하기	

감성깨움수업 수업안(7~8/10)

교과	국어		학년	4학년	차시	7~8/10
단원	5. 내가 만든 이야기		준비물		플라워맵, 동영상 자료, 사진 자료, 이야기 학습지	
학습 문제	내가 상상한 이야기를 만들어 볼까?					

도입	• 핵심질문 만들기 – 동기유발로 동영상을 시청한 후 핵심질문 만들기 • 핵심질문 도출하기 – 핵심질문을 학습문제로 이끌어 제시하기	 ⇩
전개	• 깨움질문 만들기 – 교과서를 살펴보며 깨움질문 만들기 • 상상한 이야기 만들기 – 사진 자료를 보며 상상하기 – 앞표지: 제목, 글/그림 이름 쓰기 – 뒤표지: 광고 글 적기 – 이야기의 처음, 중간, 끝을 구분하여 간단히 쓰기 – 사진 뒤에 이어질 내용을 생각하며 이야기의 흐름에 따라 상상하여 꾸미기	⇩ ⇩
정리	• 활동 정리하기 – 내가 상상한 이야기를 읽고 이야기의 흐름이 맞는지 살펴본 후 어색한 부분 고쳐 쓰기 • 플라워맵에 적은 깨움질문 해결하기	⇩

감성깨움수업 수업안(9~10/10)

교과	국어		학년	4학년	차시	9~10/10
단원	5. 내가 만든 이야기			준비물	플라워맵, 이야기 학습지	
학습 문제	내가 상상한 이야기를 발표해 볼까?					

도입	• 핵심질문 도출하기 – 함께 핵심질문 만들기 – 학습 순서 안내하기 • 깨움질문 만들기	

전개	• 모둠 발표하기
	– 전 시간에 만든 '내가 상상한 이야기'를 모둠 친구
	  에게 발표하기
	– 주제가 드러나게 이야기를 잘 만든 친구를 모둠에
	  서 선정하기
	• 전체 발표하기
	– 모둠에서 선정된 사람은 앞으로 나와서 발표하기
	– 감상관점을 생각하며 친구의 이야기 듣기
	• 이야기 수정하기
	– 감상관점을 살펴보며 내가 만든 이야기 고쳐 쓰기

정리	• 깨움질문 해결하고 씨앗질문 만들기
	– 5단원 공부를 감성깨움 질문수업으로 활동하면서
	  마음속에 드는 씨앗질문 적기
	• 단원 정리
	– 단원 마무리 활동 후 플라워맵에 활동한 느낌과
	  소감 적기	

1차시 플라워맵으로 단원 도입은 어떻게 했나요?

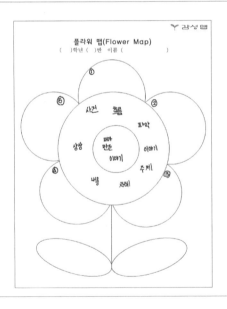

1. 가운데 원에 단원명을 써요.

2. 두 번째 원에 교과서를 살펴보면서 핵심 낱말을 적어요.

3. 꽃잎에는 번호를 적어 차시를 표시해요.

1. 교과서의 글과 그림을 살펴보며 질문을 적어요.

2. 모둠 판에 질문을 부착한 후 돌아가며 말해요.

3. 모둠의 핵심질문을 선정해 ★ 스티커를 붙여요.

4. 칠판에 모둠 판을 부착해요.

5. 교사는 모둠에서 선정한 핵심질문의 키워드를 적어요.

6. 키워드를 연결하여 핵심질문을 만들어요.

7. 핵심질문을 '학습문제'로 제시해요.

핵심질문: 이야기의 차례를 정리해 볼까?

3~4차시 보석카드는 어떻게 활용했나요?

1. 교과서의 글과 그림을 살펴보며 질문을 적어요.

2. 주인공인 형에게 필요한 보석은?
   정직, 절제
   동생에게 주고 싶은 보석은?
   부지런함, 배려

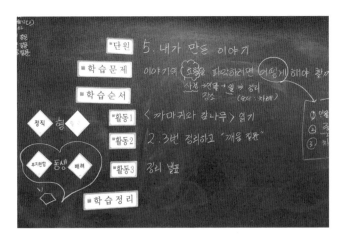

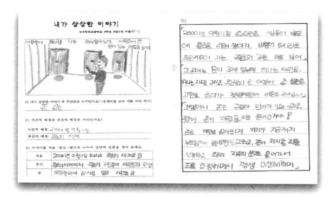

1. 그림책처럼 앞표지에 '제목', '글/그림' 이름을 적어요.

2. 이야기에 어울리는 그림을 그리고 색칠해요.

3. 뒤표지에는 이야기의 중심 내용과 관련된 광고 글을 적어요.

4. 상상한 이야기의 중심 내용을 한 장면으로 그려요.

5. 이야기를 처음-중간-끝으로 간단하게 써요.

6. 이야기를 흐름에 따라 상상하여 만들어 지어요.

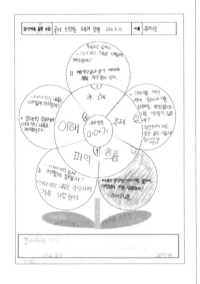

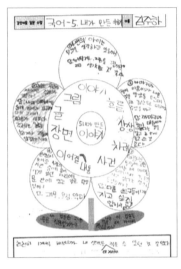

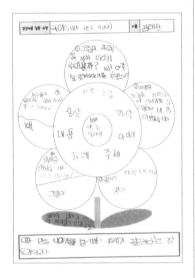

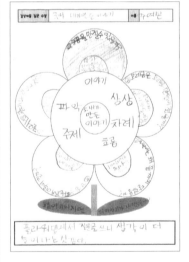

그림책을 수업에 적용할 때 대부분 동기유발 단계에서 많이 보여 주지만 본 수업에서는 학습 정리 단계에서 활용하는 사례를 제시해 보았습니다. 교과서로 공부하다가 수업의 마무리 단계에서 교과서에 나왔던 『구름공항』 그림책을 보여 주는 거지요. 실제 그림책을 본 아이들의 눈이 휘둥그레졌답니다. 교과서의 작은 그림으로 보다가 큰 그림으로 만나니 실감이 나는 건 당연하겠지요. 내가 만든 이야기와 비교하며 어떤 이야기가 펼쳐질까 상상하며 호기심 가득한 표정으로 작가가 쓴 그림책에 빠져 들어갑니다.

이처럼 정리 단계에서 그림책을 읽는 것은 더 집중하며 그림책을 읽게 되고 학생들의 생각도 확장된답니다. 그림책 작가와 자신의 생각, 친구들의 생각을 비교하며 열린 사고를 할 수 있게 만드는 좋은 방법입니다.

플라워맵(Flower Map)
- 개념 정의 -

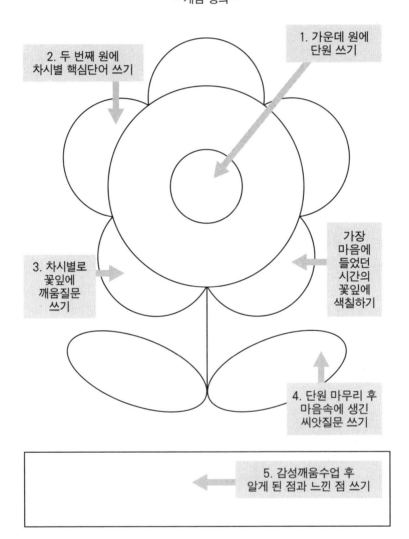

1. 가운데 원에 단원 쓰기

2. 두 번째 원에 차시별 핵심단어 쓰기

3. 차시별로 꽃잎에 깨움질문 쓰기

가장 마음에 들었던 시간의 꽃잎에 색칠하기

4. 단원 마무리 후 마음속에 생긴 씨앗질문 쓰기

5. 감성깨움수업 후 알게 된 점과 느낀 점 쓰기

이름 ＿＿＿＿＿＿＿＿

완성된 플라워맵

해바라기꽃 모양을 형상화한 플라워맵(Flower Map)은 서클맵(Circle Map)을 감성맵으로 변형한 것으로 교과 단원 개관이나 정리, 모둠별 생각 정리, 국어과 낱말 뜻, 질문 만들기 등으로 활용하기 좋습니다.

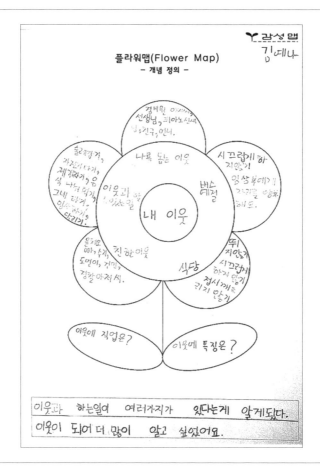

가운데 동그라미 주제에 내 이웃에 대한 주제 적기, 두 번째 동그라미에 이웃에 대한 소주제로 나를 돕는 이웃, 버스 예절, 식당, 친한 이웃, 이웃과 할 수 있는 일 분류하기, 꽃잎에 소주제에 관계된 내용 적기, 작은 잎사귀에는 내 이웃을 공부하고 나서 더 알아보고 싶은 것(이웃의 직업은? 이웃의 특징은?)에 대해 질문하기를 했어요.

나무맵은 어떻게 활용하나요?

나무맵(Tree Map)
- 묘사 -

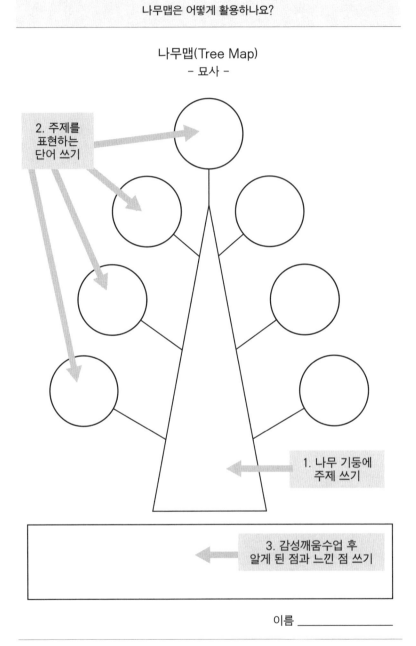

2. 주제를 표현하는 단어 쓰기

1. 나무 기둥에 주제 쓰기

3. 감성깨움수업 후 알게 된 점과 느낀 점 쓰기

이름 _____

완성된 나무맵

나무 모양을 형상화한 나무맵(Tree Map)은 버블맵(Bubble Map)을 감성맵으로 변형한 것으로 한 주제에 대해 묘사하거나 설명, 특성, 성격들을 표현하는 데 효과 적입니다.

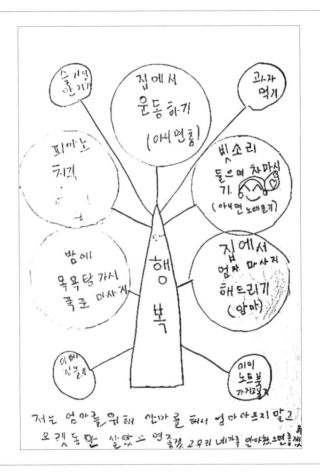

행복이라는 주제에 아빠랑 놀기, 미미 노트북 가지고 놀기, 집에서 엄마 마사지해 드리기, 밤에 목욕탕 가서 폭포 마사지하기, 피아노 치기, 빗소리 들으며 차 마시거 나 노래 듣기, 슬라임 만지기, 집에서 운동하기 등을 정리했어요.

두 나무맵(Two Tree Map)
– 비교, 대조 –

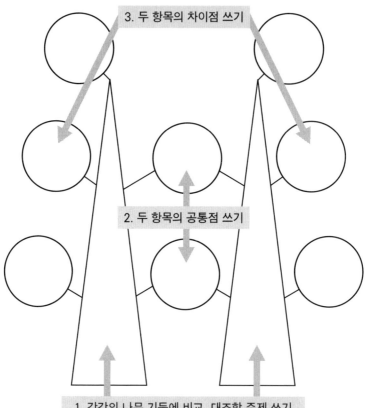

3. 두 항목의 차이점 쓰기

2. 두 항목의 공통점 쓰기

1. 각각의 나무 기둥에 비교, 대조할 주제 쓰기

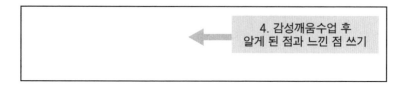

4. 감성깨움수업 후
알게 된 점과 느낀 점 쓰기

이름 _____

완성된 두 나무맵

나무 두 그루를 형상화한 두 나무맵(Two Tree Map)은 더블버블맵(Double Bubble Map)을 감성맵으로 변형한 것으로 한 주제에 대해 비교나 대조하여 표현하는 데 효과적입니다.

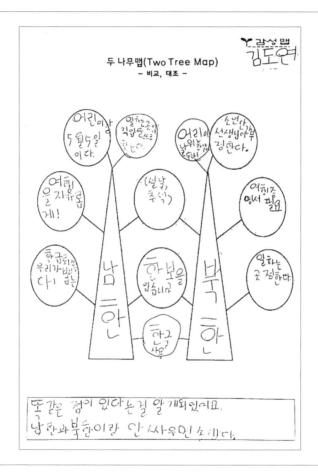

남한과 북한에 대해 한복을 입고 한글을 사용한다는 공통점을 찾고 여행하는 곳이 자유롭거나 자유롭지 않고, 일할 곳을 스스로 찾는 것과 아닌 것 등의 차이점을 찾아 정리했어요.

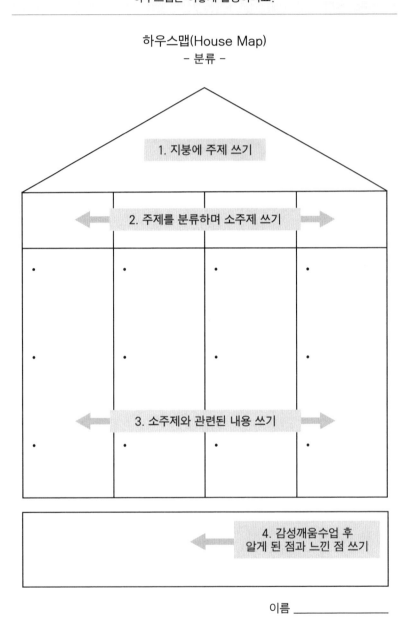

완성된 하우스맵

집 모양을 형상화한 하우스맵(House Map)은 트리맵(Tree Map)과 브레이스맵(Brace Map)을 감성맵으로 변형한 것으로 한 주제에 대해 분류해서 설명할 때 활용하기 좋습니다.

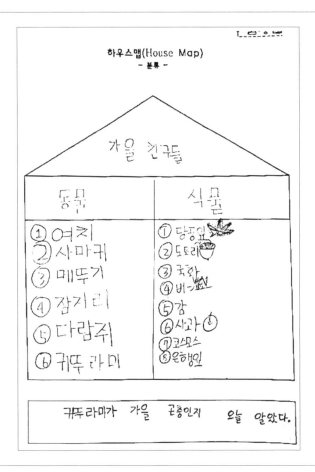

하우스맵(House Map)
- 분류 -

가을 친구들

동물	식물
① 여치	① 단풍잎
② 사마귀	② 도토리
③ 메뚜기	③ 국화
④ 잠자리	④ 버섯
⑤ 다람쥐	⑤ 감
⑥ 귀뚜라미	⑥ 사과
	⑦ 코스모스
	⑧ 은행잎

귀뚜라미가 가을 곤충인지 오늘 알았다.

가을 친구들이라는 대주제로 동물과 식물로 소주제를 나눈 다음 동물과 식물에 따른 관련 내용을 찾은 다음 활동 소감을 정리했어요.

울타리맵(Fence Map)
- 순서 -

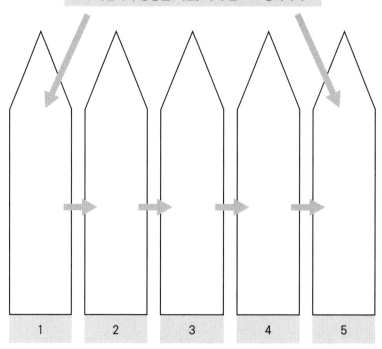

1. 사건이나 상황을 시간, 차례 순으로 정리하기

1	2	3	4	5

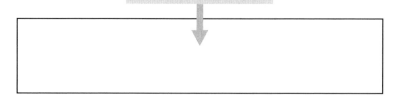

**2. 감성깨움수업 후
알게 된 점과 느낀 점 쓰기**

이름 ＿＿＿＿＿＿＿＿

나무 울타리 모양을 형상화한 울타리맵(Fence Map)은 플로맵(Flow Map)을 감성맵으로 변형한 것으로 순서대로 자료를 정리할 때 활용하기 좋습니다.

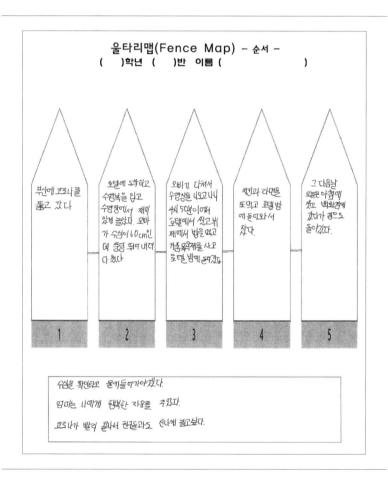

인상 깊은 일을 시간이 진행됨에 따라 순서대로 정리했어요.

나비맵(Butterfly Map)
– 원인, 결과 –

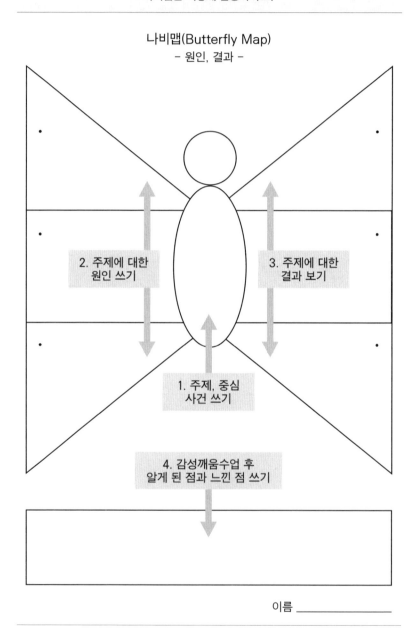

2. 주제에 대한
원인 쓰기

3. 주제에 대한
결과 보기

1. 주제, 중심
사건 쓰기

4. 감성깨움수업 후
알게 된 점과 느낀 점 쓰기

이름 _____

나비가 날개를 활짝 폈을 때의 모양을 형상화한 나비맵(Butterfly Map)은 멀티플로맵(Multy-Flow Map)을 감성맵으로 변형한 것으로 원인과 결과를 정리할 때 활용하기 좋습니다.

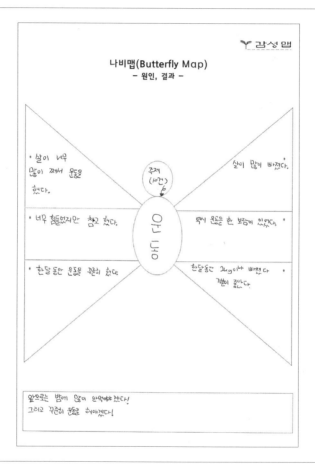

운동이라는 주제에 대해 원인과 결과를 찾아보고서 밤에 많이 안 먹고 꾸준히 운동해야겠다는 생각을 정리했어요.

잎사귀맵(Leaf Map)
- 유추 -

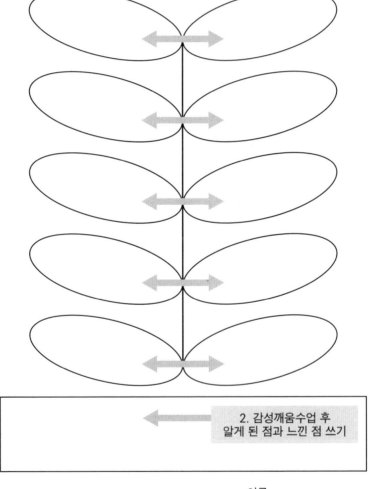

1. 관련된 요소를 짝 지어 적기

**2. 감성깨움수업 후
알게 된 점과 느낀 점 쓰기**

이름 _____

아카시아 두 잎이 마주 보며 나 있는 모양을 형상화한 잎사귀맵(Leaf Map)은 브리지맵(Bridge Map)을 감성맵으로 변형한 것으로 유추할 때 활용하기 좋습니다.

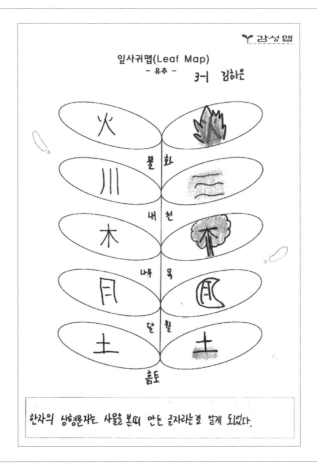

한자의 상형문자가 사물의 모양을 유추하여 만들어졌다는 것을 맵핑으로 알아봤어요.

4-1. 감정카드+감성깨움수업

감정은 인생의 나침반!

고민쌤 선생님, 우리 반 아이들은 감정 표현에 너무 서툴러서 고민이에요.

마힘쌤 학생들의 감정을 알고 소통하고 싶은데 속상하시겠어요.

고민쌤 상담이나 수업 중 이야기를 나누다 보면 "좋아요, 싫어요, 짜증 나요."만 반복되니 답답해요.

마힘쌤 다양한 감정의 종류를 글과 그림으로 표현한 감정카드를 활용하면 감정 표현에 도움이 될 거예요.

고민쌤 아하! 감정카드는 어떻게 활용하면 좋을까요?

마힘쌤 교과 수업, 놀이 활동, 상담 등 다양한 곳에 활용할 수 있는데 같이 알아볼까요?

감성깨움수업 레시피 1

준비물 마음을 열어 주는 감정놀이카드(본문에서는 감정카드로 지칭)

① 개인별로 감정카드 한 세트씩 갖기

② 현재 자신의 감정에 해당하는 카드를 하나 선택하게 하기

③ 자신의 감정에 해당하는 카드를 들어 보이기

④ 학생의 감정을 교사가 알아차리고 이해함을 알려 주기

⑤ 친구들은 공감해 주기

감성깨움수업 활동

월요일 아침 시간

선생님 감정카드를 펼쳐 봅시다. 새로운 한 주를 시작하는 지금, 여러분의 감정은 어떤지 감정카드 중 하나를 골라 볼까요?

희망이 (감정카드 중 하나를 골라 뺀 뒤 들어 보입니다.)

선생님 교실을 돌아다니며 학생들이 고른 감정카드를 확인하고 고개를 끄덕여 주며 자신들의 감정을 알아차림을 표현해 줍니다. 이때 남들과는 사뭇 다른 감정카드를 고른 학생에게 물어봅니다(시간이 없으면 짧은 이야기만 나누고 따로 긴 이야기를 나눕니다). 희망아, '후회스럽다' 카드를 들었는데 후회스러운 이유가 뭐니?

희망이 오늘 아침에 엄마께 짜증을 내고 왔는데 후회가 돼요.

선생님 왜 짜증이 났니?

희망이 엄마가 자꾸만 빨리 학교 갈 준비하라고 재촉하니까 짜증이 났어요.

선생님 너도 빨리하고 싶은데 엄마가 계속 재촉하니 기분이 안 좋았구나. 엄마께 어떻게 말하면 너의 감정을 이해해 주실까?

희망이 미안하긴 한데 어떻게 말해야 할지 모르겠어요.

선생님 조금 더 생각해 보고 쉬는 시간에 선생님과 이야기해 볼까?(다른 학생에게도 질문을 하고 이야기를 나눠 본다. 교사는 학생들의 다양한 감정 상태를 파악하고 수업이나 활동을 시작합니다.)

마음을 열어 주는 감정놀이카드는 29가지 감정이 한눈에 보이게 펼쳐서 사용하고 접어서 보관할 수 있기 때문에 수업 중 사용이 편리합니다. 또 감정이 글과 그림으로 표현되어 감정 인식에 어려움을 겪거

감정카드 접은 모습

감정카드 펼친 모습

나 한글 해득이 안 되는 사람들에게 적용 가능하며 카드 뒷면에 설명이 있어 정확한 이해에 도움을 줍니다.

감정카드로 자기감정 보여 주기 활동은 수업 시작 전과 아침 활동 시간 등에 활용하여 학생들의 감정을 교사가 알아차리고 출발할 수 있습니다. 다양한 수업 장면에서 자기 자신과 친구의 감정을 이해하고 공감하는 데 활용할 수 있으며 수업 마무리에서 알게 된 점, 생각, 느낌을 감정과 연결 지어 발표하면 효과적입니다.

감성깨움수업 레시피 2

준비물 | 감정카드, 빙고 놀이판, 필기도구

① 개인별 또는 모둠별로 감정카드 한 세트씩 갖기
② 빙고 판에 감정이 겹치지 않게 모두 채워 쓰고 몇 줄을 완성하면 빙고를 외칠지 같이 의논하기
③ 한 사람씩 자신의 빙고 판에 적힌 감정을 말하기
④ 친구가 말한 감정이 내 빙고 판에 있으면 동그라미 표시하기
⑤ 정해진 줄을 먼저 완성하면 빙고 외치기
⑥ "축하해."와 "고마워." 서로 말해 주기

감성깨움수업 활동

감정카드 빙고 놀이는 반 전체, 모둠, 짝 활동 모두 가능합니다. 처음

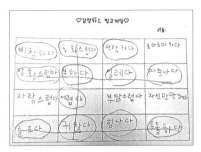

감정카드를 보고 빙고 판 채우기　　　3줄 빙고 성공!

에는 반 전체 활동을 하다 모둠 또는 짝 활동으로 바꾸면 좋습니다. 아이들끼리 감정카드 빙고 놀이를 하다 보면 다양한 감정의 종류를 즐겁게 알아 가고 감정의 뜻을 자연스럽게 익힐 수 있습니다.

교사가 각 감정을 강의식으로 설명하면 아이들은 지루해하고 교사는 힘들어집니다. 이 놀이는 학기 초나 감정카드 활용 초기 단계에 사용하면 좋습니다. 활동 후 아이들은 감정이 다양하다는 사실을 알게 되고 감정 단어에 익숙해져 감정카드 활용 수업을 진행하는 데 도움이 될 수 있습니다.

🌱 감성깨움수업 Tip 〜〜〜〜〜〜〜〜〜〜〜〜〜〜〜〜〜

학년이나 학생 특성에 따라 빙고의 난이도를 조정할 수 있어요.
- 초등 저학년: 3×3
- 초등 중·고학년: 4×4
- 중·고등학생: 5×5
- 성인: 5×5

감성깨움수업 레시피 3

준비물	감정카드, 활동지, 필기도구

① 감정카드 한 세트를 빼서 모두 모아 뒤집어 놓기

② 학생들이 한 명씩 눈을 감고 카드 하나를 고르기(카드가 친구에게 보이지 않도록 조심하기)

③ 고른 감정 단어가 들어간 짧은 문장 만들기(문장을 만든 후 카드는 교사가 가져가기)

④ 감정 단어를 말하지 않고 "○○하다."로 바꾸어 친구들에게 읽어주기(예: 숙제는 많은데 어려워서 ○○하다. 정답: 막막하다)

⑤ 다른 모둠 친구들이 감정 단어 알아맞히기

감성깨움수업 활동

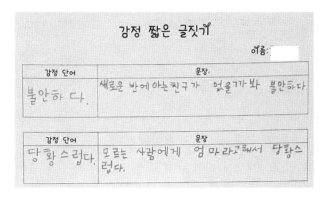

다양한 감정 단어를 알지만, 구체적이고 정확하게 뜻을 모르는 경우 감정 짧은 글짓기가 도움이 될 수 있습니다. 짧은 한 문장 만들기

가 아이들에게는 부담스럽지 않고 이를 감정 단어 퀴즈와 연결 짓는 다면 더 즐겁고 재미있게 감정의 의미를 알아 갈 수 있습니다.

이 활동은 한 번으로 그치기보다는 꾸준히 하는 것이 좋고 새로운 감정 단어로 문장을 만들게 합니다. 활동지는 모아 다른 곳에 활용할 수 있고 학기 말에 돌려주면 아이들에게는 또 하나의 추억으로 남게 됩니다.

🌱 감성깨움수업 Tip ❧❧❧❧❧❧❧❧❧❧❧❧❧❧❧

상황에 따라 이런 단계로 해 보면 좋아요.
1단계: 감정 몸짓 표현하기(글쓰기가 어려운 경우)
2단계: 감정 짧은 글짓기
3단계: 감정 짧은 글 퀴즈

감성깨움수업 레시피 4

준비물 감정 스피드 게임용 PPT

① 모둠별로 한 줄로 서서 TV 화면을 등지고 서기
② 문제 낼 학생은 TV 화면을 보고 선 뒤 보이는 감정 단어를 표정과 몸짓으로만 표현하기(말하거나 소리 내지 않기)
③ 맨 앞 학생이 어떤 감정 단어인지 알아맞힌 뒤 제일 뒤로 가기 (모르면 다음 친구에게 패스 가능)

④ 그다음 학생도 같은 방법으로 단어 알아맞히기

⑤ 주어진 문제를 풀 때 걸린 시간 기록하기

감성깨움수업 활동

표정과 몸짓으로 감정을 표현하는 친구를 흥미롭게 보며 생각하는 아이들

친구들이 못 알아맞히자 더 큰 동작과 표정으로 표현하는 아이

감정카드에 나온 감정의 종류와 뜻을 충분히 익힌 뒤 '감정을 몸으로 말해요' 시간을 가졌습니다. 우선 감정카드로 PPT를 만드는 작업을 했습니다. 감정카드에는 29개의 감정이 있고 1개의 감정이 더 필요해 '화나다'를 추가하여 총 30개의 감정으로 10문제씩 3세트를 준비했습니다. 처음에는 시간이 많이 걸리더라도 10문제 모두 표현할 기회를 주었습니다. 몸으로 문제를 설명하는 아이와 줄 서는 순서는 아이들 스스로 정하게 하였습니다.

첫 번째 모둠은 긴장을 해서 많은 시간이 걸렸지만 포기하지 않고 집중력을 보여 주며 모두 알아맞혔습니다. 나머지 모둠은 조금 더 짧은 시간에 알아맞히기를 성공했습니다. 흥미로웠던 점은 평소 조용하고 눈에 잘 띄지 않는 아이들이 적극적으로 많은 감정 단어를 알아맞히며 주도적인 역할을 했다는 것입니다. 보고 있는 아이들은 몸으로 표현하는 친구를 흥미롭게 지켜보며 알아맞히면 감탄을 하고 못 알아맞히면 안타까워했습니다. 이렇게 첫 번째 '감정을 몸으로 말해요' 활동은 많은 시간이 걸렸지만 모두 즐겁게 마칠 수 있었습니다.

며칠 뒤 두 번째 '감정을 몸으로 말해요' 활동 시간에는 제한 시간 3분을 주고 했습니다. 시간이 짧아 긴장감이 넘쳤습니다. 가장 많이 맞힌 모둠만 보상하거나 칭찬한다면 경쟁이 과열되고 분위기가 나빠질 것으로 예상하고, 각 모둠이 맞힌 문제 수만큼 우리 반 사탕 모으기 통에 사탕을 넣어 주겠다고 했습니다. 그러자 많은 아이들이 경쟁하기보다는 친구들을 응원하는 마음으로 활동에 참여했습니다.

이 활동에 앞서 하루에 1, 2개씩 감정카드를 제시하고 표정과 몸짓으로 나타내는 연습을 했습니다. 그래서인지 아이들의 설명은 매우 훌륭했고 하면 할수록 점점 다양한 표현들이 나왔습니다. 여러 감정 놀이를 하면서 아이들은 감정 단어에 익숙해지고 자주 사용하는 모습을 보여 주었습니다. 감정카드 단어에 익숙해지면 감정카드에 제시되지 않은 다른 감정들로 활동을 해 보는 것도 좋습니다.

게슈탈트 심리 치료에서 감정은 표현하기를 요구한다고 보았습니다. 감정은 표현되지 못했을 때 미해결 과제로 남아 계속 표현이라는 완결을 요구하며 영향을 끼치다가, 느끼고 표현하면 충족되어 사라진다고 합니다. 그러므로 교사가 그 감정을 해결해 주는 것이 아니라 알아차려 주고 알아봐 주는 것만으로도 학생들은 자신의 감정을 스스로 알고 조절할 수 있으며 존중받았다는 생각이 듭니다.

– 『마음을 여는 수업, 인성교육 실천편』조선미 외 5인 중에서

4-2. 감정카드+감성깨움수업

감정, 넌 누구니?

고민쌤 아이들이 감정의 종류와 뜻을 어느 정도 알게 되었지만 자신의 경험과 감정을 연결하지 못하는 아이들이 있어요. 그래서 자기는 그런 감정을 느낀 경험이 없다고 우기는 아이가 있어요.

마힘쌤 머리로 알고는 있지만 가슴으로 자신의 감정을 들여다보지 못하는 아이들이 주변에는 참 많아요.

고민쌤 상담을 하다 보면 자기감정을 솔직하게 표현해야 하는데 자기감정을 깊이 들여다보지 못하니 실제와는 다른 감정을 말해서 오해가 생기기도 하고 대화가 단절되는 느낌이 들어요. 자신의 감정을 제대로 이해하고 받아들이게 하려면 어떻게 해야 할까요?

마힘쌤 학생들이 감정을 느꼈던 경험을 글과 그림으로 표현하게 하여 자기감정을 진지하게 들여다볼 기회를 주는 건 어때요?

감성깨움수업 레시피

준비물	감정카드, 종이, 색연필, 필기구 등

① 감정카드 중 하나를 골라 그림을 보여 주고 뒷면의 글 읽어 주기
② 그 감정에 대한 경험을 떠올리며 같이 이야기 나누기
③ 종이 위에 색연필로 선을 긋고 선 위에 감정 단어 쓰기
④ 선 아래에 감정 단어와 관련된 경험을 글과 그림으로 표현하기
⑤ 자신의 경험을 친구들에게 발표하고 공감하기(친구들은 "너 정말 ○○했겠구나."라고 공감해 주고 발표한 사람은 "응, 나 정말 ○○했어."라고 감정 표현하기)
⑥ 이야기를 나눈 뒤 조용히 감정을 정리할 시간 갖기

감성깨움수업 활동

우리 반에서 가장 감정 조절이 힘든 아이가 친구를 때린 후 상담을 한 일이 있었습니다. 어쩌다 그런 일이 생겼는지를 물어봤는데 처음에는 친구에게 미안한 마음은 없고 자신이 억울했던 마음만 있는지 씩씩거리며 울기만 했습니다. 그리고 억울하다는 말조차도 하지 못하고 눈물만 흘렸습니다. 물어보는 말에만 짧게 대답했고 자신의 감정은 전혀 표현하지를 못했습니다. 나중에 미안한 마음은 인정했지만 미안하다는 말은 끝까지 하지 않았습니다. 그 아이를 보며 감정을 표현할 기회를 주기 위해 감정 사전 표현 활동을 시작하게 되었습니다.

감정 사전 표현 활동을 꾸준히 하면서 감정의 뜻과 상황을 조금 더

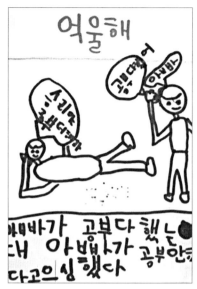

동생에 대한 감정, 공부 스트레스와 부모님에 대한 감정 등 아이들의 감정이 고스란히 담겨 있어 학생들의 감정에 대한 이해를 높일 수 있습니다.

쉽게 이해했습니다. 또 그 감정을 표현하는 연습을 통해 그동안 지나쳤던 자신의 감정을 깊숙이 들여다볼 기회를 가졌습니다. 친구들의 감정과 경험을 공유하고 공감하며 서로를 이해하며 친밀함을 가질 수 있었습니다. 처음에는 창의적 체험활동(적응) 시간을 1시간 활용하여 수업을 했습니다. 익숙해진 뒤에는 아침 시간을 활용해 하루는 표현 활동, 다음 날은 발표 활동을 차례로 진행했고 2주에 한두 번 꾸준히 활동했습니다.

감정 조절이 힘든 그 아이는 처음에 자기는 그런 경험이 없다며 표현 활동을 거부하고 친구들의 발표를 듣기만 했습니다. 나중에는 자신의 경험을 표현하고 발표하는 모습을 보여 주었고, 칭찬 활동 시간에 친구들은 그 아이를 칭찬하고 격려해 주었습니다. 칭찬과 격려를 받자 점점 더 구체적인 경험을 표현하게 되었고, 자신의 경험과 감정을 많은 친구들이 공감해 주고 알아주자 마음을 열었습니다. 상담이나 대화 중 자신의 감정을 조금씩 표현하기 시작했고 상대방에게 미안하다고 말할 수도 있게 되었습니다. 다른 아이들도 자신의 감정 표현을 좀 더 정확하고 적극적으로 하게 되었습니다.

경험과 감정을 표현한 결과물은 학생들의 생활 모습과 가정환경, 마음과 감정을 짐작할 수 있는 거울이 되어 생활지도 하는 데 큰 도움이 되었습니다. 한 아이는 동생에 대한 감정을 많이 표현했는데 맏이로 동생들을 돌봐야 하는 책임감과 동시에 자신의 말을 듣지 않는 동생 때문에 스트레스를 많이 받는다는 것을 알 수 있었습니다. 활동 결과물을 학부모 상담 자료로 활용하여 동생과의 관계 회복에 도움을 주었습니다.

감정 사전 활동에서 자기감정을 솔직히 담아내지 못하는 아이를 눈여겨보다가 상담 교사에게 의뢰하니 심각한 우울증과 내면의 아픔을 가지고 있는 것을 발견하게 된 사례가 있었습니다. 그 후 상담 활동을 지속적으로 하여 아이가 조금씩 자신의 감정을 남에게 표현하고 내보이는 첫걸음을 하게 되었고, 아이의 상처가 더 심해지지 않도록 해 줄 수 있었습니다. 감정 사전 활동을 하지 않았다면 깊숙이 숨겨진 아이의 내면을 발견하지 못했을 것입니다.

감정 사전 표현 활동은 학생뿐 아니라 선생님에게도 도움이 되니 학생들과 함께 활동해 보는 것을 추천합니다. 이 활동은 학생들과의 소통을 원활히 해 줍니다. 선생님의 경험과 마음이 담긴 활동 결과물을 보여 주며 학생들에게 표현하면 학생들도 선생님 마음을 이해하고 공감해 줍니다. 그리고 선생님에게 조금 더 가깝게 다가올 수 있습니다. 감정 사전 표현 활동은 선생님의 감정을 살피고 돌아보는 데도 좋은 기회가 될 수 있습니다. 교실에서 하루 종일 아이들과 있다 보면 감정 소모가 매우 심합니다. 지치고 힘들지만 스트레스를 풀 기회가 없다 보면 우울해지고 무기력해질 수 있습니다. 힘들다고 느껴질 때마다 스스로 글과 그림으로 제 감정을 표현해 봅니다. 글과 그림으로 감정을 표현하면서 내 마음을 깊이 들여다보면 어느 순간 억눌렸던 감정이 스스르 풀어지는 것을 경험할 수 있습니다. 선생님이 감정 사전 활동에 적극적으로 참여하면 학생들의 태도도 달라집니다. 훨씬 진지하게 활동에 참여하게 되지요. 학생들과 선생님 모두에게 도움이 될 수 있는 감정 사전 표현 활동, 어렵지 않으니 망설이지 말고 지금 바로 해 보세요.

🌱 감성깨움수업 Tip 〰〰〰〰〰〰〰〰〰〰〰〰〰〰〰〰

1. 감정 사전 표현 활동을 감정 일기와 연결해 보는 것도 좋아요. 일기로 써 보며 더 깊은 생각을 해 볼 수 있어 효과적이에요.
2. 1년 동안 표현한 결과물을 모아 책으로 만들어 주면 학생들이 두고두고 다시 보면서 성장하는 자신을 느낄 수 있어요.

5. 보석(가치)카드+감성깨움수업

같이 하면 가치가 빛나는 법!

고민쌤 감성깨움수업을 통해 배운 보석이 아이들 마음에 스며들지 않고 아는 데에만 그치는 것 같아 아쉬워요.

마힘쌤 아이들 마음속 보석은 스스로 찾아내어 반짝반짝 빛나게 할 때 의미를 갖지요. 그런데 지식으로만 그친다니 속상하시겠어요.

고민쌤 보석의 개념을 추상적으로만 이해할 뿐 자신의 삶과 연결하지 못하는 것 같아요. 보석카드의 뒷면에 적힌 가치의 개념을 제대로 읽지도 않을뿐더러 이해하기 어려워하는 아이들도 많아요.

마힘쌤 『아름다운 가치 사전』이라는 책을 아이들과 함께 읽어 보는건 어떨까요? 마음속 보석의 개념을 사례 중심으로 풀어 놓았기 때문에 아이들이 보석의 의미를 직관적으로 쉽게 이해할 수 있을 거예요.

고민쌤 보석카드를 사례 중심으로 풀어내면 아이들이 쉽게 접근할 수 있겠네요. 더 나아가 아이들의 삶에 스며들게 하는 방법이 있을까요?

마힘쌤 책을 읽는 것으로 시작해 자신만의 언어로 보석을 정의해 보는 것도 좋아요. 『나만의 보석 사전』을 만들어 보는 거죠.

감성깨움수업 레시피

준비물 『아름다운 가치 사전 1, 2』^{채인선 글/김은정 그림}, 워터크레용(칠판 필사 시 사용), 교사용 4절 스케치북, 학생용 드로잉 수첩, 색연필, 사인펜

① 교사가 칠판이나 4절 스케치북에 『아름다운 가치 사전』에 수록 된 보석의 한 가지 사례를 삽화와 함께 필사하기
② 교사가 필사한 글을 다 함께 읽고, 책에 수록된 나머지 사례는 교사가 대표로 읽어 주기
③ 보석의 개념을 설명할 수 있는 자신의 사례를 찾아 발표하기
④ 드로잉 수첩에 내가 생각하는 보석의 정의를 적고 알맞은 삽화 를 그려 『나만의 보석 사전』을 만들기
⑤ 교실 뒤편에 게시하여 공유하기

감성깨움수업 활동

참신한 교육 방법으로 특색 있는 학급을 운영하는 여러 젊은 선생 님들의 SNS는 최근 저에게 큰 자극제가 되었습니다. 생각지도 못했던 그들의 아이디어에 감탄하기도 하고, 안일하게 학급 운영을 해 온 저 의 태만함에 부끄러워지기도 했지요. 어느 때처럼 보물 창고를 뒤지듯 SNS를 뒤적이다 페이지를 넘기던 저의 손끝이 머무는 지점을 만났습

『아름다운 가치 사전』(채인선 글/김은정 그림)

『아홉 살 마음 사전』,『아홉 살 함께 사전』(박성우 글/김효은 그림)

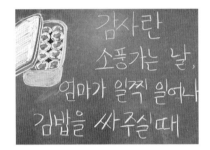

칠판에 워터크레용(12색)으로 필사한 모습이에요. 칠판에 크레용으로 그림을 그려도 되는 거냐며 아이들이 꽤나 걱정을 했지요.

니다. 칠판의 한 귀퉁이에 정성스럽게 써 내려간 가치 덕목.

『오늘의 가치 사전』: 바른 마음이란, 아끼던 공룡 인형이 없어졌
다고 짝꿍을 의심하지 않는 것. "티라노사우루스만 빼고 다 있네?
내가 어디다 떨어뜨렸나 봐."

정갈한 글씨 옆에는 예쁜 삽화도 함께였습니다.
'아, 이거다!'
우리 반 칠판의 맨 위쪽에는 보석카드 서른 장이 줄지어 늘어서 있
습니다. 학생들은 수석선생님과의 감성수업을 통해 자신의 마음 안에
가치가 보석처럼 빛나고 있다는 것을 이미 알고 있답니다. 그런 아이
들이 자신의 보석을 꾸준히 갈고닦기를 바라는 마음으로 게시해 둔
것이지요. 하지만 늘 그렇듯 교사의 기대만큼 아이들이 성큼성큼 따
라와 주지 않는 것이 현실입니다. 굳이 애써 보석카드 뒷면에 적힌 보
석의 개념을 읽어 보지 않는 아이들, 추상적으로 정의된 보석의 개념
을 이해하지 못하는 아이들, 자신의 삶과 연관시켜 생각하지 못하는
아이들. 보석카드는 그렇게 칠판에서 자리만 차지한 채 빛을 잃어 가
고 있었습니다.
　보석이 아이들의 삶에 스며들게 하고 싶었습니다. 추상적인 개념으
로서의 보석이 아니라 아이들의 삶에서 반짝반짝 빛나는 자신의 것이
길 바랐습니다. 일단 쉽게 이해할 수 있어야 했습니다. 그 답을 SNS에
서 만난 어떤 선생님의 게시 글에서 얻은 것입니다. 친절하게도 글의
출처도 알려 주었습니다. 감성수업 책에서 이미 소개되었던 『아름다운
가치 사전』이라는 책이었습니다. 그날부터 저의 오후 일과에 칠판 필
사가 추가되었습니다. 매일 한 가지 가치 덕목의 사례를 필사했습니다.

〈오늘의 가치사전〉

보람이란,

정성껏 키운 봉숭아에

새 잎이 돋은 것을

보았을 때의

뿌듯하고 즐거운 감정.

〈오늘의 가치사전〉

배려란,

친구를 위해

걸음을 천천히 걷는 것

걸으면서 같이

이야기 하는 것.

〈오늘의 가치사전〉

예의란,

선물을 받고

"고맙습니다."

하고 말씀드리는 것

〈오늘의 가치사전〉

마음 나누기란

먹을 것을 함께 나누는 것.

숲에 가서 도토리나 밤을

주울때 다람쥐가 먹을것을

남겨놓는 것.

4절 스케치북에 색연필과 사인펜으로 『가치 사전』을 필사한 모습이에요.

〈오늘의 마음사전〉

걱정스러워

과자 사러 간 동생이

오지 않아서

슈퍼로 달려갔어.

"아직도 과자를 고르고

있으면 어떡해?"

〈오늘의 함께 사전〉

감싸

약점이나 잘못을 덮어 주다.

"친구니까 같이 해야지!"

공을 좀 못 차는 친구에게

함께 축구를 하자고 했어.

『마음 사전』과 『함께 사전』도 필사하기 시작했답니다.

워터크레용을 이용하여 색도 입혀 주며 삽화도 함께 그려 보았지요. 아이들의 시선을 사로잡는 데 그만이었습니다. 칠판 필사 글은 아이들과 함께 소리 내어 읽고, 책에 실린 나머지 사례는 제가 대표로 읽어 주었습니다.

칠판 필사는 언제든 아이들의 시선이 머물 수 있다는 장점이 있으나 다음 날이 되면 지워야 한다는 단점도 있었습니다. 언제든 펼쳐 볼 수 있는 자료로 남기지 못한다는 아쉬움이 남았죠. 그때 수석선생님께서 4절 스케치북과 이젤을 교실로 보내 주셨습니다. 아이들이 한눈에 담을 수 있으면서도 기록을 쌓아 나갈 수 있다는 점이 좋았습니다. 그때부터는 스케치북과 색연필을 이용해 글과 그림을 남겼습니다. 교실 뒤편 출입구 옆에 이젤을 세워 놓고 아이들이 드나들며 언제든 읽어 볼 수 있도록 하였습니다. 물론 관심을 두지 않는 아이들도 있었죠. 하지만 대부분 아이들은 보석을 조금씩 이해하기 시작했습니다. 몇몇 아이들은 쉬는 시간을 이용해서 한 장 한 장 찬찬히 되짚어 보기도 했습니다.

그래도 뭔가 아쉬움이 남았습니다. 작가의 삶에만 머물 뿐 아이들 자신의 것이 없었습니다. 그래서 자신이 해석하는 나만의 보석을 만들어 보기로 했습니다. 처음에는 자신의 사례를 들어 보석을 정의해 보고 전체 발표를 시켰습니다. 아이들은 생각보다 훨씬 참신하고 일상적인 이야기를 들려주었습니다. 보석을 대체로 잘 이해하는 것 같았지요. 그래서 아이들의 이야기도 글로 남기기로 했습니다. 아이들에게 자그마한 드로잉 수첩을 선물하고 『나만의 보석 사전』을 만들어 보았습니다. 스물다섯 권의 보석 사전은 교실 뒤편에 전시하여 서로의 생각의 폭을 넓혀 나갔습니다.

우리 반은 보석과 함께 하루를 시작합니다. 교사의 필사 글로 가치

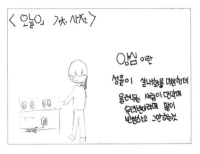

아이들은 교사의 필사 글을 보고 자신만의 『보석 사전』을 만들었답니다.

보석과 만나고, 책을 통해 깊이 있게 이해하며,『나만의 보석 사전』을 만들면서 자신만의 의미를 부여하여 일상에 녹아들게 합니다. 아이들은 글을 쓰고 그림을 그리며 성찰의 시간을 갖습니다. 때로는 귀찮은 숙제로 여겨질 때도 있었습니다. 저 또한 바쁜 업무를 제쳐두고 스케치북과 연필을 꺼내 드는 게 여간 어려운 일이 아니었습니다. 그럴 때면 이틀에 한 번, 사흘에 한 번으로 횟수를 줄이기도 했습니다. 단, 멈추지는 않았습니다. 다음 페이지로 넘어가길 목 빠지게 기다리는 아이들이 있었기 때문입니다.

최근에는 『아홉 살 마음 사전』박성우 글/김효은 그림 필사와 병행하고 있습니다. 내 안의 수많은 감정을 깊이 있게 들여다보고 자신의 마음을 글로 표현해 보는 것 또한 아이들의 인성교육에 중요한 의미가 있기 때문입니다. 아이들의 『보석 사전/마음 사전』의 페이지가 늘어 갈수록 아이들의 마음 밭이 아름다운 보석들로 가득 채워져 반짝반짝 빛나기를 기대해 봅니다.

🌱 감성깨움수업 Tip ❧❧❧❧❧❧❧❧❧❧❧❧❧❧❧

1. 가치 덕목의 개념을 정의하는 것이 어려운 학생들은 『아름다운 가치 사전』 책을 필사해도 좋아요. 필사를 통해 작가의 사고방식을 받아들이고 관점의 폭을 넓힐 수 있지요. 이를 바탕으로 자신만의 문장을 만들어 내는 힘을 기를 수 있답니다.
2. 『나만의 보석 사전』의 삽화는 자유롭게 그릴 수 있도록 해 주세요. 졸라맨으로 그려도 좋아요. 그림 연습을 하는 시간이 아니랍니다. 자신의 글을 담아 그림으로 표현하는 시간을 통해 보석을

마음에 새겨 보는 것으로도 충분하답니다.

3. 칭찬 샤워나 칭찬 롤링페이퍼와 병행해 보세요. 가치 사전을 통해 가치 덕목의 의미를 구체적으로 이해했으니 친구들의 보석을 더 쉽게 발견할 수 있을 거예요. 친구의 보석을 발견해 내며 보석의 의미를 한 번 더 새길 수 있답니다.

4. 보석 사전은 갤러리워크를 통해 친구들의 작품을 볼 수 있게 해 주세요. 서로의 생각을 이해하는 데 도움이 된답니다. 교실 환경 정리에도 한몫하지요.

6. 아하대화+감성깨움수업

교실에서 가장 행복한 소리 "아하!"

고민쌤 우리 반은 서로의 말을 귀 기울여 듣지 않아요. 교사의 말도, 친구들의 말도 소중히 여기지 않고 대충 흘려 버려요.

마힘쌤 소통은 말을 하는 것보다 상대의 말을 듣는 것이 더 중요한데 '잘' 듣는 자세가 습관화되지 않아 속상하겠어요.

고민쌤 게다가 서로 공감하고 격려하는 말보다는 비난하거나 공격하는 말을 더 익숙하게 사용하는 것 같아요. 친구가 틀린 답을 말하기라도 하면 득달같이 달려들어 헐뜯고 무시하는 모습으로 적대적인 교실 분위기가 되는 것 같아요.

마힘쌤 서로의 말에 의도적으로 반응하도록 '아하대화'를 약속으로 정해 보는 건 어떨까요? "아하!"로 답하고, "실수해도 괜찮아."로 격려해 주는 거예요.

고민쌤 경청하는 구체적인 방법을 알려 주지 못했는데 좋은 방법이네요. 그런데 형식적인 말로만 그치면 어떻게 하죠?

마힘쌤 상대방의 말에 "아하!"로 답하는 것이 익숙지 않거나 쑥스러워서 못 하는 경우가 많아요. 형식적인 말이라도 계속 사용하다 보면 마음에 스며드는 것이 있을 거예요. 일단 한번 시작해 보세요.

감성깨움수업 레시피

준비물	'아하대화' 칠판 게시 자료

① 경청의 의미와 중요성에 대해 알려 주기
② 발표가 끝나면 나머지 친구들은 "아하!"라고 화답하기로 약속하기

*"아하!"와 어울리는 구호
① 친구가 실수할 때 "실수해도 괜찮아. 배울 수 있으니까!"라고 격려하기
② 격려 문장을 "실수해도 괜찮아. 함께 다시 해 보자." 등 학급 실태에 맞게 수정해서 말하기(학생들이 구호를 수정할 수 있도록 기회를 주는 것도 자발성, 자존감 향상에 도움이 됨)

감성깨움수업 활동

"야, 너는 그것도 모르냐?", "그게 말이 된다고 생각하니?" 우리 반 교실에서 흔히 들리는 공격적인 말들입니다. 아이들은 서로를 비난하고 깎아내리며 우월감을 느끼는 듯합니다. 친구의 실수는 그냥 지나치는 법이 없습니다. 자신의 말이 무기가 되어 친구에게 상처를 입히리라고는 생각하지 못합니다. 친구의 상처에는 무감각한 듯합니다.

갈수록 격해지는 아이들의 가시 돋친 말들에 교사도 상처를 입을 때가 있습니다. 다만 살아온 날이 켜켜이 쌓여 마음의 힘도 길러졌기

'아하대화' 칠판 게시 자료   '청(聽, 들을 청)의 의미' 칠판 게시 자료

에 미움보다는 걱정 어린 시선으로 아이들을 바라볼 여유가 있을 뿐입니다. 하지만 자신을 향한 공격적인 말을 무심히 넘기기엔 우리 아이들은 아직 어리고 여립니다. 대수롭지 않게 내뱉은 친구의 한마디에 자괴감에 빠지고 무기력해지는 아이들이 있습니다. 무엇보다 마음 아픈 건 그런 아이들조차도 나중에는 거칠고 날카로운 말들에 무뎌져서 똑같은 말로 되돌려 준다는 것입니다.

또 한 가지 저의 고민은 아이들의 듣는 태도였습니다. 아이들이 저의 한 마디, 한 마디에 귀 기울여 주기를 바랐지만, 헛된 기대일 뿐이었죠. 고개 끄덕임이나 대답은커녕 저를 쳐다보지도 않는 아이들이 절반 이상이어서 맥이 빠지는 일이 한두 번이 아니었습니다. 교사에게도 반응하지 않는 아이들이 친구들의 발표에 귀 기울여 줄 리 만무했습니다. 내성적이고 자신감 부족한 아이들이 어렵사리 꺼낸 용기가 무색하리만큼 아이들은 서로의 이야기에 관심을 두지 않았습니다.

친구의 말에 "아하!"로 답을 해 주자!

문제를 해결하기 위한 우리 반의 약속이었습니다. 친구의 말을 판단하지 않고 공감해 주자는 것이었습니다. "아하!"는 '내가 너의 말을 듣고 있어'라는 표현입니다. 듣는 훈련이 잘되어 있지 않은 우리 반 아이들에게 의도적으로 반응을 표현하는 법을 가르쳐 준 것입니다. 설령 자신과 생각이 다르더라도 일단 이해하고 공감하는 자세를 길러 주고 싶었습니다. 그러다 혹시 친구가 실수하면 "실수해도 괜찮아, 배울 수 있으니까!"라는 말을 해 주기로 했습니다. 실수한 친구를 위로하고 격려하는 너그러운 마음을 지닌 아이들로 성장하기를 바랐습니다.

처음 '아하대화'를 시작했을 때 아이들의 반응은 나쁘지 않았습니다. 쭈뼛쭈뼛하는 아이들도 몇 명 있었지만 대부분 흥미를 보였습니다. 수석선생님의 감성수업을 통해 작년부터 이미 접해 보았기 때문에 낯설지 않았던 까닭도 있었을 것입니다. 목소리 크고 나서기 좋아하는 몇 명의 아이들을 주축으로 '아하대화'가 우리 반에 빠르게 자리를 잡아 갔습니다.

그런데 뭔가 풀리지 않는 문제가 있었습니다. 수업시간에 아이들은 친구들의 모든 발표에 "아하!", "실수해도 괜찮아."로 답을 해 주었습니다. 하지만 쉬는 시간이 되면 여전히 자기 목소리만 높이고 친구를 비난하는 말을 서슴없이 하고 있는 것입니다. '아하대화는 그저 기계적으로 내뱉는 의미 없는 말에 지나지 않는구나'라는 생각을 하게 되었습니다. 그렇게 답을 풀지 못한 채 몇 주의 시간이 지났습니다.

여느 때처럼 수업이 한창 진행되고 있을 때 한 아이가 제 발문에 동문서답을 했습니다. 수업에 집중하지 않는다며 아이를 꾸중하려던 찰나 들려오는 한마디에 가슴이 뭉클했습니다. "실수해도 괜찮아, 배울 수 있으니까." 그 덕에 아이는 제 꾸지람을 피할 수 있었습니다. 물론 습관처럼 내뱉은 말일 수도 있습니다. 하지만 아이들이 무의식적으로 내뱉은 이 말이 어느새 아이들의 마음에 서서히 스며들고 있었다는 것을 알 수 있었습니다.

최근 '아하대화'를 조금 변형하여 사용해 보고 있습니다. '우리', '함께'의 의미를 살려 "실수해도 괜찮아, 함께 다시 해 보자."라는 말로

서로를 응원하기로 했습니다. 우리 반 아이들이 서로를 경쟁의 대상
이 아닌 끌어 주고 밀어 주며 함께하는 친구로 대하기를 간절히 바랍
니다.

🌱 감성깨움수업 Tip ❧❧❧❧❧❧❧❧❧❧❧❧❧

1. 아이들이 "아하!"를 자연스럽게 말할 수 있을 때까지는 교사의
   도움이 필요해요. 머뭇거리는 학생이 있다면 교사가 옆에서 눈을
   맞추며 "아하!"라고 먼저 말하거나 손짓으로 유도해 주는 것이
   좋아요.
2. 아이들의 마음에서 우러나오는 말이 될 때까지 교사는 인내심을
   갖고 기다려 주어야 해요. 한 달이 될지, 일 년이 될지 몰라요. 가
   랑비가 옷자락에 서서히 스며들듯 아이들도 천천히 변하고 있다
   는 믿음으로 기다려 주어야 해요.
3. 경청 게임으로 아이들의 마음을 열어 주세요. 자기중심적으로 생
   각하는 아이들은 경청이 왜 필요한지 모르는 경우가 많아요. 경
   청 게임을 통해 더 쉽게 받아들일 수 있을 거예요.
   ① 3명씩 짝을 이뤄 말하는 사람, 듣는 사람, 관찰자의 역할로
      나누기
   ② 30초 동안 주제 정해 말하기
      - 말하는 사람: 주제에 대해 자유롭게 말하기
      - 듣는 사람: "아하!" 말하기(고개를 끄덕이고 눈빛으로 들어주
        는 표정을 지으며 절대 끼어들지 않기)
      - 관찰자: 시간을 재고 말하는 사람과 듣는 사람이 어떻게 활

동하는지 관찰하기

③ 30초가 끝난 후에 관찰자가 두 사람의 대화에 대해 피드백하기

④ 역할을 바꾸어 활동하기

⑤ 역할에 대한 소감을 나누고 의사소통에 대해 생각하며 이야기 나누기

4. 한자어 청聽(들을 청)은 듣는 귀耳를 왕王같이 받들어 열 개+의 눈目으로 보고 한 개一의 마음心으로 대하라는 뜻이라고 해요. 우리 학교에서는 이러한 의미를 살려 학생들이 경청 구호로 "들을 청은 듣는 귀를 왕같이 받들어 열 개의 눈처럼 봐 주고 한마음으로 대하라는 뜻입니다"를 사용하고 있어요. 저학년 교실에서 효과가 크답니다.

3장

팡팡!
감성깨움수업으로 함께 행복해요

담쟁이

김지율

끈적 끈적
담벼락 의
매달려있다
스파 이더맨같다
아무리 벽이라도
포기하지 않는다

칭찬마블

고민쌤 어휴, 요즘 너무 힘들어요. 학급운영을 위해 스티커판과 모 둠 자석을 사용해 왔는데 언제부턴가 아이들이 경쟁적인 분 위기에 익숙해지는 것 같아요.

마힘쌤 교실의 질서를 위해 실시한 보상제도가 오히려 학생들 간의 경쟁을 부추겼군요. 경쟁적 분위기는 교사와 학생, 학생과 학생 간의 관계를 해칠 수 있답니다.

고민쌤 교사가 볼 때만 잘하는 아이, 봉사를 하고 나서 당당히 보 상을 요구하는 아이, 뒤처지는 모둠원을 원망하는 아이, 다 른 모둠을 견제하며 흠집 내는 아이 등 제가 의도했던 바와 전혀 다른 방향으로 흘러가는 것을 보니 답답하네요.

마힘쌤 학급보상으로 아이들에게 협력의 기회를 늘려 주면 어떨까 요? 공동의 목표를 달성하면 모두가 보상을 받는 거예요.

고민쌤 늘 잘하는 아이에게만 집중되다 보니 뒤처지는 아이는 소외 되어 안타까운 마음이었는데 학급보상을 사용하면 서로 다 독이며 격려하는 따뜻한 반을 만들 수 있겠어요.

마힘쌤 재미와 행운의 요소를 더해 추억의 뽑기판이나 칭찬마블과 같은 게임으로 만든다면 더 즐겁게 참여하지 않을까요?

감성깨움수업 레시피

준비물	보석쿠키(보석 쪽지, 원형 과자, 사탕이나 초콜릿 등, 접착 OPP 비닐 봉투), 추억의 뽑기판, 칭찬마블(게임판, 주사위, 학생 수만큼의 말)

보석쿠키

① A4용지에 보석 27개를 적어 인쇄한 후 길게 자르기

② 돌돌 말아 접은 후 원형 과자(짱○, 꼬깔○ 등)에 끼워 넣어 보석 쿠키 만들기

③ 접착식 OPP 비닐 봉투에 보석쿠키와 함께 사탕이나 초콜릿과 같이 크기가 작은 간식 몇 가지 넣기

④ 교실에서 칭찬 행동 보일 때마다 보석쿠키 하나씩 모아 나가기

⑤ 학생 수만큼 보석쿠키가 모이면 다 같이 나눠 먹기

추억의 뽑기판

① 뽑기 알에는 1등부터 5등까지 랜덤으로 기입되어 있음(뽑기판 구입 시 각 등수의 개수 조절이 가능한 경우 있음)

② 등수에 따른 보상을 정해 뽑기판 상단에 적기(보상은 교사와 학생이 함께 정하는 것이 좋음)

③ 학급 공동 목표를 달성하면 모두가 뽑기 알 한 개씩 뽑기

④ 뽑기 알에 적힌 등수에 해당하는 보상 제공하기

칭찬마블 게임

① 말판의 각 칸에 칭찬 행동에 대한 보상 적기(보싱은 교사와 학생이 함께 정하기)

② 규칙은 정하기 나름!(학급 공동 목표를 달성하거나 학생 수만큼 칭찬 쿠폰을 모았을 때 다 같이 주사위를 던지는 방법, 하루 동안 지킨 규칙의 개수나 칭찬 행동을 보인 횟수만큼 주사위를 던질 인원을 결정하는 방법 등 다양하게 변형하기, 예를 들어 오늘 하루 동안 지킨 규칙이 3개일 경우 앞 순서부터 3명이 주사위를 던지고 다음 날은 그다음 순서부터 던질 수 있음)

③ 출발선에서 시작해서 주사위 눈의 수만큼 말 이동하기

④ 도착한 칸에 적힌 보상 제공하기

⑤ 다음 차례가 되면 해당 칸에서 출발하여 이동하기

⑥ '학급보상' 칸에 도착한 경우 모두에게 보상 돌아가기

감성깨움수업 활동

당신의 보석은 목표의식입니다. 목표의식은 당신이 이루고자 하는 목표를 구체적이고 실질적으로 정하는 것입니다.

당신의 보석은 부지런함입니다. 부지런함은 꾸준히 그리고 열심히 일하는 것입니다.

당신의 보석은 성실입니다. 성실은 온갖 힘을 다하여 자신의 신념과 행동이 참 되게 조화를 이루도록 하는 태도입니다.

당신의 보석은 열정입니다. 열정은 자신이 하고 싶고 바라는 게 있을 때 스스로 온 마음과 힘을 쏟아 내는 긍정적인 에너지를 말합니다.

당신의 보석은 용기입니다. 용기는 두려움 앞에 당당히 맞서 옳은 일을 기꺼이 선택하는 마음입니다.

당신의 보석은 인내입니다. 인내는 어려움을 이겨 내어 결국 꿈을 이루려는 간절한 마음입니다.

당신의 보석은 정돈입니다. 정돈은 어지럽게 흩어진 주변을 조화롭고 청결하게 바로잡아 정리하는 것을 말합니다.

당신의 보석은 정직입니다. 정직은 거짓이 없는 진실한 태도입니다.

당신의 보석은 창의성입니다. 창의성은 남과 다르게 생각하고 새로운 것을 상상하여 자신 있게 시도하는 마음입니다.

당신의 보석은 감사입니다. 감사는 내가 가진 모든 것을 있는 그대로 고맙게 받아들이는 마음입니다.

당신의 보석은 겸손입니다. 겸손은 다른 사람을 존중하고 자신을 내세우지 않는 태도를 말합니다.

당신의 보석은 공감입니다. 공감은 다른 사람의 감정, 의견, 주장 등에 대하여 자신도 그렇다고 느끼는 것입니다.

당신의 보석은 도움입니다. 도움은 다른 사람이 필요로 하는 것을 채워 주는 것입니다.

당신의 보석은 믿음입니다. 믿음은 어떤 사실이나 사람을 의심하지 않는 긍정적인 삶의 태도입니다.

당신의 보석은 배려입니다. 배려는 주위 사람이나 사물의 처지를 헤아려 도와주거나 보살펴 주려는 마음 씀씀이입니다.

당신의 보석은 사랑입니다. 사랑은 좋아하는 긍정적인 마음이라 가슴을 따뜻하게 해 주는 특별한 감정입니다.

당신의 보석은 용서입니다. 용서는 누군가 자신에게 잘못을 저질렀을 때 그에게 다시 기회를 주는 것입니다.

당신의 보석은 유머입니다. 유머는 진실을 말하되 상대방의 감정을 고려하여 그것을 친절하고 부드럽게 표현하는 능력입니다.

당신의 보석은 균형입니다. 균형은 중요한 삶의 가치들이 치우치거나 모자람 없이 조화로운 상태입니다.

당신의 보석은 긍정입니다. 긍정은 선하고 좋은 것에 초점을 두며, 가장 좋은 결과를 기대하고 확신하는 닉관직 태도입니다.

당신의 보석은 너그러움입니다. 너그러움은 다른 사람의 말이나 행동, 생각의 차이를 있는 그대로 받아들이는 마음을 말합니다.

당신의 보석은 명예입니다. 명예는 나보다 다른 사람을 위한 삶을 우선시하여 실천함으로써 사회에 도움을 주고 스스로 그것에 기쁨을 느끼는 것입니다.

당신의 보석은 봉사입니다. 봉사는 자발적으로 내 것을 남과 나눔으로써 그들의 삶이 풍요로워지도록 도와주는 것을 말합니다.

당신의 보석은 소통입니다. 소통은 뜻이 통하여 생각과 느낌을 오해가 없이 나누는 것입니다.

당신의 보석은 예절입니다. 예절은 자신의 몸가짐이 공손해서 상대방이 소중한 존재임을 느낄 수 있게 해 주는 관계의 비밀 열쇠입니다.

당신의 보석은 지혜입니다. 지혜는 주변의 모든 상황을 종합적으로 파악하여 가장 합리적인 해결책을 빨리 찾아내는 것입니다.

당신의 보석은 평화입니다. 평화는 걱정이나 갈등이 없이 서로 뜻이 잘 맞고 정다우며 믿음이 충만한 상태를 말합니다.

보석쿠키에 넣은 보석쪽지예요.
점선을 따라 자른 후 돌돌 말아 원형 과자 속에 끼워 넣으면 되지요.

짱○, 꼬깔○ 같은 과자 속에 보석쪽지를 쏙 집어넣어요. 마치 포춘쿠키와 같은 재미가 있답니다.

완성된 보석쿠키 모습이에요.

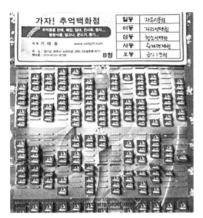

뽑기판의 종류는 시중에 다양하게 나와 있어요. 뽑기 알의 개수도 구입 시 조절할 수 있답니다.

등수에 따른 보상은 학생들과 협의하여 정할 수 있어요. 5등에 가장 좋은 보상을 걸어도 좋아요. 예를 들어 사탕을 보상으로 할 경우 1등에게는 사탕 한 개, 5등에게는 사탕 다섯 개를 주는 거죠. 1등만 원하는 사회의 시선에 길들여진 아이들에게 생각의 전환을 불러올 수 있답니다.

뽑기 알에는 1등부터 5등까지 적혀 있어요. 각 등수의 개수도 구입 시 조절할 수 있어요.

칭찬마블 말판이에요. 각 칸에는 보상을 적고, 가운데에는 학급 공동 목표나 규칙을 적을 수 있어요.

웅성거리는 소리, 제자리를 벗어나 이리저리 옮겨 다니며 소란을 피우는 아이들, 수업은 뒷전이고 딴짓으로 일관하는 아이들, 교사의 지적에도 아랑곳하지 않고 문제 행동을 반복하는 아이들. 이렇게 제각각인 서른여 명의 아이들과 일 년을 무사히 보내려면 어느 정도의 규칙과 질서가 있어야 합니다. 학급의 규칙이 학생들의 행동에 이정표가 되어 교사와 학생들의 한 해 살이에 도움을 주기 때문입니다. 다만 학생들과 충분한 상의 없이 교사가 일방적으로 세운 규칙, 학생 간에 경쟁만을 부추기는 보상제도는 교사와 학생, 학생과 학생 간의 신뢰를 무너뜨리는 결과를 불러오기도 합니다.

학기 초 어수선한 교실 분위기 속에서 아이들의 시선을 집중시키기 위해 제가 선택한 것은 스티커와 모둠 자석이었습니다. "조용히 해!", "바르게 앉아!" 목이 터져라 외치는 것보다 말없이 스티커 한 뭉치나 모둠 자석을 집어 드는 것이 더 효과적이라 여겼기 때문입니다. 친구를 도와주거나 학급에 봉사하는 모범적인 학생을 칭찬하여 동기를 부여하는 데에도 이만한 방법이 없었습니다. 간단한 도구로 학급의 규칙과 질서를 세울 수 있는 효율적인 방법이었습니다.

효과적인 학급 경영을 하고 있다고 스스로 만족하고 있을 무렵 종종 들려오는 소리가 있었습니다.

"선생님, 제가 복도에 떨어진 쓰레기 주워서 쓰레기통에 버렸어요. 스티커 하나 주시면 안 돼요?"

"야, 너 때문에 우리 모둠 자석 못 받았잖아!"

서로에게 강압적인 태도로 지시하고, 서로를 비난하는 모습도 심심찮게 보이기 시작했습니다. 그저 그런 기질의 몇몇 아이들이 하는 말로 여기고 넘기기에는 가슴 한편에 답답함이 있었습니다.

날카로운 말로 서로에게 상처를 주는 아이들의 모습에 고민이 깊어

가던 어느 날, 감성깨움수업에서 아이들의 이면을 보았습니다. 따뜻한 시선으로 친구를 바라보고, 다정한 언어로 상대를 격려하는 모습이었습니다. 그때 느꼈습니다.

'아하! 우리 아이들에게도 존중과 배려의 가치가 있구나! 그동안 내가 아이들의 내면에 잠재되어 있던 가치보석이 발현할 기회를 주지 않았구나.'

그날 이후 학급 경영의 방향을 바꾸어 경쟁보다는 협동의 가치에 무게를 두기로 했습니다. 그 첫걸음이 보석쿠키였습니다. 보석쿠키는 칭찬 행동을 보인 학생 각자에게 주는 보상이 아닙니다. 누구든 칭찬 행동을 보이면 학급 전체의 보상으로 적립을 해 두는 것이죠. 차곡차곡 쌓인 보석쿠키가 우리 반 학생 수만큼 모이면 모두가 사이좋게 나누어 먹습니다. 따라서 아이들은 남들보다 스티커 하나를 더 얻기 위해, 다른 모둠보다 자석 하나를 더 받기 위해 경쟁할 필요가 없습니다. 친구의 칭찬 행동은 견제의 대상이 아니라 고마움의 대상이 되었습니다.

처음에는 낯설어하던 아이들이 차츰 보석쿠키에 익숙해져 갈 즈음, 칭찬 행동에 대한 보상에 신선한 재미와 예상치 못한 우연의 요소를 더해 보고 싶었습니다. 어릴 적 학교 앞 문구점에서 누구나 한 번쯤 해 보았음 직한 '추억의 뽑기판'은 꽤 흥미로운 아이템이었습니다. 고민해서 뽑은 뽑기 알을 열어 볼 때 긴장하는 모습, 원하는 보상이 나올 때 환호하며 기뻐하는 아이들의 순수한 모습은 놀이를 보상의 방법으로 활용한 큰 이유였습니다.

'추억의 뽑기판'의 상단에 보상의 종류를 적습니다. 사탕, 초콜릿처럼 먹을 것으로 시작하다가 아이들의 의견을 반영하여 '짝꿍 선택권', '숙제 면제권'과 같은 쿠폰으로 대체하기도 했습니다. 모두가 힘을 모아 목표를 달성하고 동시에 뽑는 방식이니 경쟁은 필요하지 않았습니다. 또 어떤 보상을 받을지는 개인의 능력이 아닌 우연과 운에 달렸기에 늘 칭찬받는 아이, 늘 꾸중 듣는 아이로 구분되지도 않았습니다.

교실에 훈훈한 기운이 감돌기 시작할 무렵, 우리 반 몇몇 말썽꾸러기들의 어깨를 으쓱하게 만들어 주고 싶었습니다. 교사에게 칭찬받지 못하고 친구들에게 인정받지 못하는 그들에게 영웅이 되는 순간을 선물해 주고 싶었지요. 그런 마음으로 '칭찬마블'을 만들었습니다. 말판과 주사위를 사용하여 마치 보드게임을 하듯 보상의 기회를 얻기 때문에 뽑기판 못지않은 재미를 얻을 수 있었습니다. 또 기성품으로 1등부터 5등까지 보상의 종류가 한정되어 나온 뽑기판의 한계를 보완할 수도 있었습니다. 보상의 종류는 늘리고 게임의 요소는 살리고 전체 보상도 추가했습니다. 누구라도 전체 보상을 뽑는 경우 학급 구성원 모두가 보상을 받을 수 있습니다. 그날만큼은 친구들의 환호와 인정을 받는 행운의 주인공이 되는 것입니다.

"자! 지금부터 자리 정돈을 해 볼까요?"

교사의 한마디에 모두가 척척 움직이지는 않습니다. 개중에는 책상 위에 잡다한 물건을 그대로 올려 두고 모른 체하는 아이도 있습니다. 예전 같으면 그 아이는 같은 모둠 친구들로부터 비난을 받았을 겁니다. 혹은 그 친구와 같은 모둠이 아니라는 데에 안도하는 아이들도 있을 것입니다. 하지만 아이들이 더는 남을 탓하는 데에 열을 올리지 않습니다. 오히려 그 아이 곁으로 다가가 묵묵히 정리를 도와줍니다. 교사도 조용히 기다려 줍니다. 경쟁에 익숙했던 아이들은 이렇게 서로를 도와 함께 가는 법을 천천히 배우고 있습니다.

1. 처음에는 개인이나 모둠별 보상이 아이들을 단시간에 움직이게 할 수 있는 효율적인 방법 같지요. 그러나 이러한 보상을 계속 적용하다 보면 경쟁에 익숙해진 아이들이 서로 헐뜯고 질투하고 다투는 모습을 보일 수가 있어요. 반면에 반 친구 모두가 함께 목표를 이루고 다 같이 보상을 받는 방식은 먼 길로 돌아가는 듯 보여요. 하지만 결국에는 우리 아이들을 변화시키는 지름길이 되더라고요. 더구나 이 과정을 통해 서로 돕고 함께하는 것이 행복하다는 것을 느끼죠. 궁극적으로는 서로에게 믿음을 갖게 됨으로써 교사와 학생, 학생과 학생 간의 관계 회복에 도움을 준답니다.

2. 보석쿠키를 만들기 어려울 때는 사탕이나 쿠키 등으로 대체해도 좋아요. 칠판에 동그라미를 그려 나가는 방법도 가능하지요. 보석쿠키는 그저 하나의 예시일 뿐이니까요. 중요한 것은 함께 모아서 함께 보상을 받는 협력의 과정이랍니다.

3. 경쟁이 아니라 협력의 관계로 만들어 가기 위해서는 잘하는 아이가 잘못하는 아이에게 긍정의 에너지를 전달하는 것이 중요해요. 친구가 실수할 때 "실수해도 괜찮아."라고 말해 줄 수 있는 여유가 필요하죠. 실수한 아이는 친구들의 격려를 통해 실수를 딛고 일어서는 힘을 키울 수 있어요.

칭찬 상장

고민쌤 칭찬이 자존감 형성에 좋다고 하기에 칭찬 릴레이를 해 봤는데 저희 반 아이들에겐 별로인 것 같아요.

마힘쌤 칭찬 릴레이는 아이들에게 반응이 참 좋던데 무슨 일이 있었나요?

고민쌤 우리 반에는 자존감, 자신감이 약하고 기가 죽어 있는 아이들이 상당히 있어요. 그런 아이들의 기를 살려 주고 싶어 칭찬 릴레이를 시작했어요. 그런데 칭찬에도 빈익빈 부익부 현상이 일어나지 뭐예요. 인기 많고 뭐든 잘하는 아이들은 다양한 칭찬이 쏟아지는데 조용하고 눈에 띄지 않는 아이들의 칭찬은 다 고만고만하니 오히려 비교되는 마음이 들어 기가 더 죽을까 봐 그만하고 싶어져요.

마힘쌤 아이들을 생각하고 시도했는데 속상했겠네요. 아이들에게 친구 칭찬을 하라고 하면 아이들은 친구에 대해 제대로 이해하고 알지 못한 상태에서 겉에 드러난 부분을 가지고 칭찬하는 경우가 많아요.

고민쌤 맞아요. 제가 볼 때는 정말 좋은 점이 많은 학생인데 친구들이 몰라주니 답답했어요.

마힘쌤 감성맵을 활용해서 평소 친구의 좋은 점을 관찰하고 칭찬하는 활동이 있는데 같이 알아볼까요?

감성깨움수업 레시피

준비물	나무맵, 필기구, 색연필, 칭찬 상장 양식

① 며칠(1주일 이내) 동안 칭찬할 친구를 관찰하기
② 친구가 보석을 실천하는 행동, 말, 잘하려고 노력하는 태도 등 관찰하기
③ 관찰 기간이 끝나고 나무맵에 친구를 관찰한 결과(칭찬할 점) 쓰기
④ 가장 칭찬하고 싶은 부분을 하나 골라 색연필로 칠하기
⑤ 그 점을 바탕으로 친구 칭찬 상장 만들기
⑥ 상장을 서로 전달하고 나무맵 아래에 활동 소감 쓰고 이야기 나누기

감성깨움수업 활동

칭찬의 교육적 효과가 좋다는 것은 누구나 압니다. 그래서 교실에서 하는 칭찬 활동은 점점 다양해지고 진화하고 있습니다. 하지만 칭찬 활동을 많이 한다고 해서 효과가 있는 것은 아닙니다. 많이 하는 것보다 어떻게 하느냐에 초점을 둘 필요가 있습니다.

칭찬 상장 만들기 수업 과정이에요.

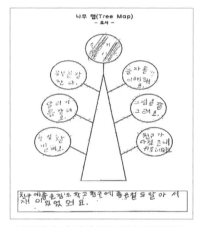

나무맵에 내 짝의 좋은 점을 정리해요.

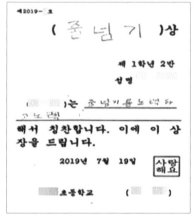

상 이름과 칭찬 내용을 써요.

　그동안 우리 반 아이들과 다양한 칭찬 활동을 해 보았습니다. 처음에는 잘 진행되어 아이들에게 뭔가 의미 있는 경험을 하게 해 주고 있다는 생각에 매우 뿌듯했습니다. 하지만 시간이 지나 조금씩 부작용이 나타났습니다. 가장 먼저 발견한 것은 진심을 담아서 하지 않고 형식적으로 칭찬한다는 것입니다. 정말 그 친구에게 그런 면이 있는지 깊이 생각해 보지 않고 좋은 문구들을 다 갖다 붙이며 칭찬을 했습니다. 칭찬을 주고받으며 만족해하는 아이들을 보면서 누구를 위한 칭찬 활동이며 무슨 의미가 있는지 회의가 들었습니다. 아무리 다른 형식으로 변화를 준다고 하지만 반복되는 칭찬 활동에 아이들은 둔감해졌습니다. 진심으로 서로의 좋은 점을 찾아 주며 칭찬하는 아이와 칭찬을 받는 아이가 함께 성장할 수 있는 칭찬 활동을 고민하며 감성맵을 적용해 보았습니다.

일정 기간 친구의 좋은 점을 관찰하여 나무맵에 적게 했습니다. 너무 오랫동안 관찰하면 기억에 남지 않을 수 있으므로 기간은 일주일 이내로 하는 것이 좋습니다. 나무맵을 처음 접해 본 아이들을 위해 선생님 이름을 칠판에 쓴 후 나무맵을 그렸습니다. 그리고 가지에 선생님의 좋은 점을 적어 가며 활동 방법을 알려 주었습니다. 선생님이 말한 대로 친구를 잘 관찰한 아이들은 친구의 장점을 술술 적어 내려갔지만 한두 가지 쓰다가 더는 못 쓰는 아이도 있었습니다. 처음에는 고민만 하던 아이들도 생각할 시간을 여유롭게 주니 두 명 빼고는 장점을 적어 빈 가지를 채웠습니다. 처음이라 가지는 채울 수 있는 만큼 채우라고 말해 주었습니다. 가지를 더 만들어 써도 좋다고 안내했습니다. 한두 가지만 쓰고는 고민에 빠진 두 친구를 위해 서로에게 인터뷰할 기회를 주었습니다. "너의 좋은 점에 대해 말해 줄래?"라는 말을 서로 주고받으며 가지를 채워 나갔습니다. 만약 자신의 장점을 말하는 것을 힘들어하면 주변 친구에게 "이 친구의 좋은 점은 무엇인지 알려 줄래?"라고 물어볼 수 있습니다.

이렇게 나무맵을 완성한 후 가장 마음에 드는 장점 하나를 골라 좋아하는 색으로 칠해 보았습니다. 그리고 장점을 바탕으로 상 이름과 문구를 넣어 칭찬 상장을 만들었습니다. 아이들이 적은 그대로 상장을 전달해도 되지만 아직은 1학년이라 글씨가 정확하지 못하여 제가 한글 프로그램을 활용해서 칭찬 상장을 만들어 주었습니다.

진지한 분위기에서 칭찬 상장 수여식이 시작되었고, 서로에게 칭찬 문구를 읽어 주며 고마움의 인사를 했습니다. 아이들은 어색하고 쑥스러워했지만 점차 얼굴에 미소가 번졌습니다. 1학기를 마무리하면서 짝에게 칭찬 상장 만들어 주기를 했지만 한 달에 한 번 짝이 바뀔 때마다 해도 좋습니다.

우리 반에서 유일하게 짝끼리 으르렁대면서 다투던 아이 두 명이 있었습니다. 서로에게 불만이 많고 사소한 잘못을 고자질하며 사이가 안 좋은 아이들이었습니다. 그런데 이 활동을 하는 내내 서로에 대해 호의적인 분위기였고 활동 후 매우 친해졌습니다. 활동 소감에 "원래 자주 싸웠는데 화해해서 기쁘고, 짝의 마음을 알게 되었다."라고 적혀 있었습니다. 평소 어색하던 짝 사이가 좋아진 아이들도 있고 원래 좋았던 사이가 더 좋아진 아이들도 있었습니다. 칭찬 상장 활동으로 학생들이 서로를 더 잘 이해하게 되어 교우관계 형성, 자존감 향상에 도움이 되었습니다.

🌿 감성깨움수업 Tip ❥❥❥❥❥❥❥❥❥❥❥❥❥❥

1. 나무맵은 긴 문장보다는 짧은 문장이나 중심 낱말로 간단히 쓰는 게 좋아요.
2. 그림과 색깔을 이용하면 더 재미가 있어요.
3. 나무맵을 직접 그리면 생각이 커지고 감성이 풍부해져요.

2-1. 자기표현의 힘을 기르는 감성깨움수업

오늘 수업은 나에게 무엇일까?

고민쌤 쉬는 시간에는 에너지 넘치게 웃고 떠들던 아이들이 수업시
간만 되면 흐리멍덩한 눈빛이 돼요. 시간만 때우려는 듯 의
욕 없는 아이들의 모습을 보면 기운이 빠질 때가 많아요.

마힘쌤 교사에게 있어서 수업은 가장 큰 보람이자 고민이죠. 교사
는 자신의 수업이 학생들의 삶에 긍정적인 영향을 끼치기
를 기대하지만 학생들의 반응은 그에 미치지 못할 때가 많
아요.

고민쌤 수업을 마치고 나면 아이들에게 무엇이 남았는지 의문이 들
어요. 과연 내 수업이 아이들에게 의미가 있었는지 잘 모르
겠어요.

마힘쌤 선생님의 수업이 아이들에게 어떤 의미가 되었는지 글로 써
보게 하는 건 어떨까요? '오늘 수업은 나에게 ○○○이다.'라
는 짧은 문장으로 학생들의 마음을 알아보는 거예요.

고민쌤 정리 단계에서는 이번 수업을 통해 무엇을 배웠는지에만 초
점을 맞춰 왔었는데 좋은 방법이네요. 그런데 제 수업을 학
생들에게 평가받는 것 같아 두려움이 앞서네요.

마힘쌤 학생의 마음을 이해하는 것은 교사가 발전하는 데 큰 밑거

름이 됩니다. 겁내지 말고 일단 시작해 보세요. 아이들 또한 횟수를 거듭할수록 수업이 주는 의미를 찾아가는 데 집중할 수 있을 거예요.

감성깨움수업 레시피

준비물   '오늘 수업은 나에게 ○○○이다.' 칠판 게시 자료, 「수업의 의미」 공책

① '오늘 수업은 나에게 ○○○이다.' 공책을 만들어 학생들에게 나누어 주기
② 수업 정리 단계에서 '오늘 수업은 나에게 ○○○이다.' 문장을 보여 준 뒤 괄호 안에 들어갈 단어를 생각하게 하기
③ 공책에 '오늘 수업은 나에게 ○○○이다. 왜냐하면 ~이기 때문이다.'라고 쓰기
④ 매일 한 차시의 수업을 정해 의미 찾기
⑤ 교사가 정해 주는 수업으로 하다가 점차 익숙해지면 각자 마음에 와닿는 수업을 자유롭게 선택하여 의미 찾기

감성깨움수업 활동

"○○ 공부를 시작하겠습니다."

교사의 인사와 함께 시끌벅적했던 교실이 잠잠해집니다.

"열심히 공부하겠습니다."라는 말이 무색하게 수업 시작과 동시에 아이들의 눈빛은 생기를 잃어버립니다. 조금 전까지만 해도 목청껏 소

'오늘 수업은 나에게 ○○○이다.' 칠판 게시 자료예요.
수업의 정리 부분에서 아이들에게 보여 줄 수 있어요.

'수업의 의미' 공책 표지예요. 물음표는
끊임없이 질문하는 수업, 느낌표는 의미
를 발견하는 수업이라는 뜻을 담았지요.

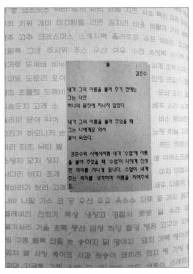

첫 장에는 낱말을 나열해 두었어요. 표현
이 어려운 아이들은 제시된 낱말을 사용
할 수 있죠.

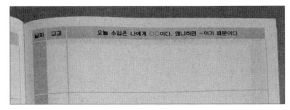

공책의 속지예요.

아이들이 수업의 의미 공책에 적은 문장이에요.

리를 지르고 활기차게 교실을 누비던 아이들은 마치 다음 쉬는 시간을 위해 휴식을 취하려는 듯이 어깨를 축 늘어뜨리고 몸을 비스듬히 기댄 채 허공을 응시합니다.

답답한 마음을 애써 눌러 담고 수업을 시작하지만 시간이 지날수록 수업의 진행은 지지부진합니다. 수많은 생각으로 머리가 복잡해집니다. 처음에는 아이들을 이해해 줍니다.

'그래, 한창 뛰어놀고 싶은 나이에 책상 앞에 앉아 공부하려니 너희들도 힘이 들겠지.'

그러다 시선을 떨구는 아이들이 하나둘 늘기 시작하면 아이들에 대한 실망감도 점점 커지지요.

'나는 이렇게 최선을 다해 가르치는데 아이들은 왜 저럴까?'

'대체 커서 뭐가 되려고 저러지?'

그렇게 힘겨운 시간을 보내다 조금 관대한 교사가 되어 보고자 하면 수업을 일찍 끝내 주거나 분위기 전환을 위한 게임을 제시합니다. 아이들은 환호할지 모르나 수업을 제대로 마치지 못한 교사의 마음에는 찝찝함이 남습니다. 반대로 엄격한 교사가 되어 계획한 시간과 활동을 꽉 채워 수업을 마치면 학생들은 교사에게 실망감을 보입니다. 교사 또한 의욕 없는 아이들을 끌고 오느라 지칠 대로 지쳐 좌절감과 자괴감만 맛볼 뿐입니다.

교직 생활 10년 차인 저에게 수업은 늘 고민이고 숙제입니다. 수업에 있어서만큼은 전문가가 되겠다는 마음으로 임하지만 계획대로 되지 않아 아쉬움이 많습니다. 때로는 한계에 부딪혀 좌절감을 느끼기도 하지요. 하지만 대부분은 아이들에게 책임을 전가해 왔습니다. 수업에 흥미가 없는 아이들, 멍한 표정으로 무기력하게 앉아 있는 아이들, 교사의 가르침을 흡수하지 못하는 아이들을 탓하며 저의 부족함을 애써 외면해 왔습니다. 아이들의 실태에 맞는 수업, 의미 있는 수업, 아이들이 재미있게 참여하는 수업을 계획하고 진행하지 못한 저의 부끄러움에 직면하고 싶지 않았기 때문입니다.

'오늘 수업은 나에게 ○○○이다.'

수석선생님이 수업 컨설팅에서 제안하신 문장입니다. 아이들에게 의미 있는 수업을 만들기 위한 방안이었지만 이 문장을 마주한 순간 뇌리를 스친 우리 반의 모습은 마음을 무겁게 했습니다. 컨설팅을 받고 난 직후 칠판 게시 자료를 만들고 공책도 만들었지만 선뜻 시작하지 못한 이유입니다. 자료를 본 몇몇 아이들이 "선생님, 이게 뭐예요?"라고 물으면, "아, 그거 별거 아니야. 신경 쓰지 않아도 돼."라는 말로 둘러대고 말았습니다. 그동안 아이들에게 떠넘겨 왔던 수업의 책임이 나에게로 향하게 될 것이라는 두려움과 '지루하다', '재미없다', '지겹다' 등으로 평가받을지도 모른다는 걱정이 두 달 넘도록 망설이게 했습니다.

그러던 어느 날, 국어 수업을 마친 후 아이들에게 슬며시 공책을 건넸습니다. 칠판 게시 자료를 펼쳐 보이며, 방법도 안내해 주었습니다.

"오늘 수업이 너희들에게 어떤 의미로 다가왔는지 이유와 함께 적어 보렴."

학생들은 잠시 고민하더니 생각보다 술술 써 내려갔습니다. 그날 오후, 아이들이 모두 돌아간 빈 교실에서 펼쳐 본 공책에는 걱정과는 달리 꽤 의미 있는 내용이 적혀 있었습니다. 교사나 수업에 대한 평가가 아닌 수업에서 자신만의 의미를 찾아 적은 내용이 대부분이었습니다. 물론 그중에는 '힘들다', '어렵다' 등으로 쓴 아이들이 있기는 했지만 생각보다 적은 수였지요. 교사는 눈치채지 못했지만 아이들의 마음속에서는 40분의 수업 중 단 1분일지라도 의미가 되어 와닿는 지점이 있었던 것입니다.

아이들은 교사에게 있어서 VIP 고객입니다. 기업이 고객 만족도를 높이기 위해서는 고객의 니즈needs를 파악하는 데서 출발합니다. 교사는 수업의 질을 향상하기 위해 학생을 이해하는 것부터 시작해야 합니다. 저는 '수업의 의미' 활동을 통해 학생들을 이해하는 발판을 마련할 수 있었습니다. 수업은 삶과 별개가 아닙니다. 학생들의 삶은 수업의 재료가 되고 수업은 학생들의 삶을 변화시킵니다. 학생들에게 의미가 있는 수업일수록 그 영향력은 클 것입니다. 이 활동이 횟수를 거듭할수록 학생들은 수업에서 다양한 의미를 찾게 될 것입니다. 그리고 언젠가 우리 아이들이 매 차시의 수업에서 자신만의 의미를 찾고, 이를 밑거름으로 자신의 삶을 아름답게 가꾸어 나가기를 기대합니다.

1. 단위 수업 모두 '수업의 의미' 활동을 하기는 어려워요. 매일 한 차시 수업에서 의미 찾기를 해 보세요. 처음에는 교사가 정해 준 수업으로 의미 찾기를 하다 점차 익숙해지면 각자 의미 있는 수업을 선택해서 글을 써 보는 것도 좋아요.

2. 비유적인 표현을 어려워하는 학생들도 있어요. 그런 친구들에게는 이미지프리즘(학토재)을 보여 주거나 신문(NIE), 잡지에 실린 그림이나 사진을 모아 두었다가 제시해 주는 것도 좋아요. 이미지에 자신만의 의미를 부여하다 보면 비유적인 표현을 쓰는 데 익숙해질 수 있어요. 저는 공책의 앞표지에 친숙한 단어들을 제시해 주었어요. 그러면 아이들이 힘들지 않게 문장을 완성한답니다.

2-2. 자기표현의 힘을 기르는 감성깨움수업

내 마음이 답이다

고민쌤 선생님, 우리 반은 스스로 결정하기를 힘들어하고 툭하면 "이렇게 해요?" "이다음에 뭐 해요?" "여기 색칠해도 돼요?" 온종일 종알거려요.

마힘쌤 다 들어주시려면 선생님이 힘드시겠어요.

고민쌤 네. 특히 표현 활동때 알아서 자유롭게 해도 된다고 말해도 "이렇게 하면 돼요?"라고 말하며 선생님에게 확인을 받으려고 해요. 이런 아이들 어떻게 해야 할까요?

마힘쌤 미술 표현 활동에 자신이 없는 아이들에게는 피터 레이놀즈의 책 시리즈를 추천하고 싶어요. 그리기를 힘들어하던 아이들이 자신감을 얻고 자신만의 그림을 그리는 성장의 과정이 잘 나타나 있어요.

고민쌤 피터 레이놀즈의 『점』을 알고 있는데 시리즈라니 어떤 책들이 있는지 궁금해요.

마힘쌤 『점』, 『느끼는 대로』, 『그리는 대로』 3권은 등장인물이 서로 연관성을 가지고 있어요. 어떤 연관성인지 찾는 재미가 있으면서도 아이들이 자신만의 표현을 자유롭게 해 보는 데 도움이 될 거예요.

감성깨움수업 레시피 1

준비물	그림책 『점』 피터 레이놀즈 글/그림, 도화지, 수채화용 색연필, 붓, 물통, 파스텔, 화장지

① 칠판에 점을 그리고 그림 작품인지 물어보기
② 그 점이 가운데 오도록 가장자리에 네모를 그리고 작품인지 물어보기
③ 네모를 액자 틀로 바꾸어 그린 뒤 작품인지 물어보기
④ 그림책 『점』을 읽어 주면서 이야기 나누기
⑤ 표현을 위해 사용할 수 있는 재료를 교실 안에서 찾아보기
⑥ 재료의 사용 방법과 특징을 알아본 뒤 자유롭고 다양하게 점 표현하기
⑦ 서로의 작품을 감상하며 생각과 느낌 나누기

감성깨움수업 활동

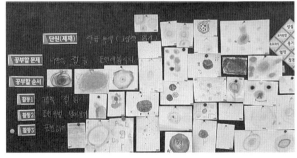

나만의 점 표현 활동 작품을 모아 서로의 생각을 말해 보았어요.

수채화용 색연필로 점을 표현했어요.　　　　파스텔로 점을 표현했어요.

감성깨움수업 레시피 2

준비물　그림책 『느끼는 대로』^{피터 레이놀즈 글·그림}, 도화지, 수채화용 물감, 붓, 물통, 파스텔, 유성펜, 화장지

① 그림책 『점』의 마지막 장면을 보여 주고 베티를 부러워하던 꼬마 레이먼이 나중에 어떤 그림을 그렸을지 상상해 보고 이야기 나누기
② 그림책 『느끼는 대로』를 읽으며 이야기 나누기(추상화가의 작품을 보여 주며 느끼는 대로 그린다는 것의 의미 알아보기)
③ 수채화 용구의 사용 방법과 특징 알아보기
④ 사용하고 싶은 재료를 이용하여 느끼는 대로 그리기
⑤ 서로의 작품을 보고 친구들이 어울리는 제목을 추천하기

감성깨움수업 활동

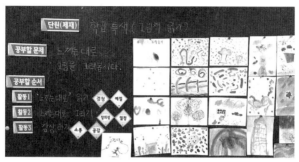

느끼는 대로 표현한 작품을 감상하며 어울리는 제목을 만들어 주어요.

틀에 박힌 그림이 아닌 느끼는 대로
거침없이 표현하고 있어요.

새로운 방법을 만들어서 표현하기도 해요.

감성깨움수업 레시피 3

준비물	그림책 『그리는 대로』^{피터 레이놀즈 글·그림}, 도화지, 수채화용 색연필, 붓, 물통, 화장지

① '하늘' 하면 떠오르는 색이 무엇인지 물어보기

② 하늘을 어떻게 표현할지 고민하는 미리솔의 이야기 『그리는 대로』 읽어 주기

③ 우리 주변의 자연(하늘, 바다, 숲, 꽃 등)을 자세히 관찰했던 경험을 떠올리며 이야기 나누기

④ 색과 색이 만나 새로운 색이 만들어지는 혼합의 원리 시범 보여 주기

⑤ 물감으로 다양한 색이 혼합된 하늘(내 마음의 하늘) 표현하기

⑥ 하늘을 표현하듯이 지금 자기의 마음과 감정을 말로 표현하기

⑦ 다음 차시 예고하기(감정을 점, 선, 색으로 표현해 보기)

감성깨움수업 활동

다양한 빛깔의 하늘을 표현해 보고 내 마음도 표현해요.

색의 혼합으로 훨씬 역동적인 하늘이 표현되었어요.

내 마음의 하늘색은 참 다양하답니다.

감성깨움수업 레시피 4

준비물	감정카드, A4용지, 수채화용 물감, 붓, 물통, 파스텔, 색연필, 사인펜, 화장지, 두 나무맵

① 지난 시간에 읽었던 세 권의 그림책을 떠올려 보기
② 우리가 표현할 감정 세 가지를 같이 고르기(긍정적 감정, 중간 감정, 부정적 감정으로 각각 '즐겁다', '부담스럽다', '분하다' 선택)
③ A4용지 3장을 나눠 주고 세 가지 감정을 점, 선, 색으로 표현하기
④ 일주일 뒤 같은 감정으로 다시 표현 활동을 하고, 또 일주일 뒤 표현 활동 반복하기
⑤ 그동안 표현했던 작품을 모아서 펼쳐 보며 같은 감정을 시간의 흐름에 따라 어떻게 표현했는지 비교하며 감상하기(혼자 하기 힘든 경우 짝과 이야기하며 찾아보면 더 좋음)
⑥ 같은 감정으로 표현한 작품을 짝꿍과 비교하며 감상하기
⑦ 두 작품(같은 감정)의 공통점과 차이점을 찾아 두 나무맵에 비교하기
⑧ 감정 표현 활동을 하며 생각한 점과 느낀 점을 두 나무맵 아래에 한두 줄로 정리하기

감성깨움수업 활동

우리 반 아이들은 "이렇게 해도 돼요?", "이다음에 뭐 해요?", "여기

색칠해도 돼요?" 하며 끊임없이 물어봅니다. 항상 확인받고 허락받아야 안심이 되는 우리 아이들입니다.

자신감과 자존감의 부족이 원인이라고 생각합니다. 무슨 일을 해도 그렇지만 특히 자유롭게 생각을 표현하는 미술 표현 활동에서 이런 말들이 많이 나온다는 사실을 늘 심각하게 생각하곤 했습니다. 나의 대답은 늘 "마음대로 해.", "네가 하고 싶은 대로 해."입니다. 그러면 안심하고 더 묻지 않고 활동에 참여하지만, 끝까지 망설이고 고민하

감정을 점, 선, 색으로 표현하고 있어요.

짝과 감정을 표현한 작품을 보며
공통점과 차이점을 찾아보아요.

나무맵에 공통점과 차이점을 정리해요.

두 나무맵 활동을 통해 감정은
서로 같을 수도 있고 다를 수도 있음을
알게 되었어요.

는 아이도 있습니다. 항상 무언가를 잘해야 인정받고 칭찬받는 상황에 익숙한 아이들은 교사가 아무리 마음대로 하라고 해도 좋은 결과물을 얻어야 한다는 부담감에 갇혀 있습니다. 수없이 많은 가능성을 쉽게 꺼내 놓지 못하고 망설입니다.

이런 아이들에게 강력 추천하는 그림책이 있습니다. 바로 피터 레이놀즈의 『점』이지요. 많은 선생님이 미술을 어려워하고 자신 없어 하는 아이들을 위해 읽어 주는 책입니다. 저도 몇 년 전부터 꾸준히 학기 초에 읽어 주고 있습니다. 그런데 올해 피터 레이놀즈의 미술 표현 시리즈 세 권의 책 『점』, 『느끼는 대로』, 『그리는 대로』를 같이 읽어 주니 한 권만 읽어 주었을 때와 비교해서 학생들의 반응이 확연히 다름을 느꼈습니다.

『점』을 활용한 수업에서는 무엇을 어떻게 표현해도 그 자체로 소중한 작품이니 자신감을 가지고 표현하자는 의도를 담았습니다. 1학년인 우리 반 아이들에게 표현하기 쉬운 수채화용 색연필과 파스텔을 사용하게 했습니다.

『느끼는 대로』에서는 자신의 의식과 느낌이 흐르는 대로 다양한 종류의 선을 사용해 추상화를 그려 보게 하였습니다. 아이들에게 추상화의 개념이 어렵지만 그림책과 추상화 예시 작품을 통해 설명해 주니 아이들은 의외로 추상화를 잘 이해하고 표현해 주었습니다. 더욱 다양한 활동을 위해 수채화용 물감의 사용 방법과 특징을 알려 주었더니 전 차시보다 과감하고 재미있게 표현을 했습니다.

『그리는 대로』에서는 색의 혼합을 통해 새로운 색을 탐구하며 '주변 자연을 다양한 색으로 표현하기' 주제로 수업을 해 보았습니다. 색의 혼합을 잘 모르는 1학년 아이들이 색과 색이 만나 새로운 색이 되는 놀라운 경험을 하며 신기해했습니다. 또 우리 주변에서 볼 수 있는 자연의 색은 여러 가지 색이 혼합되어 있음을 자세히 관찰할 기회를 가졌습니다. 특히 직접 찍은 하늘 사진들을 보며 하늘의 다양한 색에 대해 이야기를 나눠 보고 색의 혼합을 이용하여 하늘의 색을 표현해 보았습니다. 사물을 바라보는 우리의 마음과 감정이 즐거우면 하늘의 색이 초록빛일 수 있고 우울하면 갈색 빛깔이 될 수도 있다는 점을 이해하면서 상식의 틀에서 벗어나 내 마음의 하늘색을 표현하며 즐거워했습니다.

『점』을 통해 표현의 자신감 가지기, 『느끼는 대로』를 통해 느끼는 대로 선으로 표현하기, 『그리는 대로』를 통해 자연의 색을 다양하게 표현하기를 하면서 아이들은 점점 더 과감한 표현을 해냈습니다. 한 번이 아닌 세 번의 수업을 통해 아이들은 점, 선, 색으로 자신이 하고 싶은 대로 마음껏 표현 활동을 즐겼고 잘 그린 그림보다 느낌이 좋은 그림을 그리는 데 집중했습니다. 남들이 보기에 화려하고 잘 그린 그림보다 내가 즐겁게 집중한 작품, 나의 기분과 느낌을 표현한 작품, 남들에게 기분 좋은 상상을 하게 해 주는 작품이 더 소중함을 느끼길 원했습니다. 그리고 감상 시간에 이야기를 나눌 때 나의 이런 바람이 아이들에게도 전달됨을 느낄 수 있었습니다. 예전에 작품 감상을 할 때 아이들은 마음에 드는 작품을 정하고 그 이유로 '모양을 정확하게 그렸다', '색칠을 꼼꼼하게 잘했다', '그냥 잘 그렸다'라고 말할 때가 많았습니다. 하지만 이제는 작품을 바라볼 때 자신의 감정을 담아 그림을 볼 수 있게 되었고 잘 그린 그림보다는 좋은 그림을 그리는 것이 더 의미 있음을 알아 가는 게 느껴졌습니다.

감상 수업을 할 때 가장 잘 그리거나 마음에 드는 작품만 선택해 이야기를 나누는데 이 방법은 모두의 작품이 소중하다는 수업 흐름과 맞지 않기에 피하는 것이 좋습니다. 대신 시간이 오래 걸리더라도

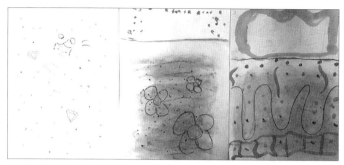

긍정적 감정 '즐겁다'
-즐거운 경험을 떠올리며 어울리는 색으로 글씨를 쓰고 그렸어요.

중간 감정 '부담스럽다'
-체육의 경쟁 활동에서 이겨야 한다는 부담감을 떠올리며 표현했어요.

부정적 감정 '분하다'
-동생 때문에 혼날 때와 공부를 했는데도 부모님께서 더 하라고 할 때의
경험을 떠올리며 표현했어요.

모든 작품에 대해 이야기를 나눠 보는 것이 좋습니다. 모둠별로 작품을 펼쳐 놓고 각각의 작품과 어울리는 제목을 지어 붙임 종이에 적어 줍니다. 작품 주인은 자기가 생각한 제목을 말하며 생각을 공유합니다. 전체 작품을 칠판에 붙여 놓고 한 작품씩 돌아가며 제목과 그렇게 지은 이유를 말해 보는 것도 좋습니다.

점, 선, 색에 대한 세 수업을 마치고 감정을 점, 선, 색으로 표현해 보면 어떨까 생각했고 아이들에게 제안했더니 흔쾌히 해 보자고 했습니다. 일단 감정카드에서 긍정적 감정, 중간 감정, 부정적 감정 하나씩을 전체 의견을 모아 결정했습니다. 바로 '즐겁다', '부담스럽다', '분하다'였습니다. A4용지 3장을 주고 위에는 감정에 어울리는 색으로 감정 단어를 쓰고 아래에는 떠오르는 것을 점, 선, 색으로 표현하게 했습니다. 그리고 일주일 뒤 같은 감정을 다시 표현해 보게 했습니다. 조금 더 과감하지만 다양한 표현들이 나왔습니다. 그리고 또다시 일주일이 지난 뒤 표현하게 했더니 비슷한 부분도 있지만 조금씩 다른 표현 결과물들이 나왔습니다.

마지막 활동을 마친 뒤 그동안의 작품들을 날짜별로 펼쳐 놓고 흐름에 따라 변화한 부분, 변하지 않은 부분 등을 중심으로 살펴보았습니다. 그리고 짝과 같은 감정을 표현한 작품을 비교하여 같은 점과 다른 점을 찾아 이야기를 나누고 두 나무맵으로 정리해 보았습니다. 두 나무맵을 처음 접하는 1학년을 위해 두 작품을 예로 들어 설명했습니다. 그래도 힘든 친구들은 짝이나 주변 친구들이 도와주자고 했더니 먼저 완성한 친구들이 돌아다니며 도움이 필요한 친구에게 가서 공통점과 차이점을 어떻게 써야 하는지 알려 주었습니다.

비록 글씨가 삐뚤거리고 틀린 글자는 많아도 두 나무맵을 그리며 나와 짝의 감정에 대해 생각하며 아이들은 느꼈을 것입니다. 같은 감정도 사람마다 다르게 느낄 수 있고 비슷하게 느낄 수도 있다는 것, 또 감정은 고정되지 않고 변하며 이런 변하는 감정은 잘못된 것이 아니라 내가 성장하고 있는 증거라는 것을 알게 된 것입니다. 아이들은 이 활동으로 존중, 공감, 소통, 도움 등의 보석을 찾았습니다. 서로의 감정을 존중하며 공감하고 소통하며 도와주는 활동이었습니다.

그림책과 함께한 네 가지 활동으로 자기표현에 자신이 없는 아이들이 '내 마음이 곧 답이다'라는 생각을 하게 되었습니다. 점 하나, 선 하나라도 존중해 주고 인정해 주면, 그래서 아이들이 내 마음을 표현할 수 있으면 언젠가 자신만의 그림을 그릴 수 있음을 알게 해 주는 소중한 시간이었습니다.

🌱 감성깨움수업 Tip 🌱🌱🌱🌱🌱🌱🌱🌱🌱🌱🌱🌱

1. 미술 시간에 도화지를 무조건 다 채우게 하지 마세요. 아이들의 의도가 있다면 비움이 있는 그림도 존중해 주세요. 바탕을 채우는 것이 힘든 아이들에게는 색 도화지에 그림을 그리게 하는 방법도 있어요.
2. 감상할 때 제일 잘된 작품만 골라 이야기하게 하면 1등만 선택되었다고 생각하고 선택받지 못한 친구들의 자존감은 낮아진답니다. 모든 작품이 소중한 작품임을 느끼게 해 주세요.

3-1. 용기의 힘을 기르는 감성깨움수업

감성깨움 수학 수업

고민쌤 수학이나 과학 교과에서는 감성깨움수업을 적용하는 데 한계가 있어요. 감성깨움수업은 도덕과 국어 교과에서만 가능한 걸까요?

마힘쌤 천만에요. 수학적 개념을 설명하거나 원리를 탐구하는 수업에도 충분히 감성깨움수업을 도입할 수 있답니다. 3학년 수학 수업으로 감성깨움수업을 적용해 볼까요?

고민쌤 이 차시는 분모가 같은 분수의 크기를 비교하는 수업이에요. 문제 상황을 보여 주는 흥미로운 이야기로 수업을 시작해 볼까요?

마힘쌤 억지스러운 문제 상황을 제시하는 것보다는 학습에 대한 자신의 감정을 솔직하게 이야기하는 것으로 시작해 보는 건 어떨까요? 마음열기와 함께 전 차시 수업에 대한 자기평가도 가능하답니다.

고민쌤 분모가 같은 두 분수의 크기는 직관적으로 판단하기가 쉽기 때문에 학생들의 인지적 갈등을 일으키는 데에 어려움이 있어요.

마힘쌤 이미 알고 있는 사실에 '왜?'라는 질문을 던져 보세요. 아이들의 사고가 한층 활발하게 이루어질 거예요.

감성깨움수업 활동

3-1-6. 분수와 소수

"선생님, 수학은 너무 어려워요."

"수학 시간은 지루해요."

"전 수학은 포기했어요."

한숨 섞인 말들이 교실을 가득 채웁니다. 수학을 대체 왜 배워야 하느냐는 불만과 수학에는 도통 자신이 없다는 걱정이 한데 섞여 있습니다. 그도 그럴 것이 수학처럼 아이들의 성취 정도가 극명하게 드러나는 교과도 없거니와 학습 결손의 누적이 차곡차곡 이루어지는 교과도 없을 테니 말입니다. 학습 결손이야 하루아침에 해결될 문제가 아니니 수학을 왜 배워야 하는지부터 짚어 주어야 했습니다.

"수학적 사고능력을 기르기 위해서야."라고 백날 외쳐 봤자 아이들이 "아하!" 하고 알아들을 리 만무하니까요.

생각해 보면 수학은 우리 주변 어디에나 있습니다. 학교에 지각하지 않으려면 몇 시에 일어나야 하는지, 내 키가 작년보다 얼마나 컸는지, 용돈을 얼마씩 모아야 원하는 것을 살 수 있는지, 보드게임에서 내가 이길 확률은 얼마나 되는지. 우리는 이렇게 수학으로 둘러싸여 있답니다. 이 사실을 아이들이 알아차린다면 수학이 얼마나 친근하게 다가올까요? 누군가에게 호감이 생기면 그 친구에 대해 더 알아 가고 싶잖아요, 좋아하는 운동은 무엇인지, 어떤 음식을 싫어하는지, 지난 주말에는 어디를 다녀왔는지, 꿈은 무엇인지. 이 자연스러운 반응을 수학 시간으로 끌어오고 싶었습니다.

"게임을 왜 하니?"

물어보면 아이들은 고민 없이 답을 합니다.

"재미있으니까요."

"뭐가 재미있는데?"

"그냥요."

아이들은 왜 게임을 좋아할까요? 물론 여러 가지 이유가 있겠지만 그중 하나가 '목표를 달성하는 재미'가 아닐까 합니다. 게임에는 단계별 목표가 있습니다. 전 단계를 달성하면 다음 단계로 올라가는 거죠. 1단계는 초보들도 쉽게 달성할 수 있습니다. 성취를 맛보는 거죠. 그리고 다음 단계로 올라가고자 하는 의욕이 생깁니다. 수학 교과야말로 아이들이 성취감을 느낄 수 있는 최적의 교과가 아닐까 합니다. 수학을 좋아하는 학생들은 누구나 할 것 없이 '고민하던 문제를 해결해 냈을 때의 희열'을 이야기합니다. 수학이 재미있으려면 생각하고 고민하는 과정, 문제를 해결해 내는 경험이 필요한 거죠.

'수학과 아이들의 삶이 맞닿는 지점을 발견하는 일.'

이번 수업은 여기에서부터 출발했습니다. 그다지 거창한 수업 방법이나 기술은 없습니다. 그저 아이들의 감성을 툭! 하고 건드리는 수업, 재미를 팡! 하고 터뜨려 주는 수업이고 싶었습니다. 그럼 지금부터 감성깨움 수학 수업을 소개하겠습니다.

이 단원은 학생들의 경험을 바탕으로 자연수로는 정확하게 표현할 수 없는 양을 나타내는 분수와 소수를 다루고 있습니다. 우선 일상생활의 친숙한 등분할 상황에서 전체가 1인 연속량을 똑같이 나누는 활동으로 등분할의 개념을 이해합니다. 이를 기초로 전체를 몇으로 나눈 것 중의 몇이라는 의미로 분수의 개념을 알아보고 다양한 상황에

교과	수학	학년	3학년	차시	5/13
단원	3-1-6. 분수와 소수				
성취 기준	• 분수 [4수01-10] 양의 등분할을 통하여 분수를 이해하고 읽고 쓸 수 있다. [4수01-11] 단위분수, 진분수, 가분수, 대분수를 알고, 그 관계를 이해 한다. [4수01-12] 분모가 같은 분수끼리, 단위분수끼리 크기를 비교할 수 있다. • 소수 [4수01-13] 분모가 10인 진분수를 통하여 소수 한 자릿수를 이해하고 읽 고 쓸 수 있다. [4수01-15] 소수의 크기를 비교할 수 있다.				
학습 주제	분모가 같은 분수의 크기 비교하기				

서 부분과 전체의 크기를 분수로 나타내어 봅니다. 이어서 분수의 크기를 비교하는 것을 배우게 되는데, 분모가 같은 진분수끼리 크기를 비교할 때에는 시각적으로 비교한 후에 단위분수의 수를 비교하는 방법을 알아보고, 단위분수끼리 크기를 비교할 때는 시각적으로 비교한 후에 분모를 비교하는 방법을 알아봅니다.

이 단원을 지도할 때에는 학생들에게 생활 주변에서 분수와 소수가 쓰이는 다양한 상황을 찾아보게 함으로써 분수와 소수의 필요성 및 유용성을 인식하게 합니다. 또 여러 가지 구체물을 이용하여 등분할 활동을 해 봄으로써 분수 개념의 기초가 형성되도록 합니다. 분수를 지도할 때 전체를 인식하는 것이 중요하므로 상황이 바뀔 때마다 전체가 무엇인지 인식하도록 지속적으로 발문하고, 다양한 활동과 의사소통을 통해 수학 학습에 대한 흥미를 고취시키고, 문제를 함께 해결해 가는 경험을 통해 협동의 가치를 함양할 수 있도록 합니다. 교사용 지도서 단원 개관 및 단원 지도 유의사항 참고

"분수를 떠올리면 어떤 감정이 드나요?"

수업을 여는 질문입니다. 전시 학습 내용을 상기하거나 흥미로운 자료로 동기유발을 하지 않았습니다.

'어? 선생님이 수학 시간에 내 감정을 물어보시네?'

아이들은 자기 이야기를 시작할 때 눈빛이 달라집니다. 누군가 내 이야기를 들어준다는 사실만으로 만족감을 느낍니다. '분수'에 대한 나의 감정을 이야기하다 보면 자연스럽게 수업에 스며들 수 있습니다. 게다가 이번 단원에 대한 자기 점검도 이루어진답니다. '분수'를 이해하고 있는 아이들이라면 '만족스럽다', '자신만만하다'와 같은 긍정적인 답을 할 것입니다. 그렇지 않은 아이들은 '힘들다', '어렵다'라는 답변을 하겠죠. 긍정적이든 그렇지 않든 솔직한 자기표현을 통해 수학과 한층 친밀해지는 순간이 된답니다.

과정	학습 요소	수업의 흐름	[자] 자료 [유] 유의점
도입	마음열기	[전시 학습 상기] ■학습에 대한 자신의 감정 떠올리기 • 여러분은 '분수'를 떠올리면 어떤 감정이 드나요? 감정카드로 표현해 봅시다. – 분수를 생각하면 답답합니다. 알 듯 말 듯 어렵기 때문입니다. – 분수를 생각하면 자신만만합니다. 분수를 정확히 알고 있기 때문입니다. – 분수를 생각하면 부담스럽습니다. 잘 풀리지 않기 때문입니다. – 분수를 생각하면 만족스럽습니다. 공부를 열심히 하고 있다는 생각이 들어서입니다. • 오늘 공부를 마치고 나면 즐겁고 신나는 긍정적인 감정으로 바뀌길 바랍니다.	[자] 감정카드

'2/4와 3/4의 크기를 비교해 봅시다.'

본 차시 학습문제입니다. 분수의 개념과 원리를 이해하지 못하더라도 누구나 '3/4'이라고 대답할 수 있을 것입니다. 직관적으로 판단할 수 있는 문제인 거죠. 누구나 아는 문제를 배우기 위해 열의에 가득 차서 책상 앞에 앉아 있을 아이들이 몇이나 될까요?

학습이 적극적으로 이루어지기 위해서는 인지적 갈등이 필요합니다. 피아제의 인지발달이론에 따르면 새로운 자극이 기존의 이해의 틀인 도식과 맞지 않을 경우, 도식을 변형하거나 대체하는 과정을 통해 기존의 도식과 새로운 자극 간의 불일치 또는 불균형을 해소하고자 합니다. 이러한 과정에서 적극적인 학습이 이루어지는 것이죠.

당연하게 생각하던 사실에 '왜'라는 질문을 던짐으로써 학생들의 인지적 균형 상태를 흔들어 균열을 만드는 것입니다. 그 순간 아이들은 깊이 있게 생각하고 논리적으로 정리하는 사고의 과정을 경험하게 됩니다.

과정	학습 요소	수업의 흐름	[자] 자료 [유] 유의점
도입	문제 상황 제시하기	[동기유발] ■문제 상황 제시하기 •2/4와 3/4 중 크기가 어느 것이 더 클까요? – 3/4이 더 큽니다. •왜 그렇게 생각하는지 짝에게 설명해 볼까요? – 3/4이 더 크다고 생각하는 이유를 각자 짝에게 설명해 본다. •3/4이 2/4보다 크다는 것을 다른 사람에게 설명할 수 있을 때 정확히 '알고 있다'라고 할 수 있답니다. 이번 시간이 끝나면 우리 반 모두가 그 이유를 자신 있게 설명할 수 있기를 바랍니다.	

전개 과정에서는 일반적인 수업 흐름과 크게 다르지 않습니다.

과정	학습 요소	수업의 흐름	[자] 자료 [유] 유의점
전개	학습문제 확인하기	[학습문제] 2/4와 3/4의 크기를 비교해 봅시다. [학습안내] 활동 1. 분수의 크기 비교하는 방법 알기 활동 2. 문제 해결하기 활동 3. 선생님을 이겨라!	
	분수의 크기 비교하는 방법 알아보기	[활동 1] 분수의 크기 비교하는 방법 알기 ■ 종이띠 길이 비교하기 • 3/4은 빨간색 종이띠로 어떻게 나타낼 수 있을까 요? – 빨간색 종이띠를 똑같이 4로 나눈 것 중 3칸입 니다. • 2/4는 초록색 종이띠로 어떻게 나타낼 수 있을까 요? – 초록색 종이띠를 똑같이 4로 나눈 것 중 2칸입 니다.	[자] 빨간색, 초록색 종이띠
	분수의 크기 비교하기	• 빨간색 종이띠와 초록색 종이띠 중 어느 것이 더 긴가요? – 빨간색입니다. • 그렇다면 3/4과 2/4 중 더 큰 분수는 어느 것인 가요? – 3/4을 나타낸 빨간색 종이띠가 더 길기 때문에 3/4이 더 큽니다. ■ 띠 분수와 원 분수에 색칠하여 비교하기 • 1/4, 2/4, 3/4을 각각 띠 분수와 원 분수에 색칠 해 봅시다. – 1/4은 전체를 똑같이 4로 나눈 것 중 1이므로 1 칸에 색칠하면 됩니다. – 2/4는 전체를 똑같이 4로 나눈 것 중 2이므로 2 칸에 색칠하면 됩니다. – 3/4은 전체를 똑같이 4로 나눈 것 중 3이므로 3 칸에 색칠하면 됩니다. • 분수 막대의 1칸은 얼마를 나타내나요? – 1/4을 나타냅니다.	[유] 분수의 크기만큼 종이띠를 잘라서 크기를 비교할 수 있다. [자] 활동지 (띠 분수, 원 분수 색칠하기)

전개	분수의 크기 비교하기	• 1/4과 2/4, 3/4은 각각 1/4이 몇 개인가요? - 1/4은 1/4이 1개입니다. - 2/4는 1/4이 2개입니다. - 3/4은 1/4이 3개입니다. • 1/4, 2/4, 3/4 중 어느 분수가 가장 큰가요? - 3/4이 가장 큽니다. - 3/4은 1/4이 3개, 2/4는 1/4이 2개, 1/4은 1/4이 1개이므로 3/4이 가장 큽니다. ■ 분수의 크기 비교하는 방법 알기 • 분수 1/4, 2/4, 3/4은 어떤 공통점이 있을까요? - 분모가 같습니다. • 분모가 같은 분수의 크기를 어떻게 비교할까요? - 분모가 같은 경우에는 분자가 크면 더 큽니다. - 분모가 같으면 똑같이 나눈 것이고 그중 분자가 색칠한 부분이므로 분자가 더 큰 분수가 큽니다. - 두 분수를 비교할 때에는 1/■이 몇 개인지를 비교하면 되므로 분모가 같은 분수는 분자를 비교해서 분자가 큰 분수가 더 큽니다. ■ 문제 해결 방법 설명하기 • 2/4와 3/4 중 3/4이 더 큰 이유를 짝에게 설명해 봅시다. - 공부한 내용을 바탕으로 3/4이 더 큰 이유를 설명한다. [활동 2] 새로운 문제 해결하기 ■ 새로운 문제 상황 파악하여 두 분수의 크기 비교하기 • 3/5과 4/5 중 어느 분수가 더 큰가요? - 4/5가 더 큽니다. • 왜 그렇게 생각하나요? - 3/5은 전체를 5로 나눈 것 중에 3이고, 4/5는 전체를 5로 나눈 것 중에 4이기 때문입니다. - 분모가 같은 경우 분자가 더 큰 4/5가 더 큽니다. - 3/5은 1/5이 3개 있고, 4/5는 1/5이 4개 있기 때문에 4/5가 더 큽니다. • 5/8와 7/8 중 어느 분수가 더 큰가요? - 7/8이 더 큽니다. • 왜 그렇게 생각하나요? - 7/8이 더 큰 이유를 설명한다.	[유] 세 분수의 특징을 찾아 분모가 같은 분수의 크기를 비교하는 방법을 이해할 수 있도록 한다. [유] 학생들이 짝에게 설명하는 동안 교사는 순회하며 과정중심 평가를 시행한다. [유] 분모가 5인 경우, 8인 경우 분모가 같은 두 분수의 크기를 비교하여 설명함으로써 공부한 내용을 다진다.

감성깨움수업에서 놓치지 말아야 할 것이 있습니다. 아이들의 내면에서 반짝반짝 빛을 발할 준비를 하고 있는 가치보석입니다. 이제 막 아이들의 마음 밭에서 조심스럽게 캐내어 흙을 털어 낸 보석을 수업의 끝에서 다시 땅 속으로 파묻어 버릴 수는 없죠. 게임은 그래서 늘 조심스럽습니다. 과도한 경쟁으로 자칫 '배려'의 보석, '너그러움'의 보석, '겸손'의 보석을 잃어버릴 수 있으니까요. 아이들은 하나가 되어야 합니다. 함께 힘을 모아 미션을 달성하는 방식으로 게임을 진행했습니다. 분수의 크기를 비교하여 선생님을 이기는 미션이지만 이때에도 무조건 '큰 수가 이기는 것'이라는 인식을 심어 주고 싶지 않았습니다. 가끔은 작은 수가, 혹은 같은 수가 이길 수도 있는 법이죠. 유연한 사고로 세상을 바라보기를 바라는 마음으로 '같다, 크다, 작다'와 같은 조건은 나중에 공개했습니다. 살다 보면 우연과 운도 꽤 큰 역할을 하니까요.

과정	학습 요소	수업의 흐름	[자] 자료 [유] 유의점
전개	분수의 크기 비교를 활용한 게임 활동하기	[활동 3] 선생님을 이겨라! ■ 분수의 크기 비교를 활용한 게임하기 • ■/5, ■/7, ■/9 등의 분수를 만든다. • 분수 선택이 끝나면 선생님의 분수를 공개한다. • 선생님의 분수와 크기가 '같다, 크다, 작다'와 같이 제시하는 조건에 부합하면 점수 1점을 획득한다. • 전체 합산 점수가 28점(학급 학생 수)이 될 경우 모든 학생에게 보석쿠키를 나누어 준다.	[자] 게임 진행 준비물 [유] 다 함께 미션을 달성하는 방식의 게임을 도입하여 경쟁이 아닌 협동하고 격려하는 분위기를 조성한다.

과정	학습 요소	수업의 흐름	[자] 자료 [유] 유의점
정리	정리 및 차시 예고	[정리] 학습 내용 정리하기 ■학습에 대한 감정 발표하기 •오늘 공부를 한 후 '분수'에 대한 감정이 어떻게 바뀌었는지 이야기해 봅시다. – 뿌듯합니다. – 자신만만합니다. ■다음 차시 예고하기 •오늘은 분모가 같은 분수의 크기를 비교해 보았습니다. 세상에는 이렇게 정확하게 크기를 비교할 수 있는 것도 있지만 그렇지 않은 것도 있습니다. 어떤 것이 있을까요? – 마음의 상처의 크기입니다. – 사랑의 크기입니다. •눈으로 보이는 상처의 크기는 비교할 수 있지만 마음의 상처는 정확히 재어 비교할 수가 없답니다. 마음의 상처의 크기는 도덕 시간에 함께 이야기 나눠 보면 좋겠습니다. 다음 수학 시간에는 분자가 1인 분수의 크기를 비교해 보도록 하겠습니다.	[자] 감정카드

'마음에서 시작해서 마음으로 끝나는 수업.'

수업의 끝자락에 아이들의 감정을 다시 한번 물어봅니다. 여전히 힘들고 막막한 아이들도 물론 있을 겁니다. 하지만 뿌듯하고 만족스러운 긍정적인 방향으로 돌아선 아이들이 대다수였습니다. 수학 수업에서 성취감을 느꼈습니다. 단 한 차시의 수업으로 수학에 대한 인식 변화가 이루어질 수는 없겠지만 이런 시간들이 켜켜이 쌓이다 보면 언젠가는 교실에서 '수포자'라는 말이 사라질 수도 있지 않을까요?

끝으로 아이들에게 이 말을 남겼습니다.

"눈으로 보이는 상처의 크기는 비교할 수 있지만 마음의 상처는 정확히 재어 비교할 수가 없습니다. 마음의 일은 자로 잰 듯 딱 떨어지지 않아요."

우리 아이들이 마음의 일에서만큼은 자의 눈금을 길게 늘이기도 짧게 줄이기도 하며 좀 더 너그럽고 유연하게 세상을 살아가길 바라봅니다.

3-2-3. 원

이 단원은 원을 그리는 방법을 통하여 원의 의미를 이해하는 데 중점을 두고 있습니다. 제시된 정사각형 안에 꽉 찬 원 그리기, 점을 찍어 원 그리기, 자를 이용하여 원 그리기 활동 등을 통하여 원의 집합론적 정의를 바탕으로 원의 의미를 이해할 수 있을 것입니다. 이를 바탕으로 원의 중심과 반지름의 뜻을 알게 하고, 한 원에 있는 반지름은 모두 같다는 것을 알게 합니다.

또 원의 지름과 반지름의 성질, 원의 지름과 반지름 사이의 관계를 조작 활동으로 이해하게 함으로써『수학 6-1』의 원의 넓이 학습을 준비하는 단계입니다. 컴퍼스를 이용하여 원 모양을 그리는 방법을 알고, 원을 여러 형태로 어울리게 그려 여러 가지 모양을 만들어 봄으로써 원이 우리 생활에 사용되는 경우를 생각해 보는 기회를 제공합니다. 교사용 지도서 단원 개관 및 단원 지도 유의사항 참고

교과	수학	학년	3학년	차시	4/9
단원	3-2-3. 원				
성취 기준	[4수02-06] 원의 중심, 반지름, 지름을 알고, 그 관계를 이해한다. [4수02-07] 컴퍼스를 이용하여 여러 가지 크기의 원을 그려서 다양한 모양을 꾸밀 수 있다.				
학습 주제	원의 성질 이해하기				

단원의 성취기준에 도달하기 위한 학급의 실태는 수학 교과에 대한 흥미와 자신감, 학습에 대한 열의가 부족하여 수업시간에 소극적인 태도로 일관하는 학생들이 많습니다. 학습을 주도하는 학생이 소수이고 수학 교과에서 학습 격차가 심한 편입니다.

그나마 5개 영역 중 도형 영역을 가장 쉽게 생각하나 본 차시와 관련한 귀납적 활동에 따른 추론 능력이 부족해서 깊이 생각하여 수학적 사실을 발견해 내는 과정을 어려워합니다.

따라서 학생의 사고를 촉진하기 위해 가능하면 열린 형태의 발문을 하되 다양한 조작 활동을 체계적으로 제시하고 서로 의사소통하는 과정을 통해 원리를 탐구하고 지식을 발견하는 기쁨을 맛볼 수 있도록 지도하고자 하였습니다.

또 수학적 지식과 원리를 삶과 동떨어져 교과서 안에서의 세계로만 바라보는 시각을 전환시키고자 주변의 사물에서, 그림책 안에서, 마음에서 원을 끌어오고자 하였습니다.

따라서 1차시는 생활 주변에서 원을 찾아보는 활동에 중점을 두었고, 2~3차시에서 원의 구성 요소인 원의 중심, 반지름, 지름의 개념을 알고, 4차시에서 각 구성 요소를 중심으로 원의 성질을 이해하게 하였습니다.

이때, 그림책 『어디로 갔을까, 나의 한쪽은』과 『떨어진 한쪽, 큰 동그라미를 만나』를 함께 나눔으로써 원이라는 도형에 대한 사고의 폭과 마음의 깊이를 더하고자 하였습니다.

일련의 과정으로 원에 대해 충분히 알고 마음으로 느낀 아이들은 이후 차시에서 다양한 모양으로 원을 그려 보는 활동에 더 흥미롭게 참여할 수 있었습니다.

"내 생각엔 말이야, 내가 지금까지 너를 기다리고 있었던 것 같아. 아마 난 네 몸에서 떨어진 조각일 거야."

"내 몸은 완전해. 네가 끼어들 자리라곤 없다고."

"그렇구나. 너와 함께 데굴데굴 굴러갈 수 있었으면 했는데…."

쉘 실버스타인 글·그림의 『떨어진 한쪽, 큰 동그라미를 만나』라는 그림책에서 주인공 '떨어진 한쪽'과 '큰 동그라미'가 나눈 대화입니다. 우리 아이들도 그럴 겁니다. '떨어진 한쪽'이 소망하듯이 완전한 동그라미가 되어 온 세상을 거침없이 굴러다니고 싶겠죠. 하지만 현실은 그다지 녹록지 않다는 사실을 어른들은 잘 알고 있습니다.

"나하고 굴러갈 순 없어도 아마 너 혼자 굴러갈 수는 있을 거야."

큰 동그라미는 떨어진 한쪽에게 새로운 도전을 제시합니다. 꼭 맞는 누군가 찾아와서 자신을 데려가 주기만을 바랐던 한쪽이 스스로 몸을 일으키도록 동기를 불러일으킨 말이었습니다. 큰 동그라미에게서 교사의 역할과 사명을 보았습니다. 뾰족하게 떨어져 나온 우리 아이들이 스스로 몸을 일으키고 털썩 주저앉는 것을 두려워하지 않도록, 깎이고 닳아 가며 큰 동그라미가 되어 가는 과정을 있는 힘껏 도전해 볼 수 있도록 지지하고 응원하는 것이 교사인 우리가 할 일이 아닐까요?

이러한 마음에서 출발한 수업이 있습니다. 서로가 지닌 생각의 조각들을 교실 바닥 한가운데에 와르르 쏟아붓고, 다 같이 둘러앉아 커다란 퍼즐을 맞추어 가듯 함께 도전하고 즐겁게 만들어 가는 수업 말입니다.

아이들의 삶이 배제된 수업에서 배움이 적극적으로 일어나기란 쉽지 않습니다. 자신의 삶과 연결된 수업 안에서 스스로 의미를 만들어 나갈 때 배움은 그 깊이를 더해 갈 것입니다.

아이들의 감성에 작은 파동을 일으켜 수업이라는 작은 그릇에 삶이라는 다채롭고 커다란 세계를 담고 싶었습니다. 아이들의 감정에서 출발하여 마음으로 끝맺는 수업의 길을 따르고자 했습니다. 차시 활동의 흐름은 지도서의 내용을 따르되, 원에 대한 아이들의 감정, 느낌, 생각을 묻는 것으로 시작한 것도 그 까닭입니다.

칠판을 가득 메운 꽃 한 송이(플라워맵)의 한가운데에는 '원'이 있습니다. 오늘 이 시간 낱낱이 파헤쳐 알아보아야 할 이 도형을 둘러싸는 언어는 '수학적 사실'의 나열이 아닙니다.

이 도형에 대해 얼마나 알고 있는지, 이 도형에 대한 나의 느낌은 어떤지, 어떤 감정이 드는지 허심탄회하게 이야기를 나눕니다. 솔직한 자신의 마음을 드러내며 낯선 이 도형과 친해질 준비를 하는 거죠.

"원에는 지름과 반지름, 원의 중심이 있습니다."

"우리 주변에는 원으로 이루어진 것들이 아주 많습니다."

"원을 보고 있으면 모난 곳이 없어 마음이 편안해집니다."

"내 마음도 원처럼 둥글둥글했으면 좋겠습니다."

마음을 열고 나면 상대방에 대해 궁금한 것들이 많아지죠.

"원을 어떻게 그리는지 궁금해요."

"원을 둘러싸고 있는 선분의 길이는 어떻게 구할까요?"

"세상에 원이 없다면 어떻게 될까요?"

원에 대한 아이들의 질문이 꽃잎이 되어 활짝 피어납니다. 그중 하나의 꽃잎은 이번 차시의 학습문제가 됩니다.

"원의 성질은 무엇일까요?"

이 수업의 동기유발 자료는 아이들의 감정입니다. 자신의 감정과 마음속 질문이 수업의 재료가 될 때 아이들은 두 주먹을 힘 있게 움켜쥐며 이 수업에 뛰어들 준비를 합니다.

과정	학습 요소	수업의 흐름	[자] 자료 [유] 유의점
도입	마음열기 학습문제 확인하기	[동기유발] ■ 원에 대해 알고 있는 사실, 느낌, 질문 이야기하기 • 원에 대해 알고 있는 사실, 원에 대한 나의 느낌이나 마음을 이야기해 봅시다. – 원에는 지름과 반지름, 원의 중심이 있습니다. – 우리 주변에는 원으로 이루어진 것들이 아주 많습니다. – 원은 둥글둥글 모난 곳이 없어서 편안합니다. – 내 마음도 원처럼 둥글둥글했으면 좋겠습니다. – 원은 그리기 어려울 것 같습니다. • 원에 대해 더 알고 싶은 사실, 궁금한 것을 이야기해 봅시다. – 원은 어떻게 그릴 수 있는지 궁금합니다. – 원을 둘러싸고 있는 선의 길이는 어떻게 구하는지 궁금합니다. – 원의 면적은 어떻게 구하는지 궁금합니다. – 세상에 원이 없다면 어떻게 될지 궁금합니다. – 실생활에서 원이 얼마나 사용되고 있는지 궁금합니다. – 원의 성질이 궁금합니다. • 사람들도 서로의 성격을 잘 알면 친해질 수 있듯이 원의 성질에 대해 이해하면 원과 더 친해질 수 있겠죠? 오늘은 원의 성질에 대해 알아보도록 하겠습니다. [학습문제] 원의 성질을 알아봅시다. [학습안내] 활동 1. 원의 중심의 성질은 무엇일까요? 활동 2. 지름의 성질은 무엇일까요? 활동 3. 반지름의 성질은 무엇일까요?	[자] 플라워맵 [유] 질문 만들기가 어려운 학생들은 교과서의 내용을 참고하도록 한다. 원에 대한 질문을 통해 각 차시에 공부할 내용과 본 차시의 학습문제로 자연스럽게 연결될 수 있도록 한다.

전개 과정에서는 지도서의 수업 흐름을 따랐습니다. 감성깨움수업은 수업의 전 장면에서 다른 수업과 차별되어야 한다는 생각은 감성깨움수업을 망설이게 하는 요인이 됩니다. 그저 수업의 한 장면에 아이들의 감성을 톡 건드려 주는 교사의 한마디만 추가한다면 그것으로도 충분할 것입니다.

과정	학습 요소	수업의 흐름	[자] 자료 [유] 유의점
전개	원의 중심의 성질 알기	[활동 1] 원의 중심의 성질은 무엇일까요? ■ 원을 둘로 똑같이 나누는 선분들이 만나는 점, 원의 중심 • 원을 둘로 똑같이 나누려면 어떻게 해야 할까요? – 원을 정확히 포개지도록 반으로 접습니다. • 원 모양 종이를 둘로 똑같이 나누어지도록 접어 보세요. – (원 모양 종이를 정확히 포개지도록 반으로 접었다가 편다.) • 접혔던 선이 원 모양 종이를 둘로 똑같이 나누었나요? – (원 모양 종이를 둘로 똑같이 나누었는지 살펴본다.) • 다른 방향으로도 원을 둘로 똑같이 나눌 수 있나요? – 다른 방향으로 원 모양 종이를 접으면 됩니다. • 다른 방향으로도 둘로 똑같이 나누어지도록 원 모양 종이를 접어 보세요. – (다른 방향으로 원 모양 종이를 반으로 접었다가 편다.) • 이번에도 접혔던 선이 원 모양 종이를 둘로 똑같이 나누었나요? – (선이 원 모양 종이를 둘로 똑같이 나누었는지 살펴본다.) • 접었을 때 생기는 선분들이 만나는 점은 무엇일까요? – 원의 중심입니다. 선분들이 만나는 점에서 원 위의 한 점까지의 길이가 모두 같기 때문입니다.	[자] 원 모양 종이

	지름의 성질 알기	[활동 2] 지름의 성질은 무엇일까요?	[유] 선분들이 만나는 점이 원의 중심인 이유를 설명하지 못하는 경우, 원의 중심에서 원 위의 한 점까지의 길이를 재어 보도록 유도한다.
		■ 원을 둘로 똑같이 나누는 선분, 지름	
		• 원을 접었을 때 생기는 선분들은 무엇인가요? – 지름입니다. 원 위의 두 점을 이은 선분이 원의 중심을 지나기 때문입니다.	
		■ 원 안의 선분 중에서 가장 긴 선분, 지름	
		• ①~⑮의 선분 중 길이가 가장 긴 선분을 찾아보 세요. – (원 안에 그려져 있는 선분 중 가장 긴 선분을 찾 아본다.)	
		• 원 안에 그어져 있는 선분 15개의 특징을 말해 봅 시다. – 모두 한 점에서 그어진 선분입니다. – 선분의 길이가 점점 길어지다가 원의 중심을 지 나는 선분이 가장 길고 그다음부터는 점점 짧아 집니다.	
		• 길이가 가장 긴 선분의 특징을 말해 봅시다. – 원의 중심을 지납니다.	
전개	반지름의 성질 알기	[활동 3] 반지름의 성질은 무엇일까요?	[자] 크기가 다른 원 2개 (칠판 자료)
		■ 지름과 반지름 사이의 관계 이야기하기	
		• 그림에서 원을 찾아 원의 중심, 반지름, 지름을 나타내어 봅시다. – 자전거 앞바퀴와 뒷바퀴가 원입니다. – (자전거 앞바퀴와 뒷바퀴에 원의 중심, 반지름, 지름을 나타낸다.)	
		• 자전거 앞바퀴의 원의 중심은 몇 개인가요? – 원의 중심은 1개입니다.	
		• 자전거 앞바퀴의 반지름과 지름이 각각 몇 cm인 가요? – 앞바퀴의 반지름은 30cm이고, 지름은 60cm입 니다.	
		• 자전거 뒷바퀴의 원의 중심은 몇 개인가요? – 원의 중심은 1개입니다.	
		• 자전거 뒷바퀴의 반지름과 지름은 각각 몇 cm인 가요? – 뒷바퀴의 반지름은 20cm이고, 지름은 40cm입 니다.	
		• 원의 반지름과 지름은 어떤 관계가 있나요? – 한 원에서 지름은 반지름의 2배입니다. – 한 원에서 반지름은 지름의 반입니다.	

		■ 원의 성질 알아보기	
전개	원의 성질 알기	• 활동 1, 2, 3에서 알 수 있는 원의 성질을 이야기 해 봅시다. - 지름은 원을 똑같이 둘로 나눕니다. - 지름은 무수히 많이 그을 수 있습니다. - 지름은 원 안에 그을 수 있는 가장 긴 선분입니다. - 한 원에서 지름은 반지름의 2배입니다.	

"나를 지탱해 주는 '나의 중심'은 무엇인가요?"

수업의 끝에 아이들에게 던진 질문입니다. 원 위의 수많은 점과 딱 반지름의 길이만큼 떨어져서 원이 뭉개지지 않게 중심을 잡아 주는 것이 '원의 중심'이라면, 내가 흐트러지지 않고 찌그러지지 않게 해 주는 '나의 중심'은 무엇인지 생각해 보는 시간을 가졌습니다. 그게 가족일 수도 있고, 친구일 수도, 꿈일 수도 있겠죠. 물론 가족이라고 답한 아이들이 가장 많았답니다. 아이들이 자신의 중심을 마음에 품고 힘을 내어 살아가기를 바랍니다.

그림책 『떨어진 한쪽, 큰 동그라미를 만나』를 소개하며 수업을 마쳤습니다.

"나 혼자? 나 같은 조각은 혼자는 굴러갈 수 없단 말야."
"노력은 해 봤니?"
"난 뾰족하게 생겨서 굴러갈 수 없단 말이야."
"모서리는 닳아 없어지고 모양도 변하기 마련이지."
(중략)
그러다가…
천천히…

한끝을 땅에 대고 몸을 일으키는 조각….

아이들의 이야기가 해피엔딩이 아닐지도 모릅니다. 노력의 결과가 늘 성공은 아닐 테죠. 다만 실패가 두려워 시도도 해 보지 않고 머물러 있지는 않기를 바랍니다. 그 첫걸음이 교사인 우리로부터 시작된다면 더없이 행복할 겁니다. 아이들의 힘찬 도전을 응원하며 이 수업을 마쳤습니다.

과정	학습 요소	수업의 흐름	[자] 자료 [유] 유의점
정리	정리 및 차시 예고	[정리] 학습 내용 정리하기 ■ 느낀 점과 더 궁금한 점 이야기하기 • 원에 대해 느낀 점이나 더 알고 싶은 점을 이야기해 봅시다. – 원도 나처럼 여러 가지 성질이 있다는 것을 알 수 있었습니다. – 원의 성질을 알게 되어 원과 더 친해진 느낌이 듭니다. – 원의 성질을 이용하여 원을 정확하게 그려 보고 싶습니다. ■ 그림책 『떨어진 한쪽, 큰 동그라미를 만나』 소개하기 • 뾰족하게 떨어져 나온 조각 한 쪽이 자신과 꼭 맞는 원을 찾는 여정을 통해 깎이고 닳으며 동그란 원이 되어 갑니다. 여러분이 지닌 뾰족한 마음도 실패와 시련이라는 과정을 통해 둥글둥글 모난데 없는 마음이 될 거예요. 그러니 실패와 시련은 둥근 마음을 만들어 가는 과정이라 생각하고 주저앉지 말고, 힘껏 나아가기를 바랍니다. ■ 다음 차시 예고하기 • 다음 시간에는 컴퍼스를 이용하여 원을 그려 보도록 하겠습니다.	[자] 그림책 『떨어진 한쪽, 큰 동그라미를 만나』

3-2. 용기의 힘을 기르는 감성깨움수업

감성깨움 글쓰기 수업

고민쌤 우리 반은 독서도 잘하는 편이고 토론하는 것도 좋아하는 데 글쓰기 하자고 하면 싫어하는 아이들이 많아서 쓰기 수업하기가 너무 힘들어요.

마힘쌤 그렇군요. 실은 글쓰기는 어른들도 힘들어하잖아요. 그나마 선생님 반 아이들은 독서나 토론은 좋아해서 다행이네요.

고민쌤 제 욕심은 우리 반 아이들이 글을 짧게 쓰더라도 마음을 표현할 줄 알았으면 좋겠어요. 독후감 대회에 가서 상도 받으면 좋겠고요. 저도 실은 글쓰기를 좋아하지 않으면서 아이들에게 좋은 글을 원하는 것이 잘못된 것일까요?

마힘쌤 아니에요. 히딩크 감독은 실력으로 보면 박지성 선수보다 훨씬 못할 거예요. 하지만 멋지게 세계적인 축구 선수로 성장시켰잖아요. 교사의 글쓰기 실력이 탁월하지 않더라도 아이들이 글쓰기를 좋아하고 글쓰기 실력도 높여 줄 방법은 있다고 봅니다.

고민쌤 정말요? 정말 방법이 있어요? 빨리 알고 싶어요!

감성깨움수업 레시피 1

● 감성깨움 글쓰기-LCD writing tablet 활용

준비물 그림책 『장수탕 선녀님』^{백희나 글·그림}, LCD writing table

① "나는 글쓰기를 좋아한다! 싫어한다!" 이야기 나누기(약 90%가 "글쓰기가 싫다."라고 답했음)

② LCD writing tablet에 5분 동안 글, 그림, 낙서, 기호 등 자신이 하고 싶은 대로 표현하기

③ 5분 후에 다 함께 지우기 버튼을 누르며 지금까지 썼던 내용 깨 끗이 지우기

④ 2~3의 과정을 5분, 4분, 3분 정도씩 시간을 줄여 가며 반복 진행 하면서 쓰고 싶은 욕구 경험하기

⑤ 운동장에 나가 햇볕에 5분 정도 누워 있기(교사는 돌아다니면서 "지금 마음이 어때요?" 하고 인터뷰하기)

⑥ 그림책을 읽고 느낌을 나누며 독후감 쓰기 도전하기

감성깨움수업 활동

"여러분은 글쓰기를 좋아하나요?"

이 물음에 자신 있게 "네"라고 답하는 학생은 매우 적습니다. 우리 반의 경우도 마찬가지입니다. 약 90%의 학생들이 글쓰기가 싫다고 답 했습니다. 교사인 저 또한 글쓰기에는 영 자신이 없습니다. 두서없이 떠오르는 생각의 조각들을 모아 정선하여 글로 표현하는 일은 성인들

에게도 쉽지 않은 일이지요. 하지만 누구에게나 표현의 욕구는 내재되어 있습니다. 그것이 말이든 글이든 상관없이 말이죠. 단지 '글쓰기는 어렵다'라는 인식이 표현의 욕구를 가로막고 있는 것이지요. 아이들이 글쓰기에 대한 거부감과 두려움의 벽을 허물고 자신 있게 뛰어나오기를 바라는 마음으로 LCD writing tablet을 건네주었습니다. LCD tablet은 디지털 문화에 익숙한 아이들의 관심을 끌기에 제격이지요.

LCD tablet은 '삭제'가 거침없습니다. 빈틈없이 꽉 채운 글과 그림이 '삭제' 버튼 하나로 한순간에 사라지지요. 삭제에 망설임이 없으므로 표현에도 두려움이 없습니다. 실수해도 괜찮다는 감성깨움수업의 정서가 담겨 있지요. 아이들은 LCD tablet에 누구에게도 드러내지 못했던 감정을 쏟아 냅니다. 힘들었던 일, 화났던 일, 혹은 행복하고 즐거웠던 일 등 어떤 것이든 좋습니다. 5분이라는 시간 동안 글, 그림, 낙서, 기호 등 원하는 방식으로 자유롭게 표현합니다. 단, 친구와 이야기하지 않고 자신의 생각과 감정에 오롯이 집중하는 시간입니다. 흙탕물을 보세요. 파동을 일으키지 않고 가만히 두어야 흙이 아래로 가라앉고 맑은 물이 드러나죠. 우리의 생각과 감정이 드러나기 위해 잠시 조용히 기다려야 합니다.

5분, 4분, 3분. 제한된 시간 동안 자유롭게 적은 것들은 동시에 '삭제' 버튼을 눌러 깨끗이 지워 버립니다. 표현을 주저하던 아이들도 몇 번의 활동을 반복하는 과정에서 차츰 진지하게 참여합니다. 그러다 아이들의 입에서 "한 번 더 해요!", "지우기 싫어요!"라는 말이 터져 나올 때, 글쓰기의 욕구가 솟아오르는 순간입니다. 쓰기 본능이 일깨워지는 순간이지요.

햇볕에 빨래를 보송보송 말리듯이 가슴속에 꾹꾹 담아 두었던 잔뜩 눅눅해진 감정도 탈탈 털어 꺼내 말려야 회복이 됩니다. 이러한 과정을 직접 몸으로 체험하는 시간을 갖고자 운동장으로 나가 햇볕에 5분 동안 누워 보았습니다. 마음을 말리는 시간이었지요. 아이들에게 "지금 마음이 어떠니?"라고 물어보았을 때 한층 밝아진 목소리로 "마음이 편안해요.", "후련해요.", "날아갈 것 같아요."라고 답해 주었습니다.

"학교에 다니면서 가장 행복한 날이에요."

학생에게 이 말을 듣는 순간은 교사에게 최고의 순간이 아닐까 합니다. 보송보송해진 빨래에 얼굴을 파묻고 햇볕의 냄새를 가슴 깊이 들이마시는 것처럼 청량하고 상쾌한 기분이 드는 아이의 이 한마디는 평생 잊지 못할 것입니다.

감성깨움수업 레시피 2
● 감성깨움 글쓰기-마음 보자기 활용

준비물 종이 상자, 작은 보자기(10cm×10cm), 색종이나 예쁜 메모지

① 내 마음속 감정 살펴보기(1~3분 정도 소요)
② 색종이나 예쁜 종이에 내 마음 적어 보기(종이 한 장에 한 가지 마음 적기)
③ 종이 상자 안에 마음 종이를 넣고, 보자기로 꾸미기(손수건, 포장지 등 가능)
④ 마음 보자기 풀고, 감정 나누기
⑤ 해결된 감정 종이 버리고 새로운 감정 적어 넣기
⑥ ④번의 과정 다시 해 보기

감성깨움수업 활동

"글을 잘 쓰려고 하기보다는 자기만의 글을 쓰는 것이 중요하다." 『대통령의 글쓰기』라는 책에서 강원국 님은 주장합니다. 남에게 보여 주는 멋들어진 글을 만들어 내는 것보다 자신의 마음을 말과 글로 표현할 수 있도록 귀 기울여 주고 소중히 여길 수 있도록 환경을 제공하는 것이 중요합니다.

그래야 자신만의 느낌이 살아 있는 글을 쓸 수 있고 자신을 소중히 여기는 자존감도 높아집니다. 마음속 꾹꾹 눌러두었던 말을 먼저 하고 그것을 승화된 글로 쓰는 활동은 삶 속에서 위로이고 치유의 아주 좋은 방법이니까요.

'마음 보자기' 활동은 자신의 감정에 집중하는 데에 중점을 두었습니다. 자신도 미처 알아차리지 못했던 감정을 드러내어 적어 보면서 객관화시킬 수 있습니다.

힘든 마음, 속상한 마음, 상처받은 마음 등 부정적인 감정도 좋고, 간직하고 싶은 행복한 마음, 뿌듯함이나 즐거운 마음 등 긍정적인 감정도 좋습니다. 어떤 것이든 소중한 나의 감정이기에 예쁜 종이에 정성껏 적어 상자 안에 넣어 봅니다. 감정을 따뜻하게 감싸고 보듬어 주듯 상자를 고운 보자기로 감싸 줍니다.

이러한 활동 안에서 아이들은 스스로 치유하는 시간을 갖게 됩니다. 혼자 있는 시간에 마음 상자를 풀어 보거나 심리적 안전지대 안에서 보자기를 풀어 감정을 나눌 수 있습니다. 해결된 감정 종이는 버리고 새로운 감정을 다시 적어 넣을 수도 있습니다.

감성깨움수업 레시피 3

● 감성깨움 글쓰기-짧게 쓰기, 3줄 쓰기

준비물	A4용지, 필기도구, 색칠도구

① A4용지를 8칸이 나오게 접기(고학년의 경우 8면 책 만들기, 저학년은 4칸 접기 가능)

② 매일 아침 활동 시간 동안 자유 주제로 짧게 쓰기(각 칸에 같은 주제로 다른 글을 쓰거나 각 칸에 다른 주제로 글쓰기 가능)

③ 자신이 마음에 드는 글, 친구가 마음에 드는 글 동그라미 표시하기

④ 일주일에 한 번씩 친구들의 글 돌려 읽기

⑤ 가장 마음에 드는 글을 골라서 책이나 문집으로 제작하기

감성깨움수업 활동

감성깨움 활동 1, 2 글쓰기 과정을 거치면서 학생들은 드디어 글을 조금씩 쓰고 싶어 합니다. LCD에 썼던 글이나 그림을 지우고 싶지 않을 때 2단계로 넘어가면 좋습니다. 물론 여전히 글을 쓰고 싶지 않고 낙서나 그림만 더 그리고 싶기도 해요. 하지만 다 함께 쓰는 것이니 참여해 보자고 권유하면 대체로 글쓰기에 큰 불만은 없었습니다. 이때 중요한 것은 한쪽 면을 채운다든지 누가 긴 글을 쓰느냐 경쟁시키지 않는 분위기를 조성하는 것입니다. 오히려 한두 줄로 짧게 마음을 표현할 수 있으면 좋고, 되도록이면 다섯 줄이 넘지 않게 쓰라고 권유

딱 두 문장으로 리코더를 부는
자신의 마음을 정확하게 표현했어요.

한 문장으로 모기 잡는 과정을
포착한 글, 대단합니다.

쓰고 나서 자꾸 읽고 싶은 글이에요.
친구들과 같이 읽으면서
키득키득거리며 읽어요.

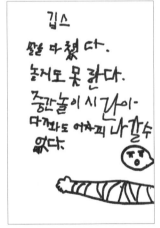

다친 팔로 쓰는 삐뚤빼뚤한 글씨,
그리고 나갈 수 없는 속상한 마음을
표현했어요. 글과 삶이 하나예요.

왜 우리 반이 이렇게 시끄러운지
지민이는 다 알고 있지요.

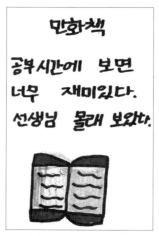

선생님 몰래 보는 만화책,
그 재미를 그대로 표현했네요.

지영이의 마음이
소화기와 엄마를 대비해서
멋진 작품으로 표현되었어요.

글과 그림의 완벽한 조화랍니다.
그림 속의 주인공은 눈을 꼭 감고
입술을 꽉 다물고 있어요.
가려운 것을 참기 위해.

합니다.

그리고 매일 글쓰기 시간을 갖게 했습니다. 아침 시간 10분을 투자해서 제목은 자유이며 글은 다섯 줄을 넘지 말라고 약속을 했지요. 교사가 길게 쓰라고 할 때는 못 쓰겠다고 짜증 부리던 아이들이 오히려 다섯 줄은 넘지 말라고 하니 "한 줄만 더 쓰면 안 될까요?" 하면서 애원하는 모습이 너무 간절합니다. 무조건 짧게 써야 하며 자기 주변의 사물, 사람, 환경을 보고 자신의 감정을 담아 쓰라고 했더니 아이들이 달라졌습니다. 글이 달라졌습니다. 아이들의 글이 통통 살아 있어 1, 2학기 2권의 문집을 발행했고 아이들은 자신이 만든 책을 재미있는 동화책처럼 매일 다시 읽으며 키득거립니다.

감성깨움수업 레시피 4
● 감성깨움 글쓰기-필사하는 즐거움 느끼기

준비물	붓펜, 도화지나 이면지, 엽서나 책갈피 등

① 좋은 글이 쓰여 있는 다양한 캘리그래피(손 글씨) 작품들을 감상하기
② 자음과 모음의 크기, 위치를 다르게 배열하며 글씨 쓰기 연습하기
③ 책에서 읽었거나 직접 들은 말 중 마음에 드는 문장 찾기
④ 봉투, 엽서, 책갈피, 부채 등의 다양한 곳에 문장 쓰기
⑤ 작품 전시하기

감성깨움수업 활동

고추장을 찍어 먹어 보는 것처럼 좋은 글을 필사하는 것은 내 영혼에 강렬한 글쓰기 맛이 스며드는 것이라고 합니다. 캘리그래피와 함께 좋은 글을 따라 써 보기를 진행해 본 결과 학생들의 만족도가 아주 높았습니다.

학생 작품

학생 작품

감성깨움수업 레시피 5
● 감성깨움 글쓰기-함께 쓰고 함께 성장하기

준비물 | 컴퓨터, 프린터

① 글쓰기 주제에 대한 단어나 문장 발표하기(예: 1. 이번 시간에 가장 기억에 남는 단어는 무엇인가요?)
② 가장 인상적인 문장은 무엇인가요?
③ 오늘 활동을 하면서 누가 생각이 났나요?
④ 중요 사건을 발표해 주세요.

⑤ 교사는 학생이 발표한 내용을 관계되는 것끼리 분류하며 칠판에
판서(감성맵 사용 가능)

⑥ 판서된 내용 중 각 문단에 들어갈 문장과 단어 고르기(시간 순서
로 문단 나누기를 하는 것이 가장 쉽고, 중요 사건이나 질문, 본론
을 1문단으로 하는 것도 좋음)

⑦ 교사가 대표로 컴퓨터로 타이핑하고 학생들은 모니터로 글을 쓰
는 과정 보기

⑧ 첫 문장을 교사가 쓰고 나면 학생들이 다음 문장 발표하기(처음
에는 희망자가 먼저하고 조금 익숙해지면 모두 한 문장씩 말하기)

⑨ 학생들이 발표하는 것을 교사는 그대로 타이핑하기

⑩ 완성된 글 프린트해서 나눠 주기

⑪ 자신만의 글쓰기 도전해 보기(완성된 글을 그대로 따라 쓰거나
바꿔 쓰기)

감성깨움수업 활동

맛있는 음식을 만들려면 재료가 가장 신선할 때 요리하는 것이 제
일 중요합니다. 글쓰기도 쓸 재료가 가장 생생하게 기억에 남아 있을
때 쓰면 생동감 넘치는 글이 된답니다. 교실에서 함께 수업하고 그 여
운이 남아 있을 때 글을 함께 써 보면 어떨까요? 각자 쓰는 것이 가장
좋지만 글을 쓰는 방법을 모르거나 문단을 잘 못 나누거나 글 쓰는
것에 부담감을 가지고 있는 학생들에게는 함께 쓰면서 스스로 깨우칠
수 있는 기회를 주면 조금씩 함께 성장해 가는 기쁨을 느낄 수 있습
니다.

과학 한 단원이 끝나고 나서 그것에 관한 과학 글쓰기를 할 때, 책을 읽고 독후감을 쓰는 것도 귀찮아할 때, 하루 일과를 끝내고 일기를 매일 쓰는 것이 고역인 아이들이 많을 때 선생님, 친구들과 함께 글을 써 보는 것을 추천해 봅니다.

방학 중 독서캠프를 4일간 진행하면서 함께 글쓰기 했던 과정을 공유해 봅니다. 캠프 마지막 날, 그동안 진행했던 캠프 생활을 글로 표현해 보자고 하면 대부분 아이들이 싫어합니다. 책을 읽고 영화를 보고 토론까지는 친구들이 하는 대로 따라 하거나 눈으로 보거나 귀로 듣기만 하는 단순한 과정이었지만 진득하게 생각하며 글을 쓰는 것은 고도의 집중력을 필요로 하거든요.

더구나 3~5문단 만들어 다른 사람들을 이해시키는 것은 더 힘든 일이니까요. 그럴 때 선생님과 함께 써 보면 어떻겠냐고 의견을 물으면 모두가 찬성합니다. 선생님은 싱싱한 요리 재료를 냉장고에 모으듯이 지금까지 있었던 생생한 기억을 한두 가지씩 발표하라고 하고 그것을 칠판에 분류하면서 기록해 나갑니다.

그런 다음 비슷한 것끼리 단락을 만들고, 선생님은 컴퓨터 앞에서, 학생들은 TV 모티터로 보면서 한 문장을 함께 만들어 갑니다. 물론 첫 문장은 선생님이 만들어 주면 좋겠지요. 하다 보면 두 번째, 세 번째 문장을 아이들이 하나씩 말하고 선생님은 타이핑하면 됩니다. 그렇게 한 문단씩 완성하다 보면 어느새 하나의 긴 글이 완성됩니다.

전체적으로 한 번 더 읽고 난 다음 고칠 곳은 없는지, 첨가할 것은 없는지 확인한 다음 프린트하여 나눠 줍니다. 여기서 함께 쓰기인 글쓰기 수업을 마쳐도 좋지만 더 좋은 효과를 보려면 프린트한 것을 학생들 수준에 맞춰 그대로 따라 써도 좋고 자기 생각을 가감하여 더 멋진 글을 완성되도록 다음 학습으로 제시해 줄 것을 권합니다. 이 과정은 설명문, 논설문, 편지글, 독후감, 일기, 과학 글쓰기 등 다양한 활동에 적용 가능합니다.

1. 토론 주제를 정하는 칠판 판서 내용

'성을 표현하는데 색깔을 정해야 한다', '학교에서 일반인도 엘리베이터를 사용할 수 있다', '쉬는 시간에 젤리나 간식을 먹어도 된다', '학교에서 게임을 할 때는 욕을 사용해도 된다', '우리 학교에 매점은 필요하다', '초등학교 교육과정은 꼭 필요하다' 등의 논제를 학생들이 만들었습니다.

그중에서 '초등학교 교육과정은 꼭 필요하다'라는 논제로 치열한 찬반 토론을 거쳤고 마침 코로나19로 인한 비대면 수업이 많았던 터라 찬반이 팽팽하게 대립했습니다.

2. 글쓰기를 위한 글감 모으는 과정

주인공 멜빈 교수, 세 사람의 저자 헨리 로우, 사만다 북, 제임스 파커 주니어 등의 이름을 떠올렸고 백인, 흑인, 차별, 인종, 편견과 같은 영화 주제 관련 낱말들을 학생들이 기억했고 그 글감들을 칠판에 기록하면서 글을 쓸 재료들을 모았습니다. 또한 토론했던 과정에서 나왔던 〈실패는 더 강하게 만든다〉 영화 속에 기억에 남는 대사 등도 발표했어요.

같은 시간과 공간에 있었지만 각각 다른 낱말과 문장을 기억해 내는 친구들을 통해 더 풍성한 글감들이 모았졌고 이것을 바탕으로 함께 글쓰기 과정이 이루어졌어요

3. 함께 쓰고 함께 성장하기

여름방학 캠프를 마치면서

내 손등에는 수많은 별들이 많다. 캠프 마지막 날, 친구들이 칭찬스티커를 붙여 주었기 때문이다. 우리 학교는 여름방학을 맞아 독서토론 캠프를 진행하였고 마지막 시간에 서로를 칭찬하는 시간을 가졌다. 또 캠프 참가자 12명 모두 『토닥토닥 토론해요』 책을 선물 받았다. 친구들의 칭찬과 선생님의 선물을 받으니 내 자신이 자랑스럽고 뿌듯하고 행복하기도 하다. 이번 캠프는 재미없을 것 같은 토론에 대한 내 생각이 바뀌게 된 기회가 되었다.

〈위대한 토론자들The Great Debaters〉이라는 영화를 보고 우리도 영화 속 주인공들처럼 토론을 했다. '초등학교 교육과정은 꼭 필요하다'에 대한 찬반 토론을 두 팀으로 나눠서 진행했다. 찬성팀과 반대팀은 주장 펼치기, 반론하기, 교차 질의, 최종변론을 거치면서 내 생각을 쥐어짜기도 하고 친구들의 질문에 당황하기도 하면서 대답하는 과정이 기억에 오래 남을 것 같다. 특히 반대팀에서 제시한 코로나19로 인해 원격수업을 해 보니 해 볼 만했고, 미국이나 다른 나라 자료를 찾아보니 홈스쿨링 숫자가 많아지는 통계가 있어서 놀랐다.

그동안 전혀 생각해 보지 못했던 주제에 대해 많은 것을 알게 되었고 서로 주고받는 교차 질의에서 당황하지 않고 대답을 하는 친구들, 자료를 찾아 주는 친구들 덕분에 흥미진진한 토론이 되었다. 토론 예정 시간보다 20분이나 더 시간이 지나갔지만 사실은 시간이 그렇게 흘러가는지도 모를 정도로 열중했던 것 같다.

〈위대한 토론자들〉의 주인공은 사만다, 파머, 헨리와 톨슨 교수이다. 이들은 수많은 난관과 고생을 통해 결국 남부의 작은 대학이지만 세계에서 제일 유명한 하버드 대학팀을 토론으로 이겨 냈다. 이것은 진짜 1930년대 있었던 일로 그들의 토론은 흑인들의 삶을 바꾸게 되었다. 그 당시에 백인과 흑인이 다닐 수 있는 대학교가 정해져 있었는데 이 토론으로 인해 그 경계가 무너졌다. 토론이 역사를 바꾼다는 사실을 알게 된 실화이다.

또 실제 토론은 우리의 삶 속 깊이 관계되어 있다. 법정에서 잘못한 사람들에 대해 유·무죄를 정할 때, 국회에서 법을 개정하거나 만들 때 활발하게 진행되고 있다. 대통령 선출을 할 때도 국민들은 TV 토론을 지켜보면서 중요한 결정을 한다. 토론은 나의 생각을 다른 사람에게 설득력 있게 말하고 다른 사람의 생각을 알 수 있는 중요한 과정이라고 생각한다. 이제 나도 학교나 집에서 무조건 친구들이나 어른들의 의견을 따르거나 생각 없이 행동하지 않고 토론의 상황을 만들어서 좀 더 건강하고 즐거운 시간을 만들고 싶다.

"실패는 자신을 더 강하게 만든다."라는 영화 속 대사는 실패해도 원망할 필요가 없고 다시 일어서 계속 도전할 수 있다는 의미를 가진다. 지금까지 실패에 대해 잘 생각해 보지 않았었고 실패는 싸움에서 진 것 같은 느낌 때문에 안 좋은 것이라고만 생각했다. 그러나 실패를 통해 더 강해지는 주인공들을 보면서 내 생각이 달라졌다. 특히 주인공들이 흑인이었기 때문에 겪었던 일들을 토론에서 실제 사례로 인용하면서 백인들의 마음을 흔드는 마지막 토론 내용은 토론이 얼마나 실제 삶과 관계되는지 알게 되었다. 앞으로 내 일상 속에서 이 토론과 캠프 내용은 도움이 많이 될 것이다.

다섯 글자 예쁜 말 배지

고민쌤 우리 반 투덜이가 오늘은 친구에게 "돼지야!"라고 말해서 친구랑 싸웠어요. 틈만 나면 입에서 거친 말이 쏟아지는 투덜이, 어떻게 해야 할지 모르겠어요.

마힘쌤 요즘 학생들의 언어가 거칠어서 지도하기 힘들지요.

고민쌤 거칠고 험한 나쁜 말을 하지 않으려면 어떻게 해야 할까요?

마힘쌤 말할 때나 들을 때 기분이 좋아지는 말들을 찾아보고 실천해 보는 활동을 하면 어떨까요?

고민쌤 '고맙습니다', '사랑합니다' 같은 말들을 아이들이 자연스럽게 사용하게 하는 방법도 알고 싶어요.

마힘쌤 다섯 글자 예쁜 말 배지를 만들어 가지고 다니며 말을 하면 좋아요. 그리고 동요 가사 바꾸기를 하면 아이들이 더 재미있게 할 수 있어요.

감성깨움수업 레시피

준비물	동요 '다섯 글자 예쁜 말' 자료, 설문 결과 자료(PPT), 플라워맵, 배지 연습지, 배지, 색깔 네임펜

① 가사를 생각하며 동요 '다섯 글자 예쁜 말' 부르기

② 다른 사람의 말을 듣고 기분이 좋았던 경험 떠올리기

③ 가장 듣고 싶은 말과 가장 듣기 싫은 말 설문 결과 보며 이야기 나누기

④ 다섯 글자로 된 예쁜 말 찾아 플라워맵에 쓰기

⑤ 각자 찾은 다섯 글자 예쁜 말을 발표하면 교사는 판서하기

⑥ 배지로 표현하고 싶은 예쁜 말을 선택해서 배지 연습지에 구상하기

⑦ 네임펜으로 배지에 글자와 그림 표현하기

⑧ '다섯 글자 예쁜 말' 가사 바꿔 부르기

⑨ 배지를 들고 교실 돌아다니며 만난 친구와 예쁜 말 주고받기

⑩ 생각이나 느낌을 플라워맵에 정리한 뒤 활동을 하며 찾은 보석 말하기

감성깨움수업 활동

사회학자 존 바그 교수는 "보이지 않는 언어의 힘은 너무도 강력하다. 우리가 특정 단어의 자극에 누출되면 뇌의 어느 부분이 행동할 준비를 한다."라고 말했습니다. 자주 사용하는 말이 욕설인지, 비속어

인지, 부정적인 말인지, 비난과 질책인지 구분하지 못하고 아무 생각 없이 사용하는 아이들이 우리 반에 있었습니다. 그런 아이들이 고운 말의 소중함을 알고 자주 사용했으면 하는 마음에 이 수업을 계획했습니다.

우선 플라워맵을 저학년에 도입하기 위해 간략히 변형해서 사용해 보았습니다. 1학년 2학기 국어 교과 단원 1~2차시를 재구성했습니다. 아이들은 자기만의 배지를 만든다는 흥분과 설렘에 눈빛을 반짝거리며 참여했습니다. 생각보다 예쁜 말들을 잘 찾아내어 배지에 다섯 글자와 그림으로 멋지게 표현했습니다. 활동을 통해 느낀 점을 아이들은 이렇게 말했습니다.

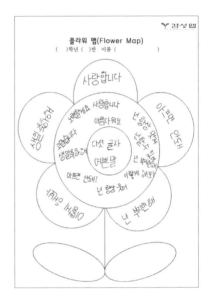

'세상에는 예쁜 말이 생각보다 많아서 놀랐어요.'

'예쁜 말을 자꾸 들으면 기분이 좋아질 것 같아요.'

'좋은 말을 들으면 힘이 날 것 같아요.'

하지만 배지 만들기 활동으로만 좋은 말을 습관화시키기는 어려울 것 같았습니다.

어떻게 하면 아이들이 예쁜 말 사용을 습관화할 수 있을까 고민하다 배지를 가방에 달고 다니며 하루에 한 번씩 말해 보는 시간을 가졌습니다. 자기 배지를 보며 나에게 예쁜 말을 했습니다. 그리고 짝 또는 모둠 친구들과 마주 보며 서로에게 예쁜 말을 해 주었습니다. 매일 다섯 글자 예쁜 말을 일일 반장이 돌아가며 하교 인사로 하니 습관화에 더 효과적이었어요. 또 동요 '다섯 글자 예쁜 말' 가사 바꿔 부르기를 하면 즐거워하며 좋아했습니다.

생활 속에서 다섯 글자 예쁜 말을 자주 사용하니 아이들의 표정이 한결 밝아지고 더불어 우리 반 분위기도 좋아졌습니다. 친구에게 '돼지'라는 말을 입에 달고 살던 투덜이는 '감사합니다'를 배지로 표현한 후 실수로 거친 언어를 사용하면 후회하며 조심하려는 노력을 했습니다. 한 가지 활동만으로 예쁜 말 사용이 완벽히 이뤄지기는 어렵습니다. 하지만 매일 예쁜 말을 하는 시간을 가지면 조금씩 변화하는 아이들의 모습을 볼 수 있습니다.

🌱 감성깨움수업 Tip ❧❧❧❧❧❧❧❧❧❧❧❧❧❧

바르고 고운 말 사용을 위해 선생님의 평소 언어 습관은 매우 중요합니다. 선생님부터 정제되고 긍정적인 말을 많이 해야 더 효과적입니다. 선생님도 같이 배지를 만들며 실천해 보면 좋아요.

계절 협동화

고민쌤 모둠활동을 할 때 우리 반 욕심이와 갈등이가 자기주장만 내세우고 협력하지 않으려 해요. 어떻게 할지 걱정이에요.

마힘쌤 아하! 싸우지 않고 함께 도우면 좋을 텐데요. 그동안 힘들었 겠어요.

고민쌤 에휴~ 그러게요. 오늘도 글쎄 역할극을 연습하는데 욕심이 와 갈등이가 제일 중요한 역할을 서로 한다고 싸우지 뭐예 요? ㅠㅠ 이렇게 자기 생각만 하는 아이들에게 서로 돕고 양 보하는 마음이 생기게 할 방법은 없을까요?

마힘쌤 반 아이들 전체가 함께 할 수 있는 활동 거리를 주는 건 어 때요? 협동화를 계절별로 하는 방법도 있어요. 아이들이 성 장하는 과정을 볼 수 있더라고요.

고민쌤 그래요? 궁금해요. 저는 미술 수업은 자신 없는데, 잘할 수 있을까요?

마힘쌤 미술을 힘들어하는 선생님들을 위한 자료가 SNS에 많이 있 더라고요. 잘 활용하면 어렵지 않게 할 수 있어요.

감성깨움수업 레시피

준비물	계절 협동화 도안, 색연필, 사인펜

① 시기에 맞는 계절 협동화 도안 준비하기

② 조각 그림을 칠판에 붙여 전체적인 모습을 보여 주고 설명하기

③ 모둠별로 조각 그림을 나눠 주고 그림이 연결된 부분의 색깔을 같이 의논하여 결정하기

④ 연결된 부분의 색깔을 다른 모둠 친구들과도 충분히 이야기를 나누고 결정한 뒤 색칠하기

⑤ 완성된 조각 그림을 칠판에 붙여 그림 완성하고 이야기 나누기

⑥ 그림을 모두 연결해 작품 게시판에 붙이기

감성깨움수업 활동

자기주장이 강하고 친구들과의 협동에 어려움을 느끼는 아이들은 어디에나 있습니다. 자기중심적이어서 양보하지 않고 자기 멋대로 하려는 경향이 강해 친구들과 계속해서 갈등을 만들어 냅니다. 그래서 공동체 생활에 조금씩 금이 가게 합니다.

협동화는 서로를 배려하고 존중하며 활동해야 하기에 공동체 역량을 길러 주기에 좋습니다.

"이 색이 더 잘 어울려."

"아니야, 저 색이 잘 어울리는 것 같아."

자기주장을 펼치기도 하고 친구들이 원하는 방향으로 양보해야 하

봄 협동화
처음으로 해 보는 협동화 그림이 하나하
나 붙여지며 전체가 완성되었을 때 아이
들은 뿌듯하며 멋지다고 감탄했어요.

여름 협동화
색이 맞지 않는 부분이 많았지만 그대로
두게 했어요. 그런데 색칠이 아쉬운 어떤
학생이 선생님 몰래 덧칠을 했네요.

가을 협동화
전체 협동화에서 모둠 협동화로 바꾸어
봤어요. 연결되지 않는 색은 역시 그대로
두게 했어요.

겨울 협동화
복잡한 그림인데도 그림의 완성도도 높
아지고 아이들의 협력하는 마음도 커져
갔지요.

[출처] 1. 인디스쿨초등: 렉렉 선생님(봄, 여름 도안), 하비별 선생님(겨울 도안).
　　　 2. www.karlagerard.com(가을 도안).

는 등 다양한 갈등 상황을 직면합니다. 아이들은 자기주장과 친구의
주장의 불일치를 경험하며 생각을 모아야 함을 알게 되었지요. 내 생
각과 친구의 생각들이 어우러져 멋진 작품이 완성되어 가는 과정에서
협력의 기쁨과 성취감을 느꼈습니다.

　친구들의 의견과 달리 혼자 멋대로 색칠한 친구들은 완성된 그림
의 엇나간 부분을 보며 스스로 느낍니다. 전체가 아닌 혼자만을 생각

했을 때 어떤 결과가 나오는지를. 교사는 아이들에게 기계같이 정확한 그림을 요구할 필요도 없고 어긋난 부분에 대한 지적을 하지 않는 것이 좋습니다. 실수 또는 불협화음이 빚어낸 결과는 전체적으로 보면 그 자체로도 아름답고 보기 좋지만 하나의 과정이기 때문이지요.

친구들끼리 색깔을 의논하고 색칠을 하다 보면 계속 움직여야 해서 정신이 없고 시끄럽기도 합니다. 하지만 살아 있는 아이들의 눈빛과 어수선함 속 배움이 일어나는 현장을 지켜볼 수 있습니다. 간혹 지나치게 소란스럽다면 보석카드를 활용하여 친구들을 배려하는 행동을 유도하면 좋습니다.

학생들은 협동화를 보면서 성취감에서 오는 감탄과 서로 어긋난 색깔을 보면서 아쉬움을 나타내기도 했습니다. 이렇게 사계절을 주제로 각 계절에 어울리는 색으로 협동화를 그리다 보면 처음에는 협력하지 않았던 친구들도 나중에는 저절로 친구들과 같이 색을 정하거나 어떤 색으로 칠해야 좋을지 도움을 구하기도 하며 소통하는 모습을 보여 줍니다. 계절이 지나갈수록 협동화의 완성도도 높아지고 내가 아닌 전체를 생각하는 아이들의 마음도 쑥쑥 커져 갑니다.

❧ 감성깨움수업 Tip ❧❧❧❧❧❧❧❧❧❧❧❧❧❧❧❧❧❧

교사의 개입은 이 활동에 도움이 되지 않았답니다. 더 좋은 결과물이 나오게 재촉하지 않고, 연결되지 않는 부분을 덧칠하게 하지 않는 것이 좋습니다. 있는 그대로를 보며 학생들이 스스로 깨닫게 교사는 지켜보는 역할로 충분합니다.

4-3. 소통의 힘을 기르는 감성깨움수업

질문으로 깨우는 감성

고민쌤 선생님~ 미술 시간에도 아이들이 질문하고 아이들이 답하면서 수업을 이끌어 가게 하고 싶어요.

마힘쌤 멋지네요! 질문수업이 어렵다고 생각하는 선생님들이 많은데 꼭 그렇지도 않아요.

고민쌤 오~~ 그래요? 그럼, 미술 시간에 아이들이 질문을 만들고 답을 찾아가는 수업을 하려면 어떻게 해야 할까요?

마힘쌤 선생님께서는 그림책 읽기 활동을 많이 하시니 그림책과 학습 주제를 연결하여 질문수업으로 이끌어 가는 것도 좋겠네요.

고민쌤 그림책을 활용해서 질문하는 수업이라~~ 기대되네요!

감성깨움수업 레시피

준비물	그림책 『안녕, 폴』센우 글·그림, 붙임 종이, 모둠 판, 허니보드판, 콜라주 재료, 도화지, 풀 등

감성깨움수업 이야기

아이들의 감성을 깨우기 위해 『안녕, 폴』 그림책을 활용하였습니다. 그림책 작가 센우의 글과 그림으로 만들어진 『안녕, 폴』은 남극기지의 요리사 이언과 아기 펭귄 폴이 친구가 되어 버려진 펭귄 알들을 부화 시키고, 모두가 행복한 남극을 만들어 가는 재미난 이야기를 독특하 고 다양한 표현 기법을 통해 정성스럽게 담아낸 그림책입니다.

『안녕, 폴』은 작년 아이들과 '올해의 그림책 5' 선정하기 활동을 했 을 때 당당하게 1위를 차지했지요. 아이들은 폴의 귀여운 모습과 남 극기지 친구들의 따뜻한 마음, 펭귄들과 사람들이 어우러져 행복하게 살아가는 모습에서 감동을 받았다고 합니다.

올해 아이들 역시 『안녕, 폴』을 읽어 줄 때 호기심 어린 눈망울로 책 표지부터 집중하며 들었습니다. 이번에는 콜라주 활동을 감성깨움 질문수업과 연결하여 진행해 보려고 합니다.

총 3차시로 구성하여 핵심질문 만들기, 깨움질문 만들기, 씨앗질문 만들기 활동을 체험, 표현, 감상 영역과 연결했습니다. 아이들 스스로 콜라주에 대한 답을 질문으로 찾아보고 『안녕, 폴』에서 인상 깊은 장 면을 모둠 친구들과 함께 콜라주 기법으로 표현했습니다.

친구들과 협동하면서 소통과 공감 능력을 높여 주고 감성도 깨워 주는 시간을 갖고자 합니다.

감성깨움 질문수업 흐름

	감성깨움 질문수업안 〈체험 1차시〉		
교과	미술	영역	체험
학습 문제	붙여서 표현하기	핵심개념	지각
		기능	탐색하기
학습 목표	콜라주에 사용되는 재료와 표현 효과를 탐색할 수 있다	교과 역량	시각적 소통 능력
		인성 역량	소통, 공감
성취기준	[4미01-02] 주변 대상을 탐색하여 자신의 느낌과 생각을 다양한 방법으로 나타낼 수 있다.		
핵심질문	콜라주는 어떻게 만들까?		
단계	학습 활동		

단계		학습 활동
[도입] 감성 열기	질문 만들기 핵심 질문	• 동기유발로 『안녕, 폴』그림책 읽기 • 겉표지를 살펴보며 이야기 나누기 – 제목의 폴은 누구일까요? – 펭귄의 표정은 어떤가요? – 펭귄은 어디로 가고 있는 걸까요? • 교과서의 참고 작품을 살펴보며 짝과 함께 질문 만들어 붙임 종이에 적기 • 짝과 만든 질문 종이를 모둠 판에 부착하기 • 모둠 장은 질문 모둠 판을 칠판에 부착하기 • 모둠 질문판의 질문을 보며 '키워드 찾기' 활동으로 공통된 단어 적기 • 키워드(콜라주, 재료, 종이)를 이용해 학생들과 핵심질문을 만들어 학습문제로 제시하기 [핵심질문] 콜라주는 어떻게 만들까?
[전개] 감성 나누기	해답 찾기 깨움 질문	• 교사 깨움질문으로 다양한 생각과 의견을 나누도록 분위기 조성하기 • 모둠원끼리 돌아가며 친구가 만든 질문에 대해 대답하며 해답 찾아가기 • 찾은 해답을 돌아가며 발표하고 핵심질문에 대해 이야기 나누어 적기
[정리] 감성 다지기	학습 정리	• 모둠에서 정리한 핵심질문의 해답 발표하기 • 학습 내용 정리 후 학습 활동을 하면서 궁금한 부분 또는 더 생각해야 하는 부분에 대한 씨앗질문 만들기
	씨앗 질문	[학생] • 콜라주로 만든 그림책에는 무엇이 있었을까? • 콜라주로 표현하기에 좋은 재료에는 무엇이 있을까? [교사] • 아이들이 활용하기 좋은 콜라주 재료로 어떤 것들이 좋을까?

핵심질문을 찾기 위해 짝과 함께 질문 만들기를 합니다. 짝과 교과서의 참고 작품으로 실린 작가 작품과 학생 작품을 살펴보며 보이는 것과 작품 설명을 읽어 봅니다. 살펴보며 이야기 나눈 후 각자 한 가지씩 질문을 만들어 붙임 종이에 적습니다.

> [짝과 함께 질문 만들기] 혼자 생각/교사
>
> • 콜라주로 입체를 만들 수 있을까?
> • 콜라주는 꼭 종이로 만들어야 할까?
> • 콜라주는 어떤 재료들로 만들까?
> • 콜라주는 어떤 방법으로 만들어야 할까?
> • 콜라주로 만들 수 있는 그림은 무엇일까?
> • 그리면 되는데 왜 종이로 오려서 만들까?
> • 종이가 안 들어가는 작품은 왜 없을까?
> • 콜라주는 어떻게 만들까?
> • 콜라주란 무엇일까?
> • 콜라주를 하면 어떤 점이 좋을까?
> • 콜라주를 사용하면 어떤 점이 불편할까?

만든 질문은 모둠 판에 붙이고 모둠 장은 모둠 판을 칠판 위에 붙입니다. 교사는 모둠별로 붙여 놓는 질문 모둠 판의 질문을 보며 학생들과 '키워드 찾기' 활동을 합니다.
학생들이 만든 질문에서 가장 많이 나오는 단어는 '콜라주, 재료, 종이' 순입니다.
키워드 〈콜라주, 재료, 종이〉를 이용해 학생들과 〈핵심질문: "콜라주는 어떻게 만들까?"〉를 학습문제로 제시합니다.

종이가 안들어 가는
작품은 왜 없을까?

왜 종이가 변신을
했을까?

그리면 되는데 왜
종이를 오려서 만들
까?

원하는 형으로 잘라 통일과
변화를 생각하며 화면
배치를 하면 무엇이 편할까
?

또 다른 콜라주를
만들수 있을까?

어떤 재료를 더 위존
할까?

〈핵심질문: "콜라주는 어떻게 만들까?"〉에 대한 해답을 찾기 위한 질문이 깨움질문입니다. 깨움질문은 학생들이 해답을 찾아갈 수 있도록 교사가 이끌어 주는 교사깨움질문과 모둠 친구들과 함께 이야기를 나누며 해답을 찾아보는 친구 깨움질문이 있습니다.

교사가 먼저 깨움질문을 통해 학생들이 다양한 생각과 의견을 나눌 수 있도록 분위기를 조성하고, 모둠원끼리 도입 단계에서 만든 질문을 보면서 돌아가며 해답을 찾아 질문지에 적도록 합니다. 학생들은 질문의 해답을 찾기 위해 교과서의 참고 작품을 더 자세하게 살펴봅니다. 도입 단계에서는 그냥 스치듯이 봤지만 질문에 대한 해답을 찾고자 참고 작품의 표현 재료와 표현 방법을 하나하나 살펴보며 스스로 해답을 찾아가는 것입니다. 그리고 자신이 적은 해답이 맞는지 모둠 친구들과 돌아가며 발표하며 피드백을 받고 고칠 부분은 수정하며 의사소통합니다.

교사 깨움 질문	Q. 『안녕, 폴』에서 폴의 목도리를 왜 털실로 표현했을까?
	– 따뜻함이 느껴지게 하려고/입체감을 표현하려고/실제처럼 보여 　주기 위해서
	Q. 만약, 폴의 목도리를 그림으로 표현했다면 어땠을까?
	– 밋밋하게 느껴진다/입체감이 없다
	Q. 콜라주로 표현하면 좋은 점이 무엇일까?
	– 실제처럼 느껴진다/재미있다/입체감과 생동감이 느껴진다

학생 깨움 질문	Q. 콜라주는 어떻게 만들까?
	– 화면에 종이, 옷감 등의 다양한 재료를 붙여서 만든다 – 그림이나 사진을 붙여서 만든 것이다
	Q. 왜 종이가 변신을 했을까?
	– 표현 효과를 살려 주기 위해/여러 가지 재료로 재미있게 표현하려고
	Q. 콜라주를 사용하면 어떤 점이 불편할까?
	– 재료가 없으면 할 수 없다/협동하지 않으면 작품을 완성하기 힘 　들다

학생 깨움질문에 대한 해답 찾기 활동 후 발표하기를 하고 이제는 핵심질문에 대한 모둠 토론 활동을 합니다. "콜라주는 어떻게 만들까?"에 대한 해답을 모둠원끼리 돌아가며 이야기 나눈 후 모둠 판에 적어 보며 해답을 정리합니다.

모둠에서 정리한 핵심질문 해답을 모둠 장이 돌아가며 발표하며 학습 내용을 정리합니다. 칠판에 모둠 질문판을 붙여 놓고 모둠에서 만든 해답을 비교하며 학습문제와 관련하여 성취기준에 도달하였는지 확인합니다.

1모둠: 콜라주는 '붙이기'라는 뜻으로, 화면에 종이, 옷감 등을 붙여서 표현한 작품이다.

2모둠: 콜라주는 일상생활에서 자주 볼 수 있는 물건을 이용하여 만드는 것이다. 예를 들면 물 뚜껑과 단추, 색종이, 신문지 등이 있다.

3모둠: 색종이 등으로 꾸미고, 풀, 테이프, 목공풀, 양면테이프를 이용해 붙인다.

4모둠: 다양한 종이를 오려서 붙이고, 여러 가지 재료를 이용해서 꾸민다.

5모둠: 콜라주란 '붙이기'라는 뜻으로 여러 가지 재료로 만드는 재미있는 작품이다.

6모둠: 콜라주란 다양한 재료를 붙여서 표현하는 작품을 말한다.

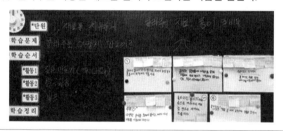

씨앗질문이란 본 차시 활동을 마무리하면서 갖게 되는 생각에 대한 질문입니다. 씨앗질문은 학생에게는 학습 활동에 참여하면서 궁금한 부분이나 좀 더 생각해야 하는 부분, 본 활동과 관련된 자신의 경험, 실생활과 연결된 내용으로 만들 수 있습니다. 교사에게는 본 활동을 하면서 학생들이 힘들어하는 부분, 차시 수업과 연계한 내용 등으로 만들 수 있습니다.

교사 씨앗 질문	Q. 아이들이 활용하기 좋은 콜라주 재료로 어떤 것들이 좋을까?
	– 씨앗 나무: 다음 시간 핵심질문으로 씨앗질문으로 도입함 – 차시 수업과 연계한 씨앗질문 형태

학생 씨앗 질문	Q. 콜라주로 만든 그림책에는 무엇이 있을까? Q. 콜라주로 표현하기에 좋은 재료에는 무엇이 있을까?
	– 깊은 질문으로 이어져 아동의 마음속에 담고 있음

감성깨움 질문수업안 〈표현 2차시〉

교과	미술		영역	감상
학습 문제	콜라주로 인상 깊은 장면 표현하기		핵심개념	제작
			기능	표현하기
학습 목표	콜라주 기법을 이용해 인상 깊은 장면을 효과적으로 표현할 수 있다.		교과 역량	시각적 소통 능력
			인성 역량	소통, 공감
성취기준	[4미01-02] 조형 요소(점, 선, 면, 형·형태, 색, 질감, 양감 등)의 특징을 탐색하고, 표현 의도에 적합하게 적용할 수 있다. [4미02-06] 기본적인 표현 재료와 용구의 사용법을 익혀 안전하게 사용 할 수 있다.			
핵심질문	다양한 재료를 이용해 장면을 효과적으로 표현해 볼까?			
단계	학습 활동			

단계		학습 활동

[도입]
감성
열기
	질문
	만들기
	
	핵심
	질문
		• 『안녕, 폴』에서 콜라주로 표현하고 싶은 장
		  면 선정하기
		 - 모둠 친구들과 그림책을 살펴보며 이야기
		   나누기
		• 재료 탐색하기
		 - 각자 가지고 온 콜라주 재료를 살펴보며
		   재료의 특징 알아보기
		 - 장면에 어울리는 재료 선정하기
		• 키워드(재료, 장면, 표현)를 이용해 학생
		  들과 핵심질문을 만들어 학습문제로 제시
		  하기
		 [핵심질문] 다양한 재료를 이용해 장면을
		       효과적으로 표현해 볼까?

[전개]
감성
나누기
	표현
	하기
	
	깨움
	질문
		• 교사 깨움질문으로 '어떻게 하면 효과적으
		  로 표현할 수 있을까?'를 제시하여 학생들
		  의 사고를 촉진하기
		• 모둠에서 정한 장면을 가지고 있는 재료의
		  특성을 살려 서로 협동하며 효과적으로 표
		  현하기

[정리]
감성
다지기
	학습
	정리
		• 모둠 친구들과 콜라주로 표현한 작품을 살
		  펴보며 재료의 특성을 살려 효과적으로 표
		  현했는지 감상하며 수정할 부분은 보완하기
		• 콜라주로 표현한 재료와 용구 정리하기

	씨앗 질문	[학생] • 입체감을 주기 위한 또 다른 재료로는 무엇이 좋을까? [교사] • 재료의 특성에 따라 아이들은 알맞은 접착제를 사용했을까?

콜라주 표현 수업 활동 결과물 〈표현 2차시〉

흰색 솜, 털실, 띠 골판지,
색종이, 파스텔 등
〈폴이 쓰레기 봉지를 들고 가는 장면〉

색 한지, 띠 골판지, 색종이,
사인펜, 색연필, 실 부직포, 마끈 등
〈폴이 쓰레기를 주워 와서
만든 집에 있는 장면〉

검정 봉지, 신문지, 색종이, 사인펜,
파스텔, 털실로 뜬 머플러 등

검정 봉지, 실 부직포, 검정 봉지솜,
분홍 솜, 색종이, 파스텔, 사인펜 등

〈폴이 알을 감싸고 있는 장면〉

띠 골판지, 색 한지, 색종이, 사인펜 등
〈폴이 쓰레기 봉지를 들고 가는 장면〉

흰색 솜, 털실, 띠 골판지,
실 부직포, 색연필 등
〈남극기지로 알을 옮겨
펭귄알 부화 작전을 펼치고 있는 장면〉

감성깨움 질문수업안 〈감상 3차시〉				
교과	미술		영역	감상
학습 문제	PMI 토론으로 작품 감상하기		핵심개념	비평
			기능	설명하기, 존중하기
학습 목표	작품을 토론학습으로 감상할 수 있다.		교과 역량	시각적 소통 능력
			인성 역량	소통, 공감
성취기준	[4미03-03] 미술 작품에 대한 자신의 느낌과 생각을 발표하고, 그 이유를 설명할 수 있다.			
핵심질문	작품을 토론학습으로 감상해 볼까?			
단계		학습 활동		

단계		학습 활동
[도입] 감성 열기	질문 만들기 핵심 질문	• 『안녕, 폴』을 콜라주로 표현한 작품을 효과적으로 감상하기 위한 방법에 대한 핵심질문을 만들어 학습문제로 제시하기 [핵심질문] 작품을 토론학습으로 감상해 볼까요?
[전개] 감성 나누기	표현 하기 깨움 질문	• 교사 깨움질문으로 'PMI 토론으로 작품을 감상해 볼까요?'를 제시 • P(잘한 점), M(부족한 점), I(보완할 점)로 나누어 모둠 작품을 감상하기 • 모둠별로 나와서 작품으로 표현한 그림책 장면과 콜라주로 표현한 완성 작품을 비교하며 PMI 토론으로 발표하기
[정리] 감성 다지기	학습 정리	• 콜라주로 작품 표현하기 활동 후 느낀 점이나 알게 된 점을 허니 보드판에 적기 • 칠판에 허니 보드판을 부착하여 활동 후 느낌 나누기
	씨앗 질문	[학생] • 콜라주 표현 기법으로 활동하기 좋은 주제에는 무엇이 있을까? [교사] • 콜라주 질문수업으로 아이들의 표현력과 사고 확장에 도움이 되었을까?

미술 수업에서 그림책을 활용하여 표현하는 수업은 아이들에게 재미와 상상력을 길러 주는 데 도움이 됩니다. 앤서니 브라운의 『행복한 미술관』은 미술관 탐험하기와 미술 놀이 활동으로 미술관 알아보기와 상상력 향상의 두 마리 토끼를 잡을 수 있는 그림책이지요.

또 질문수업을 어렵게 생각하지 마세요. 핵심질문은 학습문제로, 깨움질문은 학습 활동으로, 씨앗질문은 학습 정리와 연결하면 됩니다. 그리고 종결형 어미를 의문형으로 바꾸는 질문 만들기는 학생들이 질문을 쉽게 만들 수 있는 토대가 됩니다.

5-1. 창의성의 힘을 기르는 감성깨움수업

상상조각 그리기

고민쌤 우리 반은 일주일에 한 번 아침 시간에 상상 조각 그리기를 해요. 조각 그림을 주면 종합장에 붙이고 나머지를 상상해서 그리는 활동이에요. 그런데 삐뚤이는 살벌하고 거친 장면만 그려서 걱정이에요.

마힘쌤 게임에 중독되거나 긍정적이지 못한 생각을 하는 경우 어두운 그림을 많이 그리더라고요.

고민쌤 즐겁고 따뜻한 생각을 많이 하면 행복해지는데, 삐뚤이가 행복한 생각을 많이 하게 도와주고 싶어요.

마힘쌤 상상 조각 그리기를 할 때 마음속 보석을 표현하게 하면 긍정적인 생각을 하는 데 도움이 될 거예요.

감성깨움수업 레시피

준비물	보석카드, 조각 그림, 종이(종합장), 색연필이나 사인펜

① 증명사진 크기의 조각 그림(사과와 버스 같은 정형적인 그림 또는

비정형적 그림 등) 나누어 주기
② 떠오르는 장면을 상상한 뒤 조각 그림을 종이 위에 붙이기
③ 상상한 나머지 부분을 연필로 그리기
④ 색연필이나 사인펜으로 색칠하기
⑤ 상상 표현 작품 감상하기

감성깨움수업 활동

상상 그리기 이런 단계로 해 봐요!

아이들은 상상의 대가입니다. 어른들은 미처 생각하지 못한 부분을 아이들은 놓치지 않고 생각하고 또 상상합니다. 우리 반 아이들은 1년 동안 상상 그리기 활동을 가장 좋아했습니다. 상상 그리기를 하는 금요일 아침이면 "오늘은 무슨 그림이에요?"라며 기대와 설렘을 갖고 하루를 시작했습니다. 조각 그림을 준비해 놓으면 알아서 종합장과 풀을 가져와 상상의 세계 속으로 빠져들었습니다. 처음에는 상상이라기보다는 누구나 생각할 수 있는 장면을 그렸지만, 회를 거듭할수록 재밌어지는 드라마처럼 아이들의 상상의 세계도 점점 다양하고 흥미진진했습니다. 아이들의 생각이 서로 방해되지 않게 자신이 표현할 것을 말하지 않는 것이 좋습니다. 책상을 떨어뜨려 다른 사람의 작품을 보지 않도록 하는 것도 좋은 방법입니다.

상상 그리기 1단계는 정형화된 그림을 이용한 그리기입니다. 풍선, 버스, 딸기 등 주변에서 쉽게 볼 수 있는 조각 그림을 제시한 후 조각 그림이 들어간 장면을 상상하여 그리는 활동입니다. 아이들은 그림을 보며 연상되는 것을 그리면서 상상하는 힘을 길러 가지요.

상상 그리기 1단계가 지루해지거나 좀 더 색다른 상상을 하려면 2단계로 활동하면 됩니다. 상상 그리기 2단계는 비정형적인 그림을 이용해 상상 그리기를 합니다.

저는 그림책 『꼬마곰과 프리다』를 적용했습니다. 『꼬마곰과 프리다』는 앤서니 브라운 선생님이 글을 쓰고, 부인인 한나 바르톨린 선생님이 그림을 그린 책입니다. 꼬마곰과 프리다는 심심할 때 한 사람이 종이에 의미가 없는 모양을 그리면 다른 사람이 그 모양에 그림을 더 그려 의미가 있는 새로운 그림을 만들어 내는 모양 상상 놀이(쉐이프 게임)를 합니다.

먼저 비정형적인 그림이 어떤 모양으로 변할지 상상하며 그림책을 감상했습니다. 아이들은 눈을 반짝거리며 그림책 속으로 빠져들었지요. 그림책 읽고 나서 선생님이 그려 준 비정형적인 그림을 보고 상하좌우로 돌려가며 다양한 모양을 만들었습니다. 자신의 상상력을 맘껏 뽐내기도 하고, 사물을 여러 방향에서 볼 수 있는 공간 감각도 길러 보았지요. 이 활동이 끝난 뒤에도 아이들은 쉬는 시간이나 점심시간에 모양 상상 놀이를 하며 친구들과 소통하는 모습을 보여 주었습니다. 상상 그리기로 자연스레 소통하는 우리 반 아이들이 행복해 보였습니다.

추후활동으로 내 주변 친구나 짝꿍의 미래의 모습을 상상해 보고 이야기를 나누는 시간을 갖는 것도 좋습니다. 2단계 상상 그리기를 통해 아무 의미 없는 평범한 선이 상상을 통하여 멋진 꽃으로 변하는 것을 아이들은 보았습니다. 지금은 비록 말썽꾸러기에 실수도 많고 자그마한 친구지만 미래에는 멋지게 변할 수 있다는 믿음을 갖게 해 주었지요. 그리고 멋지게 성장한 내 모습도요.

뾰족하고 날카로운 그림과 어두운 내용을 그리던 아이(삐뚤이)가 있어 2학기에는 보석이 들어간 3단계 상상 그리기를 하게 되었습니다. 우리가 실천하면 좋을 마음속 보석을 상상 그리기 2단계와 접목해 보니 1+1 그 이상의 교육적 가치가 있었습니다. 어두운 그림을 그리던 삐뚤이가 몇 번의 보석 상상 그리기를 통해 완전히 변한 것은 아니었습니다. 하지만 아침에 교통봉사 하시는 분을 조각 그림에 상상하여 그리고 감사하는 마음을 갖게 되는 모습을 보여 주었습니다. 부정적인 마음에서 감사할 줄 아는 긍정적인 마음으로 변화되니 아이들도 절로 미소를 짓게 되었습니다.

다른 아이들도 다양한 보석이 들어간 장면을 상상하며 3단계 상상 그리기를 했고 보석가치를 내면화하는 또 다른 기회를 갖게 되었습니다.

1단계: 정형화된 그림을 이용한 상상 표현 활동
버스를 이용한 상상 표현 작품

버스 놀이기구   하늘을 나는 버스

2단계: 비정형화된 그림을 이용한 상상 표현 활동

비정형적 그림을 이용한 상상 표현 작품

여우

튤립

창의적 체험활동 교수·학습 과정안				
주제	그림책 듣고 모양 상상 놀이하기		수업 방법	표현 놀이 중심
학습 목표	• 들려주는 이야기를 듣고 글의 내용을 이해할 수 있다. • 주어진 모양을 새로운 형태로 상상하여 표현할 수 있다. • 상상 놀이 활동에 적극적이고 친구를 존중하는 태도를 가질 수 있다.			
핵심 역량	창의적 사고 역량, 의사소통 역량		인성지도 요소	존중, 소통
교수·학습 자료	PPT, 그림책『꼬마곰과 프리다』(앤서니 브라운 글/그림), 활동지, 색연필, 사인펜, 보석 가치 카드			
성취기준	[4미01-02] 주변 대상을 탐색하여 자신의 느낌과 생각을 다양한 방법으로 나타낼 수 있다.			

학습과정 (시간)	학습 요소	교수·학습 활동	[자] 자료 [유] 유의점 [인] 인성 요소
도입 (5′)	동기 유발	■ 모양을 보고 떠오르는 다른 모양 생각해 보기 • 화면에 나오는 형태가 분명하지 않은 모양을 보고, 형태가 분명한 다른 모양을 떠올려 봅시다. － 떠오르는 모양을 자유롭게 말한다.	[자] 동기유발 PPT [유] 다양한 의견을 모두 수용하고 인정해 준다.
	공부할 문제 알기	■ 공부할 문제 알기 • 동기유발을 통해 공부할 문제 확인하기 모양 상상 놀이를 해 볼까요?	
	활동 순서 알아 보기	■ 활동 순서와 방법 알기 [활동 1] 그림책 속으로! [활동 2] 상상 속으로! [활동 3] 친구의 생각 속으로!	

전개 (30′)	그림책 듣기	[활동 1] 그림책 속으로! ■선생님이 읽어 주는 그림책 듣기 •다음 장면을 상상하며 선생님이 읽어 주는 그림책을 잘 들어 보세요. – 그림책 속의 형태가 분명하지 않은 모양을 보고 어떤 모양이 만들어질지 상상하며 말하며 그림책 듣기	[자] 그림책 『꼬마곰과 프리다』 [유] 다양한 의견이 나올 수 있도록 허용적인 분위기를 조성한다. •창의적 사고 역량 [인] 소통
	상상 그리기	[활동 2] 상상 속으로! ■모양 상상 그리기 •선생님이 꼬마곰이 되어 여러분에게 문제를 낼게요. 활동지에 있는 모양 그림을 보고 자신만의 상상력을 펼쳐 새로운 모양으로 표현해 봅시다. – 활동지에 그려진 형태가 분명하지 않은 모양을 보고 의미가 있는 모양으로 상상하여 표현하기	[자] 활동지, 색연필이나 사인펜 [유] 친구의 그림을 보고 비슷하게 그리지 않도록 지도하며, 일찍 과제를 끝낸 학생은 뒷장의 다른 과제를 해결하게 한다.
	감상 및 발표	[활동 3] 친구의 생각 속으로! ■친구들의 작품을 보며 생각 나누기 •칠판에 작품을 붙이고 칠판 앞에 모두 모여 앉아 봅시다. 친구들의 작품을 보고 어떤 모양을 상상했는지 알아봅시다. – 친구들의 생각과 내 생각 비교하며 감상하기	[유] 생각이 다르다고 무시하지 않도록 지도한다. [인] 존중, 소통
정리 (5′)	학습 활동 정리	■학습 활동 정리하기 •세 가지 활동을 하며 어떤 보석을 찾았는지 말해 봅시다. – 창의성, 소통, 존중의 보석을 찾았습니다. •우리는 매일 서로 같은 생각을 하거나 다른 생각을 하면서 살아갑니다. 나와 다른 생각을 하는 친구를 무시하지 않고, 각자의 생각을 이해하고 인정해 주는 '존중'을 실천하는 우리 반이 되길 바랍니다. 활동을 하며 든 생각과 느낌도 말해 봅시다. – 활동하며 느낀 점, 생각한 점을 말한다. •다음 그림책 시간에는 '소통'과 관련된 그림책을 읽어 줄 거예요. 여러분도 소통과 관련된 그림책을 미리 찾아 읽어 보세요.	[자] 보석카드 [유] 수업을 통해 찾은 보석을 앞으로 실천할 수 있도록 유도한다. [인] 존중, 소통

3단계: 보석이 들어간 상상 표현 활동

조각 그림을 보고 보석카드를 상상하여 표현한 작품

돌고래의 등지느러미를 상상해서 표현한 후 잡은 물고기를 친구와 나누는 나눔의 보석을 표현했어요.

신호등을 연상하여 아침 교통봉사를 해 주시는 분들에 대한 감사와 봉사의 보석을 표현했어요.

아이들에게 필요한 것은 기다림과 자극

처음 상상 그리기 활동을 할 때 새로운 상상이 아닌 뻔한 그림만 비슷비슷하게 그리는 아이들을 보고 고민에 빠졌습니다. 풍선 그림을 나눠 주면 들판에 풍선이 날아가는 장면을 절반 이상이 그렸고, 상상이라기보다는 주변에서 흔히 볼 수 있는 장면을 많이 그렸습니다. 생각보다 상상의 세계가 깊지 않았지만 한 작품 한 작품씩 실물화상기로 소개하며 그 자체로 인정해 주었습니다. 어른들이 할 일은 기다림과 자극입니다. 아이들은 모두 자기만의 상상을 해낼 수 있지만, 용기가 부족하거나 경험이 없거나 주위 어른들의 고정된 생각이 이를 방해합니다. 아이들을 믿고 기다리면 다른 친구의 작품을 보고 자극받고 배우며 점차 자신만의 상상의 세계로 빠져듭니다. 시간이 지날수록 기가 막힌 상상의 세계를 펼치는 아이들이 많아집니다. 비록 아이들 간의 편차가 심하긴 하지만 처음에는 상상을 힘들어하던 아이들도 점차 발전된 모습을 보여 줍니다.

아이들의 상상력, 과연 그 끝은 어디일까요?

1학년이라고 얕보지 마세요. 박○○ 학생은 평소 그림 그리기와 종이접기를 즐겨 하지만 수줍음이 많아 앞에 나서지 않는 편이고 눈에 특별히 띄는 학생은 아니었습니다. 상상 그리기를 통해 보여 준 남들보다 뛰어난 상상력과 표현력을 친구들에게 인정받고 자신감을 얻더니 학교생활을 훨씬 적극적으로 하게 되었습니다. 그리고 점점 기발한 상상력을 보여 주었습니다. 일 년 동안 이 학생이 상상 그리기를 통해 보여 준 반짝 반짝이는 특별함 속에 빠져들어 보세요.

포도 조각 그림
밤이면 포도알들이 하나 하나 떨어지며 팔다리가 생기고 놀이동산에서 즐겁게 노는 모습을 상상했어요.

버스 조각 그림
하늘 위 구름 나라에 버스들이 살아가는 모습을 상상했어요.

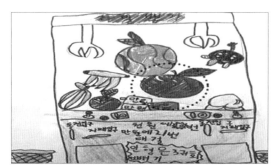

사과 조각 그림

사과, 수박, 바나나, 폭탄 등이 들어 있는 과일 뽑기 기계를 상상했어요. 서로 과일 뽑기 대결을 펼치고 바구니에 담은 뒤 먹을 수 있어요.

은행잎 조각 그림

은행잎과 은행 열매를 나누어 정리해 주는 기계를 상상했어요. 은행은 껍질 냄새가 고약해서 먹기 좋게 손질하는 데 어려움이 있으니 깨끗하게 손질해서 포장까지 해 주는 기계를 생각해 낸 것입니다.

달걀 조각 그림

알이 열리는 나무가 있는데, 이 알에서 닭, 오리, 새 등 다양한 새들이 태어나는 모습을 표현했어요.

자연미술

고민쌤 선생님~ 그리기나 만들기처럼 뻔한 미술 수업 말고 진짜 재미있는 수업은 없나요?

마힘쌤 음, 날씨가 좋은 날에는 아이들이 야외로 나가서 자연을 느끼며 활동하면 좋겠는데요.

고민쌤 와~ 색연필이나 사인펜 등 미술도구를 가지고 가지 않아도 미술 수업을 할 수 있다고요?

마힘쌤 자연이 곧 미술입니다. 자연이 하나의 거대한 미술 작품이라 할 수 있지요.

고민쌤 오~ 그런 방법이 있다고요? 저도 빨리 해 보고 싶어요~~^^

마힘쌤 자연을 재료로 삼아 감성을 길러 주고 예술 감수성도 높여 주는 자연미술을 하면 아이들도 신나서 적극적으로 활동한답니다.

고민쌤 초등학교 저학년 아이들도 가능할까요?

마힘쌤 그럼요! 오히려 초등학교 저학년 아이들이 더 좋아한답니다. 교실 밖으로 나가는 것도 좋은데 자신이 상상력을 발휘할 기회가 되니까요. 그리고 자연미술은 부모님과 함께 하는 활동으로도 참 좋습니다.

감성깨움수업 레시피 1

그림자로 그림을 그려 준다고?

준비물	흰색 도화지, 사진기

① 8절 도화지를 모둠별로 한 장 준비하기
② 자연이 만들어 내는 그림자를 돌아다니며 찾아보기
③ 흰색 도화지에 자연의 그림자를 대어 보며 탐색하기
④ 담고 싶은 장면을 만들어 모둠 친구들과 사진을 찍어 완성하기

감성깨움수업 활동

자연은 위대한 예술품입니다. 자연에서 예술가들은 영감을 얻고 작품의 소재로 사용합니다. 아이들도 자연을 지나치지 않고 차분하게 관찰하도록 해 봅니다. 그러면 아이들 스스로 자연에서 여러 가지 모양과 물감에서 볼 수 없는 다양한 색깔을 발견하게 되고 아름다움을 느끼게 됩니다. 이러한 과정에서 오감을 자극하고 자연스레 예술 감수성이 길러집니다.

미술 활동에서 관찰력은 매우 중요합니다. 날씨가 좋은 날에 아이들과 교실에서 벗어나 운동장과 학교 화단 주변을 산책해 보세요. 평소에 무심코 바라봤던 나무도 자세히 관찰하면 나무껍질이 갈라졌는지, 까칠한지, 두꺼운지 새롭게 알게 되지요. 나뭇잎도 길쭉한지, 여러 장이 붙어 있는지 잎맥이 나란한지 마치 과학 시간에 슬기로운 생활 시간의 분류하기 시간처럼 호기심을 발동하여 좀 더 깊게 나무를 바라

보며 생각하게 됩니다.

　자연이 만들어 주는 다양한 모양을 찾아보는 활동으로 그림자 작품 만들기가 좋습니다. 자연의 아름다운 색깔이 아닌 종이나 바닥에 비쳐지는 회색 톤의 그림자 모양에서 새로운 자연 작품이 만들어집니다. 먼저 아이들과 바닥이나 벽면을 살펴보며 자연 그림자를 찾아보는 활동을 합니다. 마음에 드는 자연 그림자는 사진으로 찍습니다. 그다음에는 자연이 만들어 주는 그림자에 종이를 대어 보며 자연 그림자 작품을 찾아봅니다.

흰 도화지를 바닥에 놓아 나뭇가지와 나뭇잎에서 만들어 주는 선과 형의 조화를 이룬 아름다운 그림자를 작품으로 담아 보았습니다.

　자연 그림자 그림의 좋은 점은 체험학습을 가서도 할 수 있다는 것이지요. 계절에 상관없이 자연이 만들어 주는 그림자를 모둠 친구들과 탐색하며 아름다움을 찾아 사진으로 찍어 작품으로 만들 수 있기 때문입니다.

그리고 자연 그림자 그림의 또 다른 좋은 점은 협동하는 마음을 기
른다는 것입니다. 종이를 대고 있는 친구, 사진 찍는 친구, 나뭇가지
잡아 주는 친구 등 각자의 역할을 맡아 하나의 완성된 작품을 만들
어 갑니다. 함께 탐색하고 자신의 생각과 느낌을 나누며 예술적 감수
성을 길러 갑니다.

감성깨움수업 레시피2

자연을 액자에 담아 보자

준비물	8절 검정 도화지, 칼라 종이 접시, 커터 칼, 사진기

① 검정 도화지의 테두리(3cm 정도)를 남기고 가운데를 오려내어
　액자틀 만들기
② 칼라 종이 접시는 가운데 원 부분을 오려서 둥근 액자틀 만들기
③ 운동장을 돌아다니며 액자에 여러 가지 풍경을 담아 보며 마음
　에 드는 장면 찾기
④ 마음에 드는 풍경은 액자 틀에 담아 사진을 찍어 완성하기(이때
　사각 액자와 둥근 액자를 번갈아 가며 풍경을 담아 보며 어울리는
　액자틀에 담아 사진 찍기)

감성깨움수업 활동

알록달록, 울긋불긋 자연이 만들어 내는 천연 색을 제아무리 좋은 물감을 풀어 내어 비슷하게 만들더라도 자연 본연이 지니고 있는 아름다운 색깔을 표현하기는 힘들 것입니다. 앞서 자연 그림자에서 형과 조화에 초점을 두고 자연미술 활동을 했다면 이번에는 색상과 연상에 무게를 두고 활동을 합니다. 우선 프레임을 만들어 자연을 그 안에 넣어 보는 활동을 합니다. 프레임은 아무런 도구가 없는 경우에는 엄지와 검지를 왼손은 ㄴ자, 오른손은 ㄱ자 모양으로 네모 모양을 만듭니다. 원형 프레임은 색상 원형 접시의 가운데 부분을 오려내어 만들면 좋습니다. 사각형 프레임은 8절 도화지를 이용하면 됩니다. 종이의 색상도 흰색보다는 검정을 이용하면 더 효과적이지요.

프레임은 액자 틀이 되어 아이들이 여기저기 자연을 관찰하고 담고 싶은 부분에 액자 틀을 대어 봅니다. 하늘에 떠 있는 구름을 관찰하다 보면 양떼 모양, 토끼 모양, 날개 모양 등 재미있는 모양을 구름이 만들어 내고 비행기가 지나가는 자리에는 고속도로 같은 신기한 모양도 나오지요. 파란 하늘에 걸려 있는 나뭇가지와 알록달록하게 피어 있는 꽃과 열매에도 액자 틀을 대어 보며 한 폭의 풍경화를 만들어 갑니다. 물론 마음에 드는 풍경을 담았다면 사진으로 찍어 두어야겠

지요. 친구들과 함께 학교 곳곳을 돌아다니며 자연 풍경을 담아 사진으로 찍어 작품을 완성했다면 이제는 운동장으로 발걸음을 옮겨 갑니다.

고개를 숙여 운동장 잔디 위에 피어 있는 꽃과 풀을 살펴봅니다. 담고 싶은 풍경은 액자 틀에 넣어 봅니다. 그리고 운동장에 피어 있는 풀이나 민들레 등을 보며 연상 활동을 해 봅니다. 자연물에서 연상되는 것을 돌멩이나 나뭇가지를 이용해 이어 그린 후 액자 틀에 담아 사진을 찍습니다. 연상 활동을 통해 아이들은 창의력을 키우고 자연으로 작품을 완성하는 기쁨을 맛보게 됩니다. 손으로 그리는 미술이 아닌 자연을 담아 사진으로 찍어 완성하는 미술도 있음을 알고 자연을 친숙하게 느끼게 됩니다.

🌱 감성깨움수업 Tip ✿✿✿✿✿✿✿✿✿✿✿✿✿

자연과 함께할 수 있는 활동은 무궁무진합니다. 자연미술에서 가장 기본 활동은 관찰입니다. 동물은 후각이 발달했고 사람은 오감 중 시각을 가장 많이 사용하고 그만큼 발달했다고 합니다. 자연을 눈으로 관찰하다 보면 자연스레 그 안에서 조형요소와 조형원리를 발견하게 됩니다. 관찰한 후에 연상 미술 놀이를 하면 창의력 발달에 도움이 됩니다. 예술가는 어떠한 사물을 보면 연상하는 능력이 뛰어나다고 합니다. 우리 아이들도 자연이 만든 여러 가지 모양 찾기, 사람 얼굴을 닮은 자연물을 찾기, 자연물 보고 연상되는 그림 그리거나 꾸미기 활동을 하면 아이들의 연상 능력과 창의력이 향상되고 예술가의 눈을 기르게 될 것입니다.

마음나누기

고민쌤 우리 반에는 자기중심적인 아이들이 많아 걱정이에요. 친구의 감정이나 기분은 생각하지 않고 자신의 입장에서만 말하고 행동하죠. 서로를 좀 더 공감하고 배려해 줬으면 좋겠어요.

마힘쌤 배려와 존중의 가치를 키우기 위해서는 일단 타인의 감정을 알아차리는 것이 중요하죠. 이는 자신의 감정을 알아차리는 데에서 출발한답니다.

고민쌤 맞아요. 자신의 감정을 제대로 읽지 못해 잘못된 방법으로 표현하면서 갈등이 생기는 경우가 많아요. 얼마 전에도 한 아이가 자신의 당황스러운 감정을 화를 내며 때리는 것으로 표현하더라고요.

마힘쌤 감정카드를 통해 자신의 감정을 찬찬히 들여다볼 기회를 자주 주세요. 자신의 감정이 무엇인지, 왜 그러한 감정이 생겼는지 생각해 보면서 자신의 감정을 깊이 있게 이해하면 올바른 방법으로 표현할 수 있을 거예요.

고민쌤 서로의 감정을 읽을 수 있으면 좋겠어요. 더 나아가 상대방의 감정에 공감하고 배려할 수 있었으면 해요.

마힘쌤 자신의 감정카드를 서로 공유할 수 있도록 교실 벽면에 게시해 보세요. 감정 보드판을 만드는 거죠. 친구의 감정을 알면 그의 행동을 이해하는 데 도움이 될 거예요. 또한 공감하고 격려하는 말을 쪽지에 적어 붙여 주어도 좋겠네요. 기쁨은 나누면 배가 되고, 슬픔은 나누면 반이 된다는 말이 있잖아요. 친구의 공감쪽지에 감정이 긍정적인 방향으로 흐를 수 있을 거예요.

감성깨움수업 레시피

준비물 | 감정카드, 감정 보드판, 공감 보드판, 붙임쪽지, 감정공책

① 감정카드판에 나의 감정을 나타내는 감정카드를 끼워 넣거나 붙임쪽지에 나의 감정과 이유를 적어 보드판에 붙이기
② 오늘 우리 반 친구들의 감정을 확인하고 그중 한 명에게 공감이나 격려의 말을 써서 보드판에 붙이기
③ 나의 감정쪽지와 친구의 공감쪽지를 감정공책에 옮겨 붙이고, 친구의 공감쪽지로 인한 감정의 변화나 소감을 간단히 적기
④ 교사도 학생들의 감정공책에 공감의 말을 적어 주기

감성깨움수업 활동

이름표가 붙은 칸에 자신의 감정을 담은
카드를 끼워 넣었어요.

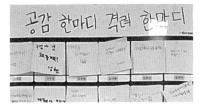

친구의 감정카드를 보고, 공감하고 격려하
는 말을 적어 공감 보드판에 붙여 주어요.

감정공책을 제작하여 사용한 모습이에요.

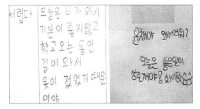

감정카드만 이용하면 친구가 가진 감정
의 이유를 정확히 알 수가 없어요. 그래
서 감정과 이유를 적은 감정쪽지를 붙이
도록 했죠.

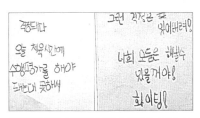

감정쪽지와 공감쪽지를 나란히 붙인 모
습이에요. 좀 더 깊이 있는 공감과 격려
가 가능해졌어요.

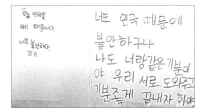

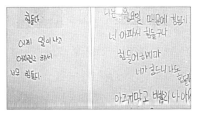

감정쪽지를 통해 자신의 감정을 들여다보는 기회를 가질 수 있어요. 공감쪽지를 쓰며
상대방의 감정을 이해하고 진심으로 공감해 주는 친구가 되었지요.

공책의 첫 페이지에 감정을 나열하여 삽입했지요. 감정 찾기가 어려운 학생들에게 도움이 된답니다.

내용을 추가하여 공책을 새로 제작했어요.

"야, 건들지 말라고!"

평소 내성적이고 조용한 성격의 아이가 버럭 소리를 내질렀습니다. 모두의 시선이 그 아이를 향하자 아이는 고개를 푹 숙이고 씩씩거리기만 했습니다. 상대 아이는 황당하다는 표정을 지으며 이유를 묻는 교사에게 억울함을 이야기합니다.

"그냥 장난일 뿐이었는데 갑자기 화를 내잖아요."

교실에서 일어나는 대부분의 다툼은 작은 일에서 시작합니다.

"내 지우개를 함부로 가져다 썼어요."

"모둠 활동에 저 애만 참여를 안 해요."

"듣기 싫은 별명으로 저를 놀려요."

"귀찮게 해요."

어른들의 시선으로 보면 아주 사소한 일까지도 아이들은 얼굴이 시뻘겋게 달아오를 정도로 화가 나는 듯합니다. 그럴 때면 늘 하는 말이 있습니다.

"상대방의 기분을 한번 생각해 보렴."

나의 행동으로 상대의 기분이 어떠했을지 입장을 바꿔 생각하고, 상대의 감정을 존중하고 배려하기를 바라는 마음이었습니다.

　아이들은 타인의 감정에 둔감합니다. 애써 친구의 기분을 살펴 가며 행동하지 않습니다. 다툼이 일어난 두 아이를 불러다 상담을 할 때면 늘 자기 입장과 기분에만 초점이 맞춰져 있다는 것을 느낍니다. 심지어 자신의 감정에도 무감각한 아이들이 있습니다. 현재 자신의 감정이 어떠한지, 원인이 무엇인지, 그 감정을 어떻게 다루어야 하는지 잘 알지 못합니다. 감정을 제대로 표현하는 데에도 서툽니다. 친구가 내 말에 귀 기울여 주지 않아 서운하고 당황스러운 마음을 소리를 지르거나 주먹을 드는 것으로 표현합니다.

　'서로의 감정을 공유하고 공감해 보자.'

　아이들이 자신과 타인의 감정을 잘 알아차린다면 서로를 이해하지 못해 일어나는 다툼의 횟수가 조금은 줄어들지 않을까요? 우리 학교는 작년에 전교생에게 감정카드를 한 세트씩 배부해 주었습니다. 수석 선생님의 감성수업에서 감정카드를 활용하는 법을 배웠고 각 반별로 조금씩 차이는 있겠지만 꾸준히 감정카드를 활용해 왔습니다. 그때 여분으로 남겨 두었던 감정카드 한 세트로 감정카드판을 만들었습니다. 감정카드를 끼울 수 있는 각 주머니에는 네임스티커로 아이들의 이름표를 붙여 주었습니다. 아이들은 매일 아침 자신의 감정을 나타낼 수 있는 카드를 골라 감정카드판에 끼워 넣었습니다. 교실 뒤편 게시판에 아이들 눈높이에 맞춰 게시해 두었기 때문에 지나다니며 수시로 친구들의 감정을 알 수 있었습니다.

　기쁨은 나누면 배가 되고 슬픔은 나누면 반이 된다는 말이 있습니다. 오늘 나의 감정을 친구들이 공감해 준다면 감정의 흐름이 너 긍정적인 방향으로 향하지 않을까요? 이러한 마음으로 공감 보드판을 만들고 붙임쪽지를 준비해 두었습니다. 공감 보드판에도 똑같이 이름표를 만들어 붙였습니다. 감정 보드판에서 친구의 오늘 감정을 확인하고 공감이나 격려의 한마디를 적어 공감 보드판에 붙여 주는 것입니다. 종례시간이 되면 친구들이 적어 준 공감쪽지를 보드판에 떼어 내어 공책에 옮겨 붙이게 했습니다.

아이들은 선생님의 제안을 썩 반기지 않았습니다. 그간 교실에서 이런저런 시도를 해오던 터라 귀찮은 숙제가 하나 더 생겼다는 반응이었습니다. 자신의 감정을 찬찬히 들여다볼 새도 없이 아무 카드나 꺼내 끼워 넣는 아이, 그마저도 귀찮아 몇 날 며칠 '지루하다' 카드로 버티는 아이, 공감의 말은 커녕 '왜?' 한 마디로 일관하는 아이, 공감쪽지를 안 붙여 주어 친구의 자리를 쓸쓸한 빈칸으로 남겨 두는 아이. 기대만큼 따라와 주지 않는 아이들로 인해 맥이 빠져 관두고 싶을 때도 있었습니다. 하지만 그 와중에도 한 자 한 자 정성 들여 친구에게 공감과 격려의 말을 적어 주는 아이들, 친구의 공감쪽지를 기다리는 아이들, 친구가 써 준 공감쪽지를 차곡차곡 쌓아 가는 아이들이 있었기에 기다림에 무게를 두기로 했습니다.

최근에는 자신의 감정과 이유를 적은 감정쪽지도 보드판에 붙이도록 했습니다. 그 위에 바로 공감쪽지를 붙이도록 말이죠. 감정카드로만 표현하니 그 감정이 어디에서부터 기인한 것인지 알 수가 없었기 때문입니다. 따라서 공감의 말도 '왜 화가 났니?', '왜 슬프니?'와 같이 매우 제한적일 수밖에 없었습니다.

감정쪽지에 자세히 적힌 친구의 감정을 보고 더 깊이 있는 공감을 할 수 있게 되었습니다. 또한 감정쪽지와 공감쪽지를 나란히 붙일 수 있는 감정공책을 만들어 사용하고 있습니다. 학습장에 두서없이 뒤죽박죽 붙여 놓은 공감쪽지가 마음에 걸렸기 때문입니다. 때때로 교사가 아이들의 감정공책을 살펴보기도 합니다. 일기를 쓸 때와는 다른 솔직함이 느껴졌습니다. 감정을 잘 드러내지 않는 내성적인 아이들의 마음까지도 살필 수 있었습니다. 그럴 때면 절로 댓글을 달아 주게 됩니다. 아이의 마음에 교사가 공감하는 순간입니다. 아이들에게도 그런 순간이 있기를 바랍니다. 자신의 감정에 귀 기울이고 타인의 감정을 보듬어 줄 수 있는 아이들로 성장하기를 기대해 봅니다.

🌿 감성깨움수업 Tip 〰〰〰〰〰〰〰〰〰〰〰〰〰〰

1. 공감 보드판은 허승환 선생님의 학습 보드판을 활용했고, 감정 카드판은 조선미 수석선생님의 감정카드 세트를 그대로 사용했어요. 그런데 이 경우 감정카드만 끼워 넣기 때문에 친구가 가진 감정의 이유를 알지 못해 공감의 깊이가 얕다는 단점이 있답니다. 따라서 감정쪽지에 자신의 감정과 그 이유를 적어 보드판에 붙이도록 해도 좋아요. 공감쪽지는 감정쪽지 바로 위에 겹쳐 붙이면 된답니다.

2. 공감쪽지를 붙여 줄 친구는 따로 정하지 않아도 괜찮아요. 다만 친한 친구에게만 지속적으로 써 주는 경우에는 선생님이 번호 순이나 모둠 순 등으로 정해 주어도 좋아요. 또한 공감짝꿍을 정해 주어 일주일 단위로 바꿔 주는 것도 좋답니다. 한 친구에 대해 더 깊이 있게 이해할 수 있는 기회가 될 수 있죠.

6-2. 공감의 힘을 기르는 감성깨움수업

식물 친구에게

고민쌤 봄 시간에 씨앗 심기를 했어요. 그런데 싹이 잘 나오지 않아요. 아이들도 점점 식물에 관심을 주지 않고 있어요.

마힘쌤 씨앗이 건강하지 않거나 물을 너무 많이 주면 씨앗이 썩더라고요. 식물이 크는 과정을 관찰해야 하는데 씨앗이 죽어서 속상하겠어요.

고민쌤 다시 씨앗을 뿌려 주거나 제 화분에서 난 새싹을 몰래 아이들 화분에 옮겨 주고 있어요. 어떻게 하면 아이들이 화분에 관심을 가지고 키우게 할지 고민이에요.

마힘쌤 새싹에게 하고 싶은 말을 써 보게 하면 날마다 관심을 갖고 지켜볼 것 같아요. 매일 씨앗 또는 새싹에게 한 마디씩만 해 보게 하세요.

고민쌤 저는 말로만 해 보게 했는데, 글로 쓰는 것도 참 좋은 생각이네요. 그런데 아직 1학년이라 글을 쓰지 못하는 아이들도 많은데 어떻게 하죠?

마힘쌤 글씨가 조금 틀려도 스스로 쓰게 하거나 글씨를 모르는 아이에겐 선생님이나 친구가 알려 주거나 써 주는 방법도 있어요. 두려워 말고 한번 해 보세요.

감성깨움수업 레시피

준비물 | 하루 한 문장 쓰기 책(너에게 보내는 내 마음), 연필

① 하루 한 문장 쓰기 책을 만들어 나누어 주기
② 식물 친구 이름과 내 이름 쓰기
③ 날짜를 쓰고 식물 친구에게 하고 싶은 말을 한 문장으로 쓰기
④ 글을 쓰지 못하는 친구는 교사나 친구가 대신 써 주거나 글씨 알려 주기
⑤ 날마다 다른 표현을 사용해 문장 쓰기

감성깨움수업 활동

씨앗을 화분에 심은 지 일주일이 지나도 2주일이 지나도 싹이 트지 않기에 흙을 파 보았더니 씨앗이 썩어 있었습니다. 새싹 소식이 없자 화분은 점점 아이들의 관심에서 멀어져 갔습니다. 그래도 아이들이 실망할까 봐 몰래 새 씨앗을 심어 주었습니다. 아이들에게 씨앗에게 이름을 지어 주고 매일 들여다보며 응원을 해 주면 씨앗이 힘을 얻어 곧 나올 거라며 이야기를 해 주었습니다.

하지만 여전히 새싹이 나오지 않아 속상한 아이들이 있었습니다.

"우리 오공이는 언제 깨어나요?"

다른 친구의 새싹이 부러운 한 아이의 씨앗 이름은 손오공입니다.

"조금만 더 기다려 보자, 오공이에게 날마다 응원하는 말을 해 보자."

A4 용지에 2페이지 모아찍기 해서 책을 만들어요.

표지에 식물 친구와 내 이름을 써요.

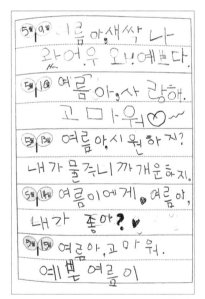

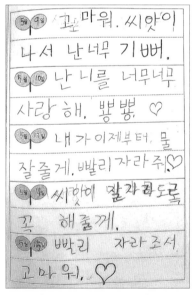

학생 작품 1: 여름이에게 쓴 말이에요.

학생 작품 2: 모로도에게 쓴 말이에요.

그날 오후 내가 키우던 화분에서 난 새싹을 그 아이의 화분에 몰래 옮겨 주었습니다. 다음 날 "오공이가 깨어났어요!"라며 오공이 주인이 신나서 달려왔습니다. 이후로 몰래 키워 둔 작은 새싹들을 아이들의 화분에 모두 옮겨 주었습니다. 관심을 갖고 자주 화분을 들여다보는 아이들도 있었지만 시간이 지나자 대부분 화분에 관심을 두지 않고 시간은 흘러갔습니다.

"얘들아, 이제 새싹이 모두 나왔으니 말이 아닌 글로 새싹 친구에게 하고 싶은 한 마디를 써 보자."

예상외로 아이들은 모두 정성을 담아 한 마디씩을 썼습니다. 글씨를 모르는 아이들은 친구들이나 선생님의 도움을 받아 사랑이 가득 담긴 한 마디를 남겼습니다.

이렇게 2주가 지나니 처음에는 자신 있게 쓰던 아이들도 쓸 말이 떨어져 새로운 말을 생각해 내야 하는 어려움을 느끼기 시작했습니다. 쓰는 데 시간이 많이 걸리긴 했지만 더 깊이 생각하고 고민할 기회를 갖게 되었습니다. 원래 날마다 쓰는 것을 원칙으로 하지만 아이들이 지쳐서 힘들어하는 날에는 쓰지 않게 하는 등 탄력적으로 하되 꾸준히 쓰게 했습니다. 며칠 동안 일부러 계속 쓰지 않게 했더니 아이들이 먼저 오늘은 안 쓰냐고 물어보며 쓰기를 원하는 마음을 갖게 되었습니다. 가끔은 아이들에게 목마름의 경험을 주는 것도 필요합니다.

이 활동을 통해 아이들은 식물이 크는 과정을 살펴보는 원래 목적보다 더 큰 깨우침을 얻게 되었습니다. 식물을 아끼고 사랑하는 마음을 키울 뿐 아니라 자신의 마음과 감정을 다양하게 표현하는 연습을 할 수 있었습니다. 같은 마음이지만 표현할 수 있는 언어가 얼마나 많이 있는지 알아볼 수 있었고 이 활동을 통해 자기도 모르게 어휘력과 표현력이 늘어났습니다. 1학년인 우리 반 아이들에게는 자연스럽게 쓰기 지도가 되어 쓰기 능력도 기를 수 있게 되었습니다. 그리고 책을 만들어 활용하니 아이의 1년간의 성장 과정이 한눈에 보여서 좋았습니다.

처음에는 아이들이 잘 쓸 수 있을까? 아이들이 귀찮아하고 진심으로 쓰지 않으면 어떻게 하지? 하는 걱정이 먼저 되었습니다. 하지만 막상 해 보니 아이들은 자신의 식물 친구에 대한 애정이 매우 강했고 진심으로 잘 자라길 바라는 마음을 담아 글을 썼습니다. 어떤 아이는 식물을 진짜 자신의 친구처럼 생각하고 속마음을 털어놓기도 했습니다. 교사가 원하는 만큼의 표현력을 보여 주지 못하는 아이들도 서툰 표현 속에 식물을 사랑하는 순수한 마음을 담아냈습니다. 저는 그 글을 읽으며 아이들이 순수한 마음에 진심으로 감동받았고, 아이들에게서 상처가 아닌 힐링을 느끼는 경험을 오랜만에 하게 되었습니다.

🌿 감성깨움수업 Tip 🌱🌱🌱🌱🌱🌱🌱🌱🌱🌱🌱🌱

1. 일주일에 2~3번 천천히 하지만 꾸준히 쓰다 보면 새싹이 쑥쑥, 아이들도 쑥쑥 성장한답니다.

2. 섬진강 시인 김용택 님은 시골 아이들의 감성을 키우기 위해 나무 한 그루가 매일 변화하는 과정을 기록하면서 시를 가르쳤다고 해요. 아이들이 자기 나무를 정해서 매일 어떻게 크는지 관찰하고 기록하게 했대요. 처음에는 변화를 쓰지 못했다가 점점 나무의 세세한 부분과 나무 주위에서 벌어지는 꽃, 새, 사람 등에 대한 이야기를 쓰면서 시간이 지날수록 나무를 아끼게 됨은 물론이고 따뜻한 글이 나왔다고 해요. 우리는 나무에는 못하더라도

씨앗으로 대신해 보았어요. 씨앗이 힘든 아이는 키우기 쉬운 다육이를 키우는 것도 좋은 방법이에요.

3. 다육이를 활용하고 싶다면 학기 초에 학급운영비로 준비하면 좋아요. 다육이는 성장 속도가 빠르지 않기 때문에 계절에 따른 색의 변화를 살펴보는 활동을 추천합니다. 처음 다육이를 만났을 때의 모습을 자세히 관찰하여 그림으로 그려 보게 한 다음 월별 또는 분기별로 변화되어 가는 모습을 그려 보게 하면 관찰력이 길러지고 식물 친구를 소중히 여기는 마음이 커진답니다. 다육이 이름을 만들어 주고 자신의 식물 친구에게 한 마디 쓰기 활동과 병행하면 더 효과적이에요.

4. 다육이의 다양한 번식 방법이나 잎이 성장해 가는 원리를 과학 과목과 연계하여 지도할 수 있어요. 그리고 도덕이나 생활지도에 적용할 수 있어요. 물을 좋아하지 않는 특성을 무시하고 물을 자주 주는 바람에 다육이를 죽게 한 경험을 말해 주며, 나의 지나친 관심과 사랑이 누군가에게는 독이 될 수 있음을 알게 되는 과정을 아이들은 참 의미 있게 받아들였어요. 다육이를 통해 진정한 배려와 존중을 생각해 보는 좋은 기회가 되었답니다.

사람이 숨을 쉬는 것은 코로 하지만
마음의 숨은 표현으로 쉰다.

_『이오덕의 글쓰기』 중에서

4장

짠짠!
감성깨움수업 결과물을 소개해요

김하윤

고라니

할머니 댁에 가는길
갑자기
산에서 고라니가
도로로 뛰쳐 나왔다.
나도깜짝, 아빠도깜짝
고라니도 놀랐을거다.

1. 학생 감성깨움수업 이야기

『얼굴색은 많을수록 좋아요』를 읽고
『백제왕조실록』을 읽고
『샛강 살리기』를 읽고

2020. 대통령기 국민독서경진대회 전국대회 저학년 단체부 최우수상
여수미평초등학교 1학년 육석민, 2학년 조민준, 3학년 백서율

2. 학부모 감성깨움수업 이야기

감성깨움수업이 필요한 이유 _김순애 글
그렇지! 표현해야 사랑이지!_김현주 글

지호락(知好樂): 나와 내 자녀를 이해하고(알자 知), 아이들이 좋아하게 이끌고
(좋아하자 好), 모두 함께 진정으로 즐기자(즐겨보자 樂). '한 아이를 키우려면
온 마을이 필요하다' 격언처럼 학부모 동아리가 마을 구성원의 역할이 되어 자녀
들의 감성깨움 활동을 5년째 실천하고 있음.

3. 교사 감성깨움수업 이야기

T·H·E 자람 프로젝트로 행복한 학급 가꾸기

2019. 행복한 작은 학교 실천사례 연구대회 보고서 전남 1등급
안일초등학교 박지영

『얼굴색은 많을수록 좋아요』를 읽고

1학년 육석민

길을 가다가 나와 얼굴색이나 쓰는 말이 다르면 나도 모르게 눈길이 간다. 신기한 마음에 빤히 쳐다보면 엄마는 친구가 민망할 수도 있으니까 그만 보라고 하신다. 대신에 인사하는 건 어떠냐고 말씀하신다. 그러면 나는 용기를 내어 인사를 할까 말까 하다가 못 한 적이 있다.

유진이는 바다 건너 먼 나라로 간 아빠가 엄마를 만나서 태어난 여자친구이다. 얼굴색이 까만 엄마를 닮은 유진이는 친구들이 놀려 속상해했다. 엄마는 그런 유진이를 데리고 문구점에 가서 48색 크레파스를 사 주셨다. 나는 유진이 엄마가 유진이를 달래 주려고 크레파스를 선물한 줄 알았다.

유진이는 그 크레파스로 반 친구들 얼굴을 여러 가지 색깔로 칠했다. 나라면 얼굴색이 까맣다고 놀림받으면 울었을 것 같은데 보라색, 초록색, 분홍색으로 자신 있게 얼굴색을 칠한 유진이가 용감하고 대단하다고 느껴졌다. 놀렸던 친구들도 우르르 몰려와 자기가 좋아하는 색깔로 칠해 달라고 부탁했다.

우리 주변에서 외국인과 다문화 가정 친구들을 많이 볼 수 있다. 내가 그 친구들을 만나게 된다면 먼저 반갑게 인사하고, 어색하지 않게 말도 걸어야겠다. 헤어질 때에는 마음이 따뜻해지게 꼭 안아 줘야지!

『백제왕조실록』을 읽고

2학년 조민준

비류왕 님께

비류왕 님, 안녕하세요?

저는 대통령이라는 꿈을 가지고 있는 초등학생 어린이랍니다. 친구들이 평범한 저는 대통령이 될 수 없을 거래요. 저는 제 꿈을 꼭 이루고 싶어요. 그런데 친구들의 그런 말을 듣고 나면 자신이 없어져요. 정말 저처럼 평범한 아이는 대통령이 될 수 없을까요?

저는 『백제왕조실록』에 등장하는 많은 왕들 중에 내용은 짧았지만 비류왕 님이 제일 기억에 남았어요. 그동안 왕족들만 왕이 되는 줄 알았는데 평민이었던 분이 왕의 자리에 올랐다니 얼마나 놀라웠는지 몰라요.

그리고 비류왕 님이 백성을 사랑하는 마음이 대단하게 느껴졌어요. 다른 왕들은 영토를 넓히는 것에만 관심을 가져서 다른 나라들과 자주 전쟁을 했어요. 그런데 비류왕 님은 힘든 백성들을 생각해서 곡식도 나누어 주시고, 다른 나라들과 화친을 맺고 전쟁 없이 평화롭게 지낼 수 있게 하셨죠. 그 당시 사람들은 전쟁 때문에 너무 힘들고 무서웠을 텐데 비류왕 님 덕분에 아주 행복하고 편안하게 지냈을 거예요.

비류왕 님의 이야기를 읽고 용기를 얻었어요. 저도 비류왕 님처럼 좋은 대통령이 될 수 있을 것 같아요. 국민들이 편안할 수 있도록 국민을 먼저 생각하고 그들을 위해 부지런히 일하며 실천하는 대통령이 되고 싶어요. 그리고 북한과 친하게 지내면서 다른 나라들과 손을 잡을 거예요.

이 책을 끝까지 다 보지는 못했어요. 어렵긴 하지만 계속 읽어 나가 볼 거예요. 그리고 백제에 대해 더 공부할게요. 하늘에서 백제의 후손들이 잘 살고 있는지 지켜봐 주세요. 그리고 제가 꿈을 이루어 나가는 모습도 지켜보며 응원해 주세요.

『샛강 살리기』를 읽고

3학년 백서율

샛강이 죽어 간다. 매일 아침 일어나 세수를 하고, 양치를 하면서도 나는 물에 대해 너무도 무덤덤했다. 별 생각 없이 수도꼭지를 틀었고, 정수기에서 물을 마셨다. 그리고 저녁에는 샤워기에서 나오는 물로 시원하게 목욕을 했다. 물은 나를 위해 많은 일을 해 준다. 그런데 나는 물을 위해 무엇을 해 줄 수 있지? 물이 어떤 친구인지 얼마나 알고 있지? 생각해 보니 물에 대해 모르는 것이 참 많다.

주인공 지원이는 성내천이라는 하천에 많은 식물과 물고기가 살고 있는 것을 보고 깜짝 놀랐다. 얼마 전까지만 해도 하수와 폐수로 지독한 냄새가 나고 무척 더러웠기 때문이다. 그랬던 샛강이 다시 살아난 것이다. 성내천을 살린 건 물속 식물들이었다. 더러운 물을 깨끗하게 바꿔 주는 역할을 하다니 물에게는 정말 고마운 친구가 아닐까? 우리 주변에는 아직도 더럽고 냄새 나는 샛강들이 많다. 식물들로 인해 다시 살아난 성내천처럼 우리가 조금만 노력하면 더러워진 샛강들을 깨끗하게 돌려놓을 수 있지 않을까?

여름방학이 되면 우리 가족은 하동에 있는 계곡으로 피서를 간다. 계곡물은 정말 시원하고 맑고 깨끗하다. 신나게 물놀이를 하다 보면 계곡물을 삼키기도 한다. 하지만 지금껏 별 탈은 없었다. 그만큼 깨끗한 물이었나 보다. 이런 계곡물을 민물이라 하고, 우리가 사용할 수 있는 물이다. 아빠를 따라서 바닷가로 낚시를 갈 때면 정말 바다는 넓고 끝이 보이지 않는다. 자갈밭에서 돌을 던지고 낚시를 해 물고기를 잡으며 즐거운 시간을 보낸다. 언젠가 아빠께서 말씀하셨다.

"바닷물은 소금같이 짜고 사람이 마실 수 없단다."

그렇다면 이 넓은 바다의 물들은 우리가 사용할 수 없는 건가? 우리 곁에 있는 물 중에서 정작 우리가 사용할 수 없는 물은 아주 조금밖에 없다고 한다.

우리나라는 다른 나라들에 비해 물이 많은 편이다. 하지만 우리가 함부로 써서 물이 부족하다고 한다. 유엔에서 우리나라를 물 부족 예상 국가로 지정했다고 하니 그 심각성을 알 것 같았다. 우리에게 소중한 물을 아무렇지 않게 낭비했던 내 모습이 부끄러워졌다.

물은 아껴 쓰는 것도 중요하지만 오염시키지 않는 것도 중요하다. 우리가 쓰는 생활 폐수는 하수처리장을 거쳐 강으로 보내지고, 강물은 흘러 바다로 간다. 물이 증발하여 구름이 생기고 비가 되어 다시 우리가 쓰는 물이 된다. 비가 오면 강 상류의 물을 모아 상수원에서 물을 걸러 각 집으로 배달해 준다. 그런데 강에 오염 물질을 흘려보내거나 쓰레기를 버리면 그 물을 정수하는 데 더 많은 양의 물이 필요하다고 한다. 이제 나부터라도 쓰레기를 버리지 않고 샴푸나 세제의 양을 줄여야겠다는 생각을 했다.

강물이 오염되면 물고기와 식물들이 살 수가 없다. 그리고 오염된 물을 먹고 자란 동물과 물고기, 식물들을 결국 우리가 먹게 된다. 너무 끔찍한 일이지 않은가? 우리가 일회용품과 플라스틱 사용을 줄이면 더 나은 샛강과 바다와 지구의 물을 지켜 갈 수 있을 것이다. 우리가 살아가는 데 없어서는 안 될 물! 우리 모두가 아끼고 깨끗하게 보

호하면서 미래의 친구들에게도 물고기와 식물들이 가득한 샛강으로
물려줄 수 있기를 바란다.

감성깨움수업이 필요한 이유

김순애

어릴 적 고향 마을에는 복숭아 과수원이 있었습니다. 복숭아꽃이 흐드러질 때는 절로 눈이 감아지고, 코로 들이마시고, 입에서는 이미 복숭아 맛을 기억해 내곤 했었지요. 그보다 더 좋았던 것은 흩날리는 꽃잎들에 제 몸이 둥둥 떠올라 있는 느낌입니다. 지금은 그 고향 마을이 바뀌고 또 바뀌어 과수원 자리에 외부 커피숍 여사장님이 지은 외국풍의 카페가 들어섰고 프랜차이즈 갈빗집이 들어섰습니다. 그 때문인지 고향에서 느껴지던 복숭아 맛은 커피 향과 갈비 냄새에 철 지난 기억처럼 사라지고 있습니다.

그렇게 좋은 기억만 남은 복숭아꽃은 '정인'이를 많이 닮았습니다. 특히 정인이의 웃음과 너무도 닮았습니다. 정인이를 보게 된 건 닌텐도 스위치에 푹 빠진 남자아이 둘만을 키우는 엄마로 여자아이 웃음이 너무 예뻐서였습니다. 제가 좋아하던 복숭아 과수원 길을 생각나게 한 그 웃음을 보고 요즘 말로 낚였습니다. 클릭했던 손을 얼마나 원망했는지. 눈물도 체할 수 있다는 것을 알게 했습니다. 눈동자는 뜨거워졌음에도 흐르질 못하고 멍하니 그 아이의 얼굴을 바라만 보았습니다. '아무리 사람이 악하게 변한다 해도 저 작고 맑은 아이를 어쩜 저리…' 그리고 기사를 닫아 버렸습니다. 그러나 뇌에 이미 그 아이의 웃음이 박혀서 순간순간 먹먹함을 어찌해야 할지 모르게 힘들었습니다.

회사와 가정일 두 가지 모두 잘해 보려고 했던 그때, 열심히 살면서도 부족함으로 자책하던 예전 워킹맘 시절, 엄마들하고 입양에 대해 이야기 나눈 것이 생각났습니다. 힘들게 출산하거나 불임인 부부에게 정말 미안하지만 입양은 아무나 하는 게 아니라고 일단 돈도 많아야겠지만 자기 아기를 낳아서 키워 본 사람만 입양을 했으면 좋겠다라고, 내 귀한 자식 키우기도 이리 힘든데, 아이가 생기지 않는다고 입양했다가 너무 힘들어서 양육을 할 수 없을, 거라 생각했지요. 내 아이 키우면서 힘든 것을 아는 사람만이 입양아를 키울 능력이 있을 거라 이야기했었습니다.

지금 생각해도 옳은 것은 사람다운 사람이 입양해야지요. 사람이 입양을 해야지 저들은 사람이 아니었습니다. 아이의 이마에 비비탄을 쏘고, 어두운 주차장에 어린아이를 방치하고, 내장이 끊어질 듯한 외력을 가할 수 있는 악마가 입양을 했던 거였어요. 두 번 다시 보고 싶지 않은 정인이 기사를 보면서 생각합니다. 그들에게는 법의 심판도 과분하다고 말입니다. 내장이 터져 죽어 간 정인이의 고통을 그들도 고스란히 느끼다 죽었으면 하는 생각이 들 정도로 그들이 미웠습니다.

오늘 밤 '정인'이를 몇 번 불러 보면서 자고 있는 아이를 바라봅니다. 단단하고 창의적인 아이로 키우기 위해 하교 후 교과 공부를 따로 시킨 적은 없습니다. 그러면서도 내 아이는 하고 싶은 일, 하면서도 돈은 좀 잘 버는 일을 하면 좋겠다는 솔직한 욕심도 있습니다. 그러나 더 중요한 것은 세상 살아가다 지치고 힘든 일에 처했을 때 현명하게 일어설 수 있는 힘이 있었으면 하는 바람입니다.

그래서 저는 내 아이들의 감성을 키우는 것에 열심인 엄마입니다. 우리 아이들이 작은 행동에서라도 악마가 되지 않고, 그릇된 일 앞에 용기를 내어 말할 수 있고, 상처받은 사람들을 살피는 힘을 기르려면 감성이 필요하다고 생각합니다. 이성의 정확한 잣대보다 감성으로 어림되는 인생의 잣대, 선택이 훨씬 여유롭고 지혜로워 보이는 것은 저만의 생각은 아닐 거라 봅니다. 정인이를 입양했던 그 사람들도 '감성'이 조금이라도 있었다면 저렇게 잔인할 수가 없었다고 봅니다. 미안함, 애틋함, 사람다움…. 이런 감성들이 갖추어진다면 차마 그런 짓을 할 수 없을 것입니다.

　감성깨움수업으로 자녀들의 감성을 깨워 보시길 바랍니다. 감성은 다른 사람의 감정을 이해하는 능력과 통제할 줄 아는 능력이라고 합니다. 정인이 아동학대 사건뿐 아니라 극악무도한 사건들을 접하면서 우리 아이들이 정말 단단하게 자랄 수 있는 힘은 감성이라 생각합니다. 자신의 감정을 통제하고 다른 사람의 감정을 공감할 수 있는 능력, 사람과 사람 사이에 섞이고 소통할 수 있는 능력, 불안이나 분노를 컨트롤할 수 있는 능력, 이런 모든 게 감성을 깨워야만 가능하다고 생각합니다. 여러분 가정의 아이들이 행복해질 수 있도록 감성을 깨워 주세요. 우리 사회가 모두 함께 안전해질 수 있도록 감성을 채워 주세요. 그 감성깨움을 위한 '감성깨움수업'을 우리 학교는 엄마인 저도 받고 우리 아이들도 하고 있습니다. 이 책을 펼쳐 보는 그대들은 이미 감성지수가 올라가고 있으리라 믿습니다. 커피 향과 갈비 냄새가 비록 복숭아 향기는 뺏어 갔지만 내 마음속 감성은 나를 키워 주었던 어린 시절 복숭아 과수원의 향기를 기억하고 있으니까요.

　내가 살아갈 수 있는 힘, 감성을 깨워 주는 그 행복함을 제가 이미 맛보았으니까요.

그렇지! 표현해야 사랑이지!
-『표현해야 사랑이다』를 읽고-

김현주

"표현해야 사랑이지?"

내가 한 남자에게 항상 하는 말이다. 그러면 남편은 대답한다.

"자기는 내 마음을 그렇게 몰라? 내가 꼭 그렇게 말로 해야 해? 근데 자기도 안 하잖아?"

수화기 너머로 뚜뚜뚜뚜 통화 단절음이 들리는 듯 더 이상 할 말을 잃는다.

'그래, 우리가 무슨 대화야? 에휴….'

『표현해야 사랑이다』 제목을 보았을 때 나와 우리 가족에게 해답처럼 느껴져 저절로 끌렸다. 이 책이 나에게 답을 줄 것 같았기 때문이다. 나는 변하지 않으면서 가족들이 내가 원하는 대로 변하길 바라고 있는 것은 아니었을까? 내가 먼저 표현을 한다면…. 우리 가족도 변할수 있지 않을까? 하는 기대를 하며 읽기 시작했다.

부모가 우울하면 자녀도 우울하다고 한다. 사랑한다고는 하는데 항상 슬픈 표정으로 말한다. 그렇다면 내 아이는 온전히 사랑을 받고 있다고 느꼈을까?

결혼 13년 차에 시어머님과 함께 산 지 6년이란 시간 동안 가족이라는 울타리 안에서지만 우리는 모든 것이 서툴렀다. 부딪치지 않는 것이 최선의 방법이라고 생각한 나는 항상 문제가 있으면 피하거나 참았다. 하지만 나의 표정과 목소리는 숨길 수 없었다. 그러면서 혼자 울적해지는 때가 많았고 아이들에게 나도 모르게 화를 내거나 슬픈 표정을 짓는 일이 잦아졌다. 어느 날은 너무나도 좋았다가 어느 날은 이해할 수 없을 정도로 우울하다가 어느 날은 마녀처럼 화를 냈다가 아이들은 항상 나의 눈치를 보았다.

부정적 감정전이었을까? 특히 남편에게 화가 나면 어머님이 싫어지고 이상하게 아이들에게 화를 풀게 되었다. 아이들은 아무 이유 없이 나의 공격을 받아야만 했다. 이런 일이 되풀이되면서 둘째가 나를 닮는 듯 화를 조절하지 못할 뿐만 아니라 난폭함까지 동반하게 되었다. 나는 머리를 망치로 맞은 듯한 느낌이었다. 나를 보는 것 같았다.

아! 내가 멈춰야 했다.

아이들에게 엄마가 제일 싫을 때가 언제인지 말해 달라고 했더니 화를 안 내도 되는데 화를 낼 때라고 했다. 내가 화내는 것을 자각하기 위해 아이들에게 공약을 걸었다. 화를 참지 못하고 엄마도 모르게 야! 하고 소리를 지르거나 화를 5번 내면 엄마가 제일 좋아하는 것을 하지 않기로 약속을 했다. 아이들에게 제안하도록 했더니 핸드폰 전원을 하루 종일 끄라고 했다. 나는 지금까지 2번 핸드폰 전원을 껐다. 요즘은 아이들이 왜 화를 내지 않느냐고 물어본다. 이런 질문이 내심 뿌듯하지만 이제 시작이다. 화가 많이 줄어든 지금, 아이와 대화를 나눌 때뿐만 아니라 혼자 설거지할 때, 청소할 때, 샤워할 때, 운전할 때, 걸을 때, 혼자서 책을 읽을 때, 화장실에 있을 때조차도 나의 표정을 의식하며 표정관리를 했다. 말보다는 아이들이 나에게 받은 상처와 충격을 빨리 치유해 주기 위해 엄마의 진심을 전해 주고 싶었다. 수많은 잔소리, 짜증 섞인 목소리와 표정 대신 온화한 표정, 부드러운 말투로 아이들에게 사랑한다고 표현하니 둘째도 화를 내는 일이 많이 줄어들고 조절하기 시작했다. 아이들을 진심으로 좋아하고 공감해 주고 사랑을 표현해 주려고 노력하고 있다. 그리고 지금도 현재 진행형이다.

아이들과의 관계들이 제자리로 돌아오는 희망이 보이기 시작하고 나는 내 안의 나를 더 들여다보게 됐다. 왜 그렇게 화가 나고 힘들고 우울한지 생각해 보았다. 항상 화의 불씨는 남편이 나를 공감해 주지 않고 표현해 주지 않는 것이었다. 사랑해서 결혼했지만 둘은 자기 생각만 할 뿐 서로의 이야기를 듣지 않았다. 말만 하면 싸우게 되고 어느 순간 대화는 없어졌다. 내가 예전에 사랑했던 남편에게 다시 사랑받고 싶었다.

'사람은 자기를 싫어하는 사람을 싫어하고 자기를 좋아하는 사람을 좋아하는 것, 받은 대로 되돌려주는 상호성의 원리는 관계와 소통의 가장 강력한 자연법칙이다.'

이 문장이 나를 흔든다. 내가 남편을 좋아해 주면 그도 나의 이야기를 진심으로 들어주고 마음을 표현하는 날을 기대할 수 있을까? 몇 년 전 배우자에게 가장 듣고 싶은 말이 무엇인지 물어보는 조사가 있었다. 1위가 '여보, 나는 당신이 좋아'였다고 한다. 나는 연애 시절을 떠올리며 남편을 좋아해 보기로 했다. 그리고 아이들과 잘 놀아 주고, 바쁜 아침 도와주는 남편의 장점도 써 보고 남편만을 위한 저녁 준비하기, 거짓말을 해도 자기 믿어 주기 등 남편이 좋아하는 것들을 적어 보았다. 또 남편이 내가 하면 싫어하는 행동을 줄여 보자고 다짐했다. 며칠 후 남편이 자기는 나한테 왜 명령조로 말을 하냐며 나를 아이같이 다룬다고 투덜댔다.

'아하! 나도 모르게 남편에게 명령조로 사납게 말하는구나.' 하고 깨달았다. 예전이라면 "그러니까 생각 좀 하고 행동을 해야지. 생각이 있는 사람이야?" 하면서 면박을 줬을 텐데, "아하! 내가 그랬어? 미안해. 다음부터는 부드럽게 말하도록 노력할게"라고 말했더니 당황하며 안 믿는 눈치였다. 어느 날은 아이들과 놀아 주겠다는 남편이 고맙지만 꼭 잘 시간에 밤늦게 놀아 주겠다는 남편에게 "자기야~ 아이들이 잘 시간인데, 아쉽지만 내일 일요일이니까 낮에 아이들과 놀아 주는 게 어때?"라고 부드럽게 말했더니 아이들을 조용히 설득시킨다.

이번엔 용기를 내어 "여보, 나는 당신이 좋아요."를 해 보기로 했다. 너무 부끄러워 절대 나오지 않을 것 같아 혼잣말로 중얼거리는 것으로 시작해 보았다. 남편이 "자기 왜 그래? 뭐 필요해?"라고 물어본다. 하지만 싫지 않은 내색이 분명하다. 남편을 좋아하려고 하고, 싫어하는 것을 안 하고 그리고 표현해 보려고 노력하니 정말 조금씩 변화가 나타났다. 마법처럼 내가 다시 남편을 좋아하게 되는 것 같았다. 남편도 나를 봐주기 시작했다.

'사랑은 저절로 우러나오는 감정이라고 생각하는 사람이 많다'고 한다. 나도 그런 사람 중 한 사람이었다. 이 책에서는 사랑이란 의도적으로 선택하고 연습해야 하는 기술이며 동시에 예술이다. 반드시 의도적으로 선택하고 노력해야 하며, 끊임없이 공부하고 연습해야 한다고, 그리고 부모와 자식 간의 사랑 또한 저절로 되는 것은 없다고 말한다. 남편과의 관계는 내가 생각한 것보다 빠른 변화를 보였던 것에 비해 아이들은 달랐다. 지금까지 내가 보여 주었던 모습에 대한 상처와 충격을 지우는 데 시간이 꽤 걸릴 것 같다는 생각이 든다. 정말 콩나물에 물 주듯이 끊임없이 사랑과 관심을 꾸준히 주고 연습하고 노력해야 할 것 같다. 오늘도 나는 아이들을 꼭 안아 주며 사랑한다고 말한다. 그리고 고민하고 연습한다.

사랑받고 싶다면 사랑하라. 그리고 사랑스럽게 행동하라. 그렇게 하기 위해 지금부터 어떤 변화를 시도해야 하는가?

나는 이 책을 쓰신 이민규 선생님처럼 아이들에게 부드러운 접촉, 따뜻한 기억, 즐거운 추억을 물려줄 것이다. 또한 아이들의 생일마다 나이만큼 장점을 써서 편지도 쓰고 잔소리보다는 아이들의 마음을 공감해 주고 표현하는 방법에 대해 공부하고 연습할 것이다. 그리고 10년, 20년, 30년 후 내가 원하는 삶을 그려 보고 그 미래를 위해 당장 할 수 있는 정말 작은 일을 찾고 즉시 실천할 것이다.

요즘 정말 행복하다. 마음을 표현하고 가족들과 소통하고 있는 작은 변화들이 나를 웃음 짓게 하는 덕분이다.

그대, 사랑받고 싶은가?

30년 후 당신은 행복한 미래를 꿈꾸는가?

그렇다면 이 책을 꼭 읽어 보라고 말하고 싶다.

나처럼 한 걸음 걸어갈 수 있는 변화의 디딤돌이 될 테니….

2019. 행복한 작은 학교 실천사례 연구대회 보고서

[생각·마음·감성]
T·H·E 자람 프로젝트로
행복한 학급 가꾸기

안일초등학교

교사 박지영

1. T·H·E자람 프로젝트의 필요성

3월 우리 반 교실 들여다보기

고민 하나
처음으로 작은 학교의 분교에서 근무하게 되었다. 분교는 9명의 학생이 있으며 우리 반은 2학년 1명, 3학년 3명 모두 4명으로 복식학급이다. 같은 시간에 다른 교과, 다른 학년을 동시에 수업하고 활동을 해야 한다. 물론 복식지원강사가 함께 활동하고 있지만 **효과적인 학급 운영을 위해서는 분명 대책이 필요하다.**

고민 둘
여러분의 생각을 이야기 해 볼까요? 아이들은 서로 각자의 이야기를 할 뿐 친구의 이야기는 귀담아 듣지는 않는다. 3월 한 달 동안 우리 반이 가장 많이 하는 말은 저는 그것 못해요, 자신이 없어요, 틀리면 어떡해요? 다 못 끝내면 어떡해요? 원래부터 안했는데요, 안하면 안돼요? 등등 의사소통 부족, 낮은 자존감, 무기력감이 가득하다. **의사소통능력과 자존감, 무기력감을 어떻게 향상 시킬 것인가?**

고민 셋
사회시간에 가 본 곳을 그림지도를 그리는데 깜짝 놀랐다. 작은 어촌 마을에서 생활하고 있는 아이들의 경험이 부족하여 그리는 곳이 마을에서 본교까지로 한정되어 있었다. 도시 학교 학생들에 비해 중심지와 떨어져 있는 마을에서 생활하는 우리 반 아이들에게 정말로 필요한 것은 다양한 경험 제공이다. 아이들에게 생각이 자라고 마음이 자라고 감성이 자라날 수 있도록 **어떻게 다양한 체험활동을 운영할 것인가?**

T·H·E자람 프로젝트 왜 필요할까?

T·H·E 자람 프로젝트는 2015 개정 교육과정에서 강조하는 핵심역량에서 의사소통 역량, 자기관리 역량, 심미적 감성 역량을 중점적으로 길러주어 자존감과 행복감을 키우고자 한다.
첫째, 생각 자람으로 **의사소통 역량**을 길러주어 자기 효능감을 향상하고 **소통**을 키우고자 한다.
둘째, 마음 자람으로 **자기관리 역량**을 길러주어 자기 안전감을 향상하고 **협동**을 키우고자 한다.
셋째, 감성 자람으로 **심미적 감성 역량**을 길러주어 자기 조절감을 향상하고 **예술적감성**을 키우고자 한다.
본 연구에서 T·H·E는 생각(Thinking)의 T, 마음(Heart)의 H, 감성(Emotion)의 E를 의미하며 생각을 더 자라게, 마음을 더 자라게, 감성을 더 자라게 하여 **더 행복한 학급을 가꾸기 위함이다.** 생각 자람 활동으로 나를 다지고 질문수업과 그림책 읽기로 소통하며 생각을 자라게 하고, 마음 자람 활동으로 인성과 꿈을 가꾸며 협동하며 마음이 자라게 하며, 감성 자람 활동으로 놀이와 오감체험, 문화예술 활동 등 다양한 체험으로 감성이 자라나게 하고자 한다. 또한 세 가지 자람 활동으로 자기 효능감, 자기 안전감, 자기 조절감을 길러주어 아이들의 무기력감과 자존감을 향상하고자 한다. 작은 학교의 단점을 장점으로 극복하여 소인수 복식학급을 효과적으로 운영하여 미래사회를 당당하고 바르게 그리고 자존감을 회복하며 더 행복하게 학교생활을 하기 위해 T·H·E 자람 프로젝트를 시작하고자 한다.

 본 연구의 목적은 작은 학교의 환경에 알맞은 **T·H·E 자람** 프로젝트를 계획하고 운영하면서 생각(Thinking), 마음(Heart), 감성(Emotion)이 자라나게 하여 **더 행복한 학급**을 가꾸는 데 있으며 구체적인 목적은 다음과 같다.

연구목적 1 T·H·E자람프로젝트를 통해 생각, 마음, 감성을 자라게 하여 행복한 학급을 가꾸고자 한다.

연구목적 2 T·H·E자람 프로젝트에 적용할 교육내용 선정 및 학생참여형 수업으로 배움중심 교육을 실천한다.

연구목적 3 T·H·E자람프로젝트를 통해 소통, 자기존중, 예술감수성을 키우며 행복한 우리를 만들고자 한다.

3. 용어의 정의

T·H·E자람 프로젝트의 의미

 프로젝트의 T는 생각의 Thinking, H는 마음의 Heart, E는 감성의 Emotion의 앞 알파벳을 합하여 T·H·E로 만들었다. T·H·E를 한글로 읽으면 더로 읽게 되며 더의 의미는 생각을 더 자라게, 마음을 더 자라게, 감성을 더 자라게 하여 더 행복한 학급을 가꾸어 나간다는 뜻을 품고 있다.

T·H·E자람 프로젝트의 자존감 향상과 핵심역량

 자존감의 가장 기본적인 정의는 '자신을 어떻게 평가하는가'(self-esteem)다. 곧 자신을 높게 평가하는지 또는 낮게 평가하는지에 대한 레벨을 의미한다. 본 연구에서의 자존감은 가장 대중적인 의미인 **'자아 존중감'**으로 **자신을 얼마나 존중**하고 **가치 있는 존재**로 받아들이는가를 뜻한다. 윤홍균은 자존감을 세 가지 축인 자기 효능감, 자기 안전감, 자기 조절감으로 분류했다. 본 연구에서는 자기 효능감, 자기 안전감, 자기 조절감을 2015 개정 교육과정 핵심역량 중 **의사소통 역량, 자기관리 역량, 심미적 감성 역량**과 연결하여 기르는 핵심역량을 뜻한다.

4. 선행 연구

연구자(연도)	연구 주제	적용 점
임지현 (2018)	인문학 문 열기 프로젝트를 통한 행복한 작가되기	▸ 그림책 읽기와 오감체험
김혜경 (2018)	꿈지락 프로그램 운영으로 행복한 교실 가꾸기	▸ 놀이와 학생 참여형 수업
김광현 (2017)	감성 두드림 프로젝트를 통한 나, 너, 우리의 행복나무 키우기	▸ 그림책, 놀이, 미디어 등 다양한 활동 중심 교육

Ⅱ. T·H·E 자람 프로젝트 실태 진단

조사 일자	2019년 3월 4일(월) ~ 3월 8일(금) (5간)
조사 대상	○○초등학교○○분교장 2, 3학년 2반 4명(2학년 남 1명, 3학년 남 3명)

아이들의 자존감과 성격 유형을 분석하기 위해 로젠버그의 자아 존중감 검사지와 K5 성격검사지의 설문 문항을 참고하여 재구성하여 실시하였다.

1. 핵심역량 진단

가 ▶ 의사소통 역량 진단

영역		설문 내용	응답 현황 %(명)		
			그렇다	보통이다	아니다
배려	1	나는 친구의 마음을 이해한다.	0%(0)	25%(1)	75%(3)
소통	2	나는 나와 의견이 다른 사람과도 이야기를 잘 한다.	25%(1)	50%(2)	25%(1)
공감	3	나는 다른 사람의 감정에 대해 공감한다.	0%(0)	50%(2)	50%(2)
실 태		배려를 묻는 질문에 친구의 마음을 이해한다에 75%(3명)가 부정적으로 응답하여 마음 이해에 대한 대책이 시급하다. 소통을 묻는 질문에서는 25%(1명)이 긍정으로 응답하였다. 공감 영역에서는 50%(2명)가 보통, 50%(2명)이 부정적으로 응답하여 공감에 대한 다양한 활동이 필요하다.			
진 단		**생각자람** 활동으로 자신의 생각과 다른 의견을 존중할 수 있도록 토론 활동과 감성깨움 질문수업을 전개하여 학생참여형 수업과 배움중심 수업을 실천하며 무기력감과 자기 효능감을 향상시켜야겠다. 그림책 읽기 활동으로 생각을 깨우고 스토리텔러가 되어 친구와 가족과 **소통**하고 공감할 수 있는 의사소통 역량을 길러주어야겠다.			

나 ▶ 자기관리 역량 진단

영역		설문 내용	응답 현황 %(명)		
			그렇다	보통이다	아니다
자기 존중	1	나는 내가 괜찮은 사람이라고 생각한다.	0%(0)	50%(2)	50%(2)
책임	2	나는 장래에 내 꿈을 이룰 수 있다.	25%(1)	25%(1)	50%(2)
협동	3	나는 친구와 함께 하는 활동을 좋아한다.	75%(3)	25%(1)	0%(0)
실 태		자기 존중을 묻는 질문에 50%(2명)가 부정적으로 응답하였으며 책임을 묻는 질문에서도 25%(1명)만 긍정적으로 응답하였다. 협동을 묻는 질문에서는 75%(3명)가 긍정적으로 응답하였다.			
진 단		**마음자람** 활동으로 자신에 대해 이해하며 자기를 존중하는 마음을 길러주어 자기 안전감을 향상하고자 한다. 꿈 가꾸기 활동으로는 자신의 꿈을 탐색하며 꿈을 이루기 위한 책임의식을 길러주고자 한다. 다모임과 자율동아리 활동, 마을 봉사활동으로 더불어 살아가는 공동체 의식과 **협동**하는 마음이 자라도록 하여 자기관리 역량을 길러줘야겠다.			

다 ▶ 심미적 감성 역량 진단

영역		설문 내용	응답 현황 %(명)		
			그렇다	보통이다	아니다
감정	1	친구에게 나의 감정을 잘 표현한다.	0%(0)	50%(2)	50%(2)
감성	2	자연에 관심이 많고 소중하게 생각한다.	50%(2)	50%(2)	0%(0)
예술 감수성	3	미술, 음악, 신체활동을 좋아한다.	50%(2)	50%(2)	0%(0)
실 태		감정을 묻는 질문에 50%(2명)이상이 부정적으로 답하였고 감성을 묻는 질문에 50%(2)이상이 매우 긍정적으로 답했다. 예술 감수성을 묻는 질문에서는 대부분 긍정적으로 응답하여 신체활동과 체험활동을 좋아한다는 것을 알 수 있다.			
진 단		**감성자람** 활동으로 자신의 감정을 잘 조절하며 협동학습 놀이에 참여하며 **자기 조절감**을 향상하고자 한다. 오감 생태체험으로는 자연과 함께하며 **감성**을 느끼게 하고자 한다. 다양한 문화예술 활동과 체험활동으로 아이들의 잠재되어 있는 예술 감수성을 가꾸며 **심미적 감성 역량**을 길러주어 날마다 오고 싶은 행복하고 즐거운 학교를 만들어줘야겠다.			

라 ▶ 학교생활 만족도 진단

영역		설문 내용	응답 현황 %(명)		
			그렇다	보통이다	아니다
학교생활	1	나는 아침에 학교에 가는 것이 즐겁다.	25%(1)	50%(2)	25%(1)
	2	나는 수업시간에 열심히 참여한다.	25%(1)	25%(1)	50%(2)
	3	나는 집에서 부모님(보호자)과 자주 이야기를 나눈다.	50%(2)	25%(1)	25%(1)
실 태 및 진 단		대부분의 아이들이 학교에 가는 것을 좋아하고 수업시간에 50%(2명)이상이 열심히 참여하지만 복식학급의 특성 상 2개 학년을 동시에 학습을 하고 있어서 효율적인 학습 방법과 대책이 시급한 실정이다. 가정에서 부모님과의 대화는 잘 이루어지는 편이다. **T·H·E자람**프로젝트를 통해 학교생활에 대한 만족도가 더 높아져 아이들이 더 **행복한 학급 생활**을 할 수 있도록 해야겠다.			

2. 개인별 특성 진단

가 ▶ 우리 반 아이들 특성과 필요한 역량   의 의사소통 역량 자 자기관리 역량 심 심미적 감성 역량

이름	개인별 특성	필요한 역량	더 자람 활동으로 지도 계획
장○○	주어진 과제를 잘 해결하며 조용한 성격으로 자신의 마음을 잘 드러내지 않고 자존감이 낮음	의 심	자신의 생각을 표현하는 활동과 주제통합 학습으로 **의사소통**의 기회 제공
김□□	독서를 좋아해 지식이 풍부하고 자신의 생각을 잘 표현하나 자존감이 매우 낮고 부정적으로 상황을 생각하고 해결하려는 경향이 높음	의 심	**자존감 향상 활동**과 긍정적으로 사고하는 습관 형성을 위한 지속적인 **상담 활동** 실시
김△△	자신의 생각은 잘 드러내나 친구의 생각은 경청하지 않고 배려하지 않아 문제 상황을 자주 만들어 갈등이 잦음	의 자	의사소통 능력 향상을 위한 경청의 자세와 **학급 규칙 준수**를 위한 **가치덕목** 지도
민○○	바르게 행동하고자 하는 마음이 강하고 친구들 배려를 잘 하지만 학습에 대한 자신감과 자기주도적 학습 방법이 부족함	자 심	**기초기본 학습**을 위한 과제 부여와 모둠활동을 통한 자신감 향상 지도

Ⅲ. T·H·E 자람 프로젝트 설계

1. T·H·E자람 프로젝트 설계 일정

연구 대상	○○초등학교○○분교장 2, 3학년 2반 4명(2학년 남 1명, 3학년 남 3명)
연구 기간	2019년 3월 4일(월) ~ 2020년 2월

절차	추 진 내 용	연구 기간(월)											
		3	4	5	6	7	8	9	10	11	12	1	2
계획	학생 실태 분석	▶	▶										
	주제 선정 및 선행 자료 수집 분석	▶	▶										
	연구 과제 설계	▶	▶										
실천	교육과정 분석 및 재구성	▶	▶	▶	▶	▶	▶	▶	▶	▶	▶	▶	▶
	T·H·E 자람 프로젝트 실천과제 1, 2, 3 실천	▶	▶	▶	▶	▶	▶	▶	▶	▶	▶	▶	▶
	학생참여형 수업 연수 및 수업공개		▶	▶	▶			▶	▶	▶			
	T·H·E 자람 프로젝트 실천과제 수정 및 보완		▶	▶	▶	▶	▶	▶	▶	▶	▶	▶	▶
결과 분석 및 평가	연구 결과의 검증							▶	▶	▶			▶
	연구 보고서 작성								▶	▶			
	일반화 노력 및 문제점 보완										▶	▶	▶	▶

2. T·H·E자람 프로젝트 설계도

T·H·E자람 프로젝트로 행복한 학급 가꾸기
[생각·마음·감성]

Thinking 생각자람 | **H**eart 마음자람 | **E**motion 감성자람

행복 다지기

나를 다지는 생각	인성 가꿈으로 다지는 마음	놀이로 다지는 감성
생각 퐁퐁, 생각 쑥쑥 1인 1책 만들기 스스로 학습해요	소중한 나 알아보기 내 마음의 보석 가꾸기 감정을 알고! 나를 알고!	협동학습 놀이 소프트웨어야 놀자! 어울림 한마당

행복 가꾸기

배움으로 가꾸는 생각	꿈으로 가꾸는 마음	오감체험으로 가꾸는 감성
생각이 자라는 질문과 토론 감성깨움 질문 수업 학생참여형 수업	Dream 스케치 너의 버킷리스트는? 꿈나무로 자라요	사계절 오감 생태체험 친환경 E-co School

행복 더하기

그림책으로 자라는 생각	협동으로 자라는 마음	문화예술로 자라는 감성
천천히 온 책 읽기 도서관 나들이 우리 모두 스토리텔러	함께 자라는 우리 마을과 함께 자라요 우리 고장 탐험대	미술로 자라는 감성 너의 끼를 보여줘!

T·H·E 행복한 학급

배려, 공감, **소통**	자기존중, 책임, **협동**	감정, 감성, **예술 감수성**
자기 효능감	자기 안전감	자기 조절감
의사소통 역량	자기관리 역량	심미적 감성 역량

3. T·H·E자람 프로젝트의 교육과정 분석

실천과제 (가치 덕목)	세부 실천 주제	세부 활동	관련교과 및 재구성 주제	도입 시기	활동 시간	실시	평가 방법
【실천과제 1】 생각 자람							
나를 다지는 생각 (배려)	생각 퐁퐁, 생각 쑥쑥	보람된 하루 생활	[창체] 학급특색-나의 감정을 찾아 보아요	매주 월목	아침		
		내 생각을 펼쳐요	[창체/국어] 독서토론/독서단원	매주 화금	교과,창체		
	1인 1책 만들기	내 손으로 만드는 책	[창체] 학급특색-1인 1책 만들기	연중	아침,창체		
	스스로 학습해요	신나는 전남e학습터	[영어/사회] 자기주도적 학습 실천하기	연중	가정,틈새	◆	관찰
		매일 매일 실력을 다져요	[국어/수학/사회/영어] 받아쓰기와 낱말찾기/일일수학/비주얼씽킹 학습/단어공부	연중	가정,아침	◆	지필, 관찰
배움으로 가꾸는 생각 (공감)	생각이 자라는 질문과 토론	토론학습으로 질문깨우기	[미술/사회/도덕/국어] 작품 감상/주제학습/가치판단/토론학습	연중	교과	◆	관찰, 구술
		감성맵으로 생각 팡팡	[사회/국어] 단원 도입/단원 정리학습	연중	교과		
	감성깨움 질문수업	감성을 깨우는 질문수업	[국어] 4. 감동을 나타내요	9월 3주	교과	◆	관찰, 구술
	학생참여형 수업	토닥토닥 좋은수업실천연구 공개수업	[국어] 4. 내 마음을 편지에 담아	5월 4주	교과	◆	구술, 서술
		상상공감 학부모 공개수업	[미술] 4. 상상 속 세상	9월 1주	교과	◆	실기, 구술
그림책으로 자라는 생각 (소통)	천천히 온 책 읽기	안녕, 풀과 함께 천천히	[국어] 독서단원/3. 여러 가지 재료의 표현	연중	교과	◆	관찰, 서술
	도서관 나들이	도서관 탐험대	[국어] 독서단원-책을 읽고 생각 나누기	4월 4주	교과		
		미션~을 해결하자!	[국어] 독서단원-인상깊은 내용 정리하며 책 읽기	9월 3주	교과	◆	관찰, 서술
	우리 모두 스토리텔러	그림책 스토리텔러	[창체] 동아리-우리 모두 스토리텔러	매월 4주	아침		
【실천과제 2】 마음 자람							
인성 가꿈으로 다지는 마음 (자기 존중)	소중한 나 알아보기	나를 문장으로 적용하기?	[창체] 적응-새학년 적용하기	3월 1주	창체,아침		
		나의 장점은?	[창체/도덕] 3.아름다운 사람이 되는 길	5월 3주	교과		
		조물조물~ 나를 만들어요	[미술] 5. 관찰하여 찰흙으로 나타내기	8월 4주	교과		
	내 마음의 보석 가꾸기	반짝 반짝 보석 찾기	[창체] 나에게 필요한 보석은?	연중	아침,틈새		
		장애체험으로 마음 가꾸기	[도덕] 우리가 만드는 도덕 수업	4월 3주	교과		
		마음 튼튼 학교폭력예방 교육	[도덕] 우리가 만드는 도덕 수업	9월 3주	교과		
	감정을 알고 마음을 알고	감정 출석부로 감정 알기	[창체] 학급특색-나의 감정을 찾아 보아요	연중	아침		
		친구에게 전하는 마음	[창체] 적응-친구와 마음 전하기	연중	창체		
		하트메모판에 마음 저장	[창체] 적응-친구와 사이좋게 지내기	9월 2주	창체,틈새		
꿈으로 가꾸는 마음 (책임)	Dream 스케치	하고 싶은 일이 뭘까?	[창체] 진로체험주간-진로탐색하기	5월 2주	창체	◆	관찰, 서술
	너의 버킷리스트는?	버킷리스트 만들기	[창체] 진로-나의 꿈과 버킷리스트	3월 3주	창체		
	꿈나무로 자라요	진로인식 꿈나무 프로그램	[도덕] 우리의 꿈이 자라는 세상	4월 3주	교과		
협동으로 자라는 마음 (협동)	함께 자라는 우리	다모임 활동으로 뜻을 모아요	[창체] 동아리/자치-다모임 활동	연중	창체		
	마을과 함께 자라요	함께 만드는 자율동아리	[방과후] 자율동아리-나도 사진 작가	매주 화	방과후		
		가즈아~ 경로당으로	[창체] 봉사활동-환경정화 활동/위문공연	5월 3주	창체		
		마을 정화 봉사활동	[창체] 봉사활동-환경정화 활동	6월 1주	창체		
	우리 고장 탐험대	느끼자! 고장의 문화	[창체/사회] 동아리-더자람 프로젝트/1.우리 고장의 모습	5월 4주	창체,교과		
		배우자! 고장의 역사	[사회] 2. 우리가 알아보는 고장 이야기	5월 5주	교과	◆	관찰 보고서
		지키자! 고장의 안전	[도덕/체육/창체] 우리가 만드는 도덕수업/안전교육/어촌형 생태교육	6월 3주	교과,창체		
【실천과제 3】 감성 자람							
놀이로 다지는 감성 (감정)	협동학습놀이	주인공 책갈피 놀이	[국어] 독서단원-책 읽고 생각 나누기	6월 4주	교과		
		자연과 함께 놀아요	[창체] 지속발전가능교육-환경사랑 실천	9월 2주	창체		
		도미노로 만드는 세상	[체육] 4. 표현-공간을 이용해 움직임 표현하기	9월 4주	교과		
	소프트웨어야 놀자!	SW 체험학습	[수학/창체] 교과창의활동/SW교육-언플러그드, 코딩, 로봇체험	6월 3주, 10월 2주	교과,창체	◆	관찰, 실기
	어울림 한마당	마을과 어울림 한마당	[체육] 3. 도전-달리기 동작 익히고 도전하기	5월 1주	교과	◆	관찰, 실기
오감체험으로 가꾸는 감성 (감성)	사계절 오감 생태체험	봄 마중 생태체험	[국어/미술] 교과창의 활동/1.온몸으로 느끼는 세상	4월 4주	교과		
		여름나기 생태체험	[국어/음악] 9.어떤 내용일까?/노래 부르며 놀이하기	6월 4주	교과	◆	구술, 서술
		가을걷이 생태체험	[국어/사회] 가을걷이를 체험하며 느낀 점 말하기/자연 환경과 식생활 체험하기	10월 5주	교과		서술
	친환경 E-co School	찾아가는 환경교육	[사회] 교과창의-지속발전가능교육	7월 9월 2주	교과		
		도담 텃밭과 화단 가꾸기	[창체] 지속가능교육-도담 텃밭 꽃밭 가꾸기	4월1주, 매주	창체		
문화예술로 자라는 감성 (예술감수성)	미술로 자라는 감성	자연으로 도란도란	[미술] 3. 사진을 찍어요	6월 3주	교과	◆	관찰, 실기
		명화로 만나는 감성	[미술] 11. 미술 작품과 미술가 탐구하기	3월 7월 3주	교과	◆	관찰, 실기
		우리 손으로 그리는 벽화	[미술/창체] 2. 선명색의 만남/벽화 프로젝트	4월 2주	교과,창체	◆	관찰, 실기
	너의 끼를 보여줘!	제 빛깔 발표회	[창체] 자치-제 빛깔 발표회 참여하기	7월 3주	창체		
		어울림 학예 축제	[창체] 적응-어울림 학예 축제 참여하기	10월 4주	창체		

IV. T·H·E 자람 프로젝트 실행하기

실천과제 1 — 생각자람

자기효능감
의사소통 역량

자신의 생각을 표현하기 위해 글쓰기와 스스로 학습하는 습관 기르기로 밑다짐을 하고, 토론 활동과 감성깨움 질문수업을 전개하여 **학생참여형 수업**과 **배움중심 수업을 실천**하며 무기력감과 **자기효능감을 향상**하고자 한다. 그림책 읽기 활동으로 생각을 깨우고 스토리텔러가 되어 친구와 가족과 함께 소통하고 공감할 수 있는 **의사소통 역량**[1]을 길러주어 **생각이 함께 자라는 아이들**로 가꾸어 가고자 한다.

나를 다지는 생각	배움으로 가꾸는 생각	그림책으로 자라는 생각
생각을 펼치고 스스로 학습하며 나를 다져요	질문과 토론으로 생각을 깨우고 배움을 가꾸어요	천천히 온 책 읽기로 생각을 키우고 그림책과 함께 소통해요

실천과제 (인성덕목)	세부 실천 주제	세부 활동	관련교과 및 재구성 주제	도입 시기	활동 시간	과정중심평가 실시	과정중심평가 평가 방법
나를 다지는 생각 **배려**	생각 풍풍, 생각 쑥쑥	보람된 하루 생활	[창체]학특-나의 감정을 찾아보아요	매주 월목	아침		
		내 생각을 펼쳐요	[창체/국어]독서토론/독서단원	매주 화금	교과,창체		
	1인 1책 만들기	내 손으로 만드는 책	[창체]학특-1인 1책 만들기	연중	아침,창체		
	스스로 학습해요	신나는 전남e학습터	[영어/사회]자기주도적 학습 실천하기	연중	가정,틈새	♦	관찰
		매일 매일 실력을 다져요	[국어/수학/사회/영어]받아쓰기와 낱말찾기/일일수학/비주얼씽킹 학습/단어공부	연중	가정,아침	♦	지필, 관찰
배움으로 가꾸는 생각 **공감**	생각이 자라는 질문과 토론	토론학습으로 질문깨우기	[미술/사회/도덕/국어]작품감상/주제학습/가치 판단/질문 토론학습	연중	교과	♦	관찰, 구술
		감성맵으로 생각 팡팡	[사회/국어]단원 도입/단원 정리학습	연중	교과		
	감성깨움 질문 수업	감성을 깨우는 질문수업	[국어]4. 감동을 나타내요	9월 3주	교과	♦	관찰, 구술
	학생참여형 수업	토닥토닥 좋은수업실천연구 공개수업	[국어]4. 내 마음을 편지에 담아	5월 4주	교과	♦	구술, 서술
		상상공감 학부모 공개수업	[미술]4. 상상 속 세상	9월 1주	교과	♦	실기, 구술
그림책으로 자라는 생각 **소통**	천천히 온 책 읽기	안녕, 풀과 함께 천천히	[국어/미술]독서단원/3.여러 가지 재료의 표현	연중	교과	♦	관찰, 서술
	도서관 나들이	도서관 탐험대	[국어]독서단원-책을 읽고 생각 나누기	4월 4주	교과		
		미션~을 해결하자!	[국어]독서단원-인상깊은 내용 정리하며 책 읽기	9월 3주	교과	♦	관찰, 서술
	우리 모두 스토리텔러	그림책 스토리텔러	[창체]동아리-우리 모두 스토리텔러	매월 4주	아침		

Thinking 생각자람 활동으로 기대해요

- ☺ 자신의 생각을 펼치고 스스로 학습하며 나를 다져가요!
- ☺ 질문과 토론으로 생각과 감성을 깨우고 함께 공감하며 배움을 가꾸어요!
- ☺ 그림책으로 천천히 생각을 키우고 친구와 소통하며 생각을 나누어요!

---

1) 2015 개정교육과정. 다양한 상황에서 자신의 생각과 감정을 효과적으로 표현하고 다른 사람의 의견을 **경청**하며 존중하는 능력

목표	내 생각을 일기와 여러 가지 독후 활동으로 표현하며 **생각**을 펼쳐나갈 수 있다.

1. 보람된 하루 생활 　[창체] 학급특색-나의 감정을 찾아보아요 　매주 월, 목

• 우리 반 아이들은 글쓰기를 싫어한다. 자신의 생각을 말로 표현하는 습관이 있어 적절한 낱말을 생각하여 글로 표현하기를 어려워한다. 아침활동 시간에 지난날의 하루를 찬찬히 되돌아보며 자신이 관찰한 것이 무엇인지, 활동했던 것들은 무엇인지, 느꼈던 감정은 어떤 감정이었는지를 써 보았다. • 처음에는 반복되는 낱말들로만 일기를 채워갔다. 일기의 내용과 양도 적었다. 매주 2번 하루 생활을 주제를 정해서 쓰는 주제일기, 사물이나 사람 등을 관찰해서 쓰는 관찰 일기, 긍정적인 감정과 부정적인 감정의 단어를 적어놓은 감정 일기를 번갈아 가며 써 나갔다. • 가장 많이 하는 질문이 "선생님, 몇 줄까지 써야 되나요?" "가득 채워야 하나요?"이다. 2학기가 되어서는 이제 제법 하루의 생활을 이어지는 낱말로 연결하여 일기를 써 가고 있다. 아직은 완벽하지는 않지만 3월의 첫 일기와 비교하면 하루 생활을 찬찬히 되돌아보는 습관과 여러 가지 낱말을 이용해 일기를 써 가며 **보람된 하루 생활**을 하는 모습을 보여주고 있다.

T·H·E 생각자람 활동

▲ 주제 일기　　　　　▲ 관찰 일기　　　　　▲ 감정 일기

2. 내 생각을 펼쳐요 　[창체/국어] 독서토론-독서단원 　매주 화, 금

• 아이들이 일기만큼 싫어하는 것이 독서록 쓰기이다. 그렇다고 독서를 싫어하지는 않는다. 아침에 등교하면 학교 도서실로 가서 책을 읽는 습관은 잘 형성되어 있다. 그럼 무엇이 문제일까? 3주 정도 관찰해보니 책을 읽기는 하지만 주로 만화 형식의 책을 읽고 있었다. 그리고 또 하나 책을 읽고 난 후의 느낌이나 생각을 쓰는 독후 활동을 전혀 하지 않았었다. 그래서 매주 화요일과 금요일 아침활동으로 독서록 쓰기를 했다. 물론 처음부터 글로 다 채워가는 독서록이 아닌 인상 깊었던 장면과 까닭 쓰기, 4컷 만화 그리기 등부터 시작해서 이제는 좀더 발전하여 **자신의 생각과 느낌을 펼쳐가며** 글을 쓰고 있다.

▲ 그림책 속으로 풍덩 게시판　▲ 4컷 만화 그리기　▲ 그림책 속으로 풍덩 글쓰기　▲ 생각그물

행복 나누기	☺ "선생님, 감정을 생각하며 일기를 쓰니 재미있어요." -김○○- ☺ 매주 일기와 독서록을 쓰니 글 쓰기가 좀더 쉬워지는 것 같다. -민○○-	아이들의 등교가 늦은 편이라 아침 활동이 잘 이루어지지 않는다. 시간도 많이 걸린다. 하지만 매일 꾸준하게 하다 보면 점차 나아지겠지? 생각하며 미소 지어 본다.

목표 나의 기록물을 **성실**하게 모아 내 손으로 책을 만들어 일 년의 **추억**을 만들 수 있다.

1. 내 손으로 만드는 책

[창체] 학급특색-1인 1책 만들기 | 연중

- 나의 기록물을 모아 책으로 만드는 활동은 보람된 일이다. 3월부터 종업식을 할 때까지의 일년 동안의 자신의 기록 등을 모아서 책으로 제본하여 <1인 1책 만들기>를 학급특색활동으로 하고 있다.
- <1인 1책>은 알토란처럼 영글어가는 우리들(활동 사진), 보람된 하루 생활(일기), 내 생각을 펼쳐요(독서록), 즐겁게 활동했어요(체험학습지, 학급경영 활동지, 교과학습지 등) 4개의 섹션으로 나누어 선생님이 쓰는 편지와 친구들이 쓰는 편지를 넣어 구성한다.
- 새 학기를 시작하며, 1학기를 마치며, 2학기를 시작하며, 학년을 마치며 활동을 통해 새학기에 다짐하기를 학기 말에는 한 학기 되돌아보기를 한다. 작년에 이루지 못했던 일들이 계속해서 이루어지지 않는다는 부정적인 감정을 없애 새학기가 시작하면 다시 시작할 수 있는 희망이 있음을 스스로가 느끼고 생각할 수 있도록 하기 위해서다. 물론 새롭게 다짐하기만 하는 것이 아니라 자신의 행동과 말에서 고쳐나가야 할 점을 찾아내도록 한다. 거창하게 고쳐나가는 것이 아닌 실생활 속에서 실천 가능한 구체적인 것들을 하나, 둘 적도록 하였다.
- 1년 뒤의 나에 모습을 생각하며 <타임캡슐 편지쓰기>, <5개월 뒤의 나에게 보내는 편지 쓰기> 활동으로 자신이 다짐한 것들을 약속대로 잘 지키는 모습을 상상하며 글을 써 가며 **자신의 기록물을 모아가고 있다.**

T·H·E 생각자람 활동

▲ 1인 1책

▲ 1인 1책 차례

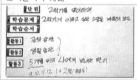
▲ 2학기를 맞이하며 판서

▲ 2학기 맞이하며 글 쓰기 모습

▲ 2학기를 시작하며 글 쓰기

▲ 5개월 뒤의 나에게 보내는 편지

행복 나누기 어느새 <1인 1책 만들기> 활동도 1년이 넘어서고 있다. 처음에는 아이들의 기록물을 모으는 일이 쉽지 않았었다. 선생님이 부지런히 책으로 제본할 수 있게 A4종이에 맞춰 학습지를 만들어 놓아야 했다. 이제는 만들어 놓은 학습지 양식에 맞춰 학년 수준에 맞게 뚝딱 뚝딱~~ 수정해서 아이들에게 나누어 준다. 과정은 좀 힘들어도 학년말에 제본되어 나온 <1인 1책>을 넘겨보며 한해를 되돌아보는 느끼는 뭉클함~을 위해서 책 만들기는 쭉~쭉~~진행할 것이다.

목표

기초학습을 튼튼하게 하기 위해 스스로 학습하는 **습관**을 길러 **자기주도적 학습**을 실천할 수 있다.

1. 신나는 전남e학습터　　[영어/사회/과학] 자기주도적 학습 실천하기　연중　과정중심평가

▪스스로 학습하는 습관을 길러 주기 위해 전남e학습터를 운영하였다. 1학기에는 영어와 사회 2개 교과를 개설하여 매주 학습해야 하는 차시량을 주간학습안내에 제시하여 꾸준하게 활동하도록 하였다. 지리적 특성상 시내 학원에 다니기 힘들고 하교 후, 주말동안의 여가 시간이 많은 우리 반에게 전남e학습터는 좋은 학습컨텐츠였다. 3학년 3명 모두 사회 100%, 영어 100% 이수율로 학급이수증을 받았다. 2학기에는 아이들의 요구로 사회와 과학 교과로 운영하며 가정에서 **스스로 학습**해 나가고 있다.

▲ 1학기 전남e학습터 이수증

2. 매일 매일 실력을 다져요　　[국어/수학/사회/영어] 기초학습 튼튼　연중　과정중심평가

▪ 아침열기 단계를 게시판에 부착하여 해야 할 일들을 스스로 하게 했다. ▪ 자신의 생각을 말로 표현한 후 글쓰기를 하면서 맞춤법과 띄어쓰기가 전혀 되지 않는 문제를 발견했다. 받아쓰기 급수장을 만들어 매일 받아쓰기 공책에 두 번씩 쓰고 매주 금요일에는 시험을 봤다. 그 다음에는 추가로 일일수학을 1장씩 매일 풀면서 기초연산 실력을 쌓았다.▪ 영어는 필수 단어를 익히기 위해 영어 단어 급수장, 사회는 비주얼씽킹 학습장을 만들어 정리학습에, 국어는 낱말 찾기 학습장으로 우리 반에게 부족한 어휘력과 표현력을, 한자랑 경필이랑 학습장으로 바른 글씨와 필수 한자를 **매일 꾸준하게 학습**하며 실력을 다져갔다.

영어 필수 단어 익히기　　한자랑 경필이랑 익히기

비주얼씽킹으로 사회 복습하기　　낱말찾기를 통한 어휘력, 표현력 쑥쑥!!

▲ 아침열기 단계 게시판

▲ 나의 알찬 여름방학 계획

▲ 스스로 학습해요 '칭찬스티커판'

행복 나누기

😊 "전남 e학습터에서 모르는 부분은 영상을 보며 계속 들을 수 있어요 좋아요" -김◇◇-

😊 매일 숙제를 해가면 선생님께서 동그라미를 2개 주신다. 동그라미를 5개 모으면 스티커 1개를 받아서 스티커판에 붙인다. 스티커를 많이 모아서 선생님께 선물을 빨리 받고 싶다. -민○○-

도시와 떨어진 작은 어촌에 사는 우리 반 아이들은 하교 후 집에서 게임으로 시간을 보내고 있다. 그래서 교실에서도 게임이야기를 가장 많이 하고 있다. 게임 시간도 줄이고 스스로 학습하는 습관을 위해 매일 30분이면 시간 정도 시기에 해결할 수 있는 퀴즈를 수고 있다. 저음에는 힘들어 했지만 11월이 된 지금은 깜박 잊고 과제를 주지 않으면 아이들이 달라고 한다. 습관이란게 참 무섭구나.^^

목표	질문과 토론 학습을 통해 서로의 생각을 나누고 감성맵으로 **생각**을 키우고 **감성**을 깨울 수 있다.

1. 토론학습으로 질문깨우기   [미술/사회/도덕/국어] 질문 토론학습   연중   과정중심평가

- 토론학습을 위해 먼저 경청하는 자세, 2단 논법으로 말하는 방법을 익혀 토론학습의 밑다짐을 하였다.
- 자신의 생각을 자신있게 표현하는 방법으로 토론학습이 효과적이다. 저학년 특성상 깊은 토론이 아닌 자신의 생각을 붙임종이에 써서 다른 사람의 생각도 알아보며 생각들을 분류하고 정리하는 '브레인 라이팅 토론'을 사회, 도덕, 국어 교과에 적용하여 토론학습을 이끌어 갔다.
- 국어시간에는 단원에 나오는 이야기를 읽고 질문 만들기 활동을 했다. 사실 질문, 생각 질문, 마음 질문으로 나누어 붙임종이에 질문을 만들고 서로 묻고 답하는 활동으로 질문 깨우기를 했다. 질문과 토론학습으로 아이들이 서로의 생각도 알게 되고 **자신의 생각도 자신있게 표현**하게 되었다.

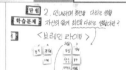

▲ 도덕-브레인라이팅 토론

▲ 국어-책에서 질문만들기

2 감성맵으로 생각 팡팡   [사회/국어] 단원도입/단원 정리학습   연중

- 지식을 전달하는 수업이 아닌 학생들의 감성을 깨우는 수업을 위해 전문적학습공체에서 '감성깨움 레시피'를 고안하고 있다. 감성맵을 개발하여 사고 과정에 따른 학습정리 방안을 마련하였다. • 학생들의 사고과정의 도식화를 위한 씽킹맵을 감성적으로 접근하여 플라워맵(정의), 나무맵(묘사), 두나무맵(비교대조), 하우스맵(분류), 울타리맵(순서), 나비맵(원인결과), 잎사귀맵(유추) 등 7가지를 개발하였다. 플라워맵은 국어와 사회 등 단원 도입에 활용하고, 두나무맵과 하우스 맵은 사회 단원 정리학습에 활용하였다. • 감성맵을 활용하여 생각을 확장하고 알게 된 것들을 조직화하며 사고하는 방법을 익히면서 아이들의 생각이 팡팡~~~커져가며 더불어 나무, 잎사귀, 꽃, 울타리, 나비, 집이 모여 가든(정원)을 만들어 가면서 **감성도 깨우게 되었다.**

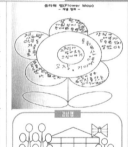

▲ 감성맵 학습지

T·H·E 생각자람 활동

🌹 **학교 밖 전문적학습공동체**
• <감성깨움>을 팀명으로 한 달에 2번씩 감성맵을 개발하고 질문수업으로 감성을 깨우는 배움중심 학습방법의 교수학습개발을 위한 자료와 수업방법을 연구하고 있다.

감성깨움 레시피 동아리 활동 모습

감성깨움 수업 레시피 문제상황

행복 나누기	😊 브레인 라이팅으로 내 생각을 적고 선생님과 함께 분류하며 반 친구들의 생각을 알아보는 활동이 재미있습니다. -김○○-	소인수 학급에서 토론활동을 하기가 쉽지 않다. 많은 의견이 나오지는 않아도 아이들은 토론 활동을 참 좋아한다. 감성맵도 저학년에게 적용하니 쉽게 이해하는 것 같아 다행이다.

목표 감성깨움 질문수업으로 서로의 의견을 **존중**하고 감성을 깨우며 **배움중심 수업**을 실천할 수 있다.

1. 감성을 깨우는 질문 수업 　[국어] 4. 감동을 나타내요　9월 3주　과정중심평가

▪ 질문수업으로 감성을 깨우는 배움중심 수업으로 교수학습을 설계하였다. 2학년과 3학년 국어 교과의 '이야기를 읽고 생각이나 느낌 표현하기'를 주제로 통합하였다. ▪ 이야기는 '천천히 온 책 읽기'로 선정한 '안녕, 폴'이다. 아침시간을 이용해 자유롭게 읽은 후 '질문카드'에 스스로 질문을 만들고 답을 적어 질문지통에 넣도록 사전 학습을 안내하였다. ▪ 본 수업에서는 질문지통에서 질문카드를 꺼내어 회전목마 토론으로 활동하였다. 이야기 속 사건의 흐름 파악은 문장 카드를 보고 협동하여 이야기 순서를 알아가도록 하고, 안녕, 폴을 살펴보며 감각적인 표현을 찾아 붙임 종이에 적도록 하였다. ▪ 아이들의 감성을 깨우기 위해 '인물 책갈피' 표현하기를 했다. 주인공 폴과 이언에게 하고 싶은 말이나 느꼈던 점 또는 감동받은 문장을 책 갈피에 적었다. ▪ 안녕, 폴의 이야기를 통해 남극기지의 요리사인 이언이 폴에게 베풀어준 따뜻한 온정과 펭귄알을 부화시키기 위해 혼자서 애쓰는 모습을 보며 지구온난화의 심각성과 환경파괴의 위험성도 알게 되었으며 감성깨움 질문수업으로 **배움중심 수업을 실천**하게 되었다.

일시	2019. 9. 19. 목	대상	2,3-2	장소	2,3-2교실	지도교사	○○○
단원	2-2-7. 일이 일어난 차례를 살펴요　3-2-4. 감동을 나타내요					차시	8/10, 8/10
성취기준	문학(2국05-02) 인물의 모습, 행동, 마음을 상상하며 그림책, 시나 노래, 이야기를 감상한다. 문학(4국05-05) 재미나 감동을 느끼며 작품을 즐겨 감상하는 태도를 지닌다.					교과서	국어
학습주제	○ 이야기를 읽고 생각이나 느낌 표현하기					학습모형	반응중심
학습목표	○ 이야기를 읽고 생각이나 느낌을 표현할 수 있다.					학습유형	감성깨움
교수·학습자료	○ 붙임종이, PPT, 질문 통, 보드판, 책갈피(크래프트지, 마끈), 그림책 <안녕, 폴>						
사전학습	○ 그림책 <안녕, 폴> 읽기, 질문 카드에 질문 만들기						

단계(4용)	학습요소	교수·학습 활동	자료(재) 및 유의점(유)
반응 준비 하기 (5')	동기유발 학습문제 확인 학습활동 안내	▪ **동기유발 하기** ○ 지금까지 읽었던 이야기 가운데 가장 재미있거나 감동 깊었던 이야기는 무엇이었나요? ▪ **학습문제 파악하기** 　이야기를 읽고 생각이나 느낌을 표현해 보자. ▪ 학습활동 안내하기 <활동1> 이야기 감상하기 <활동2> 생각과 느낌 표현하기	유 이야기에서 인상깊었던 내용을 말하도록 유도한다. 재 <안녕, 폴> 그림책
반응 형성 하기 (15')	이야기 감상하기 이야기 흐름 알기	(활동1) 이야기 감상하기 ▪ 이야기 내용 파악하기 【질문수업】 ○ <안녕, 폴> 이야기를 살펴볼까요? 이야기를 읽고 만든 질문으로 내용을 알아봅시다. – 질문 통에서 사전학습으로 만든 질문 카드를 돌아가면서 뽑고 질문에 돌아가면서 답한다. ▪ 이야기 속 사건 흐름 알기 【협동학습】 ○ <안녕, 폴> 이야기의 순서를 알아보아요. 선생님이 나눠 준 문장 카드를 친구들과 이야기 나누면서 사건의 흐름에 따라 놓아보세요.	재 질문 통, 질문카드 유 사전학습으로 제시한 질문카드 내용이 중복되는지 교사가 미리 살펴본다. 재 문장 카드, 보드판
반응 명료화 하기 (15')	인물 책갈피 만들기	(활동2) 생각이나 느낌 표현하기 ▪ 이야기에서 재미있거나 감동받은 부분 말하기 ○ <안녕, 폴> 에서 재미있거나 감동받은 부분을 친구들과 이야기해 봅시다. ▪ 이야기를 읽고 생각이나 느낌 표현하기 ○<안녕, 폴>에 나오는 등장인물에게 하고 싶은 말을 적어 '인물 책갈피'로 표현해 보아요. ◆ 평가 준거: 이야기를 읽고 생각이나 느낌을 표현하는가? ◆ 평가 방법: 관찰 평가, 자기 평가 ◆ 평가 상의 유의점: 이야기에서 감동받은 부분에 대한 자신의 생각이나 느낌을 말로 표현하고, 책갈피를 만들기로 표현할 수 있는지 관찰하며 평가한다.	재 크래프트지, 스티커, 색연필, 사인펜 유 잔잔한 음악을 들려주어 집중할 수 있도록 한다.

1.질문수업-회전목마 토론　2. 협동하여 이야기 흐름 찾기　3. 감각적 표현 찾기　4.인물 책갈피 만들기

행복 나누기 ☺ "교과서가 아닌 그림책을 활용하여 흥미를 유발하고 그림책으로 학습문제를 도달할 수 있는 다양한 활동들이 이루어져 아이들의 활동이 활발하게 일어나는 수업이었습니다." –박○○ 선생님

목표　학생 활동 중심과 상상 표현 활동으로 수업을 디자인하여 **공감 능력과 대인관계능력**을 함양할 수 있는 **학생참여형 수업**을 실천할 수 있다.

1. 토닥토닥 좋은수업실천연구 공개수업　[국어] 4. 내 마음을 편지에 담아　5월 4주　| 과정중심평가

▪ '마음을 담아 편지 쓰기'를 주제로 내가 썼던 편지를 살펴본 후 자신감 없는 '나'에게 마음을 담아 편지 쓰기를 했다. 나에게 쓴 편지를 읽고 나서 토닥토닥 스티커를 친구들이 붙여주며 서로의 마음을 나누며 **학생참여형 수업으로 감성깨움 수업**을 참여했다.

1. 동기유발-브레인라이팅 토론

2. 편지 쓴 경험 나누기

3. 나에게 편지쓰기 (토닥토닥 스티커)

4. 나에게 쓴 편지 읽기

T·H·E 생각자람 활동

2. 상상공감 학부모 공개수업　[미술] 4. 상상 속 세상　9월 1주　| 과정중심평가

▪ 학부모와 함께 공감하고 학생이 적극적으로 참여하는 수업을 이끌기 위해 '상상하여 새롭게 표현하기'를 주제 통합으로 진행했다. ▪ 동기유발에서 사람 찾기, 초현실주의 작품을 감상하며 숨겨진 부분의 그림 맞추기, 흰 박스 부분에 새롭게 그려 넣기의 활동을 **학부모와 함께 소통**하며, 아이들은 **상상력을 발휘**하여 표현하고 감상하며 **학생참여형 수업**을 활동했다.

그림 속 사람은 모두 몇 명일까요?

1. 동기유발(사람 찾기)　2. 초현실주의 작품 탐색하기
3. 상상하여 그리기　4. 작품 감상하기

행복 나누기　😊 "브레인라이팅, 토닥토닥 스티커 붙이기 등 수업 속에 인성부분이 녹아져 있어 참 좋았습니다." -남○○ 선생님- 😊 "감성수업이 어떤 것인지 알게 된 수업이었습니다. 학습자의 특성 하나 하나를 다 고려하여 마음을 전달하기 수업을 이끌어 나가는 모습과 자연스럽게 동화되어 가는 학생들의 모습이 인상적이었습니다. -김○○ 선생님-

| 목표 | 한 권의 그림책으로 천천히 읽으며 **깊게 생각**하고 함께 탐색하며 생각을 키울 수 있다. |

1. 안녕, 폴과 함께 천천히   [국어/미술] 독서단원/3. 여러 가지 재료의 표현   연중   과정중심평가

T·H·E 생각자람 활동

▪ 천천히 온 책 읽기 도서로 '안녕, 폴'을 선정해 학급 도서로 4권 구입하여 천천히 읽기를 시작했다. '안녕, 폴'은 그림책 작가 센우의 글과 그림으로 남극기지의 요리사 이언과 아기 펭귄 폴이 친구가 되어 버려진 펭귄 알들을 부화시키고, 모두가 행복한 남극을 만들어가는 재미난 이야기를 독특하고 다양한 표현 기법을 통해 정성스럽게 담아낸 그림책이다. ▪ 그림책을 읽고 질문카드를 이용해 질문을 만들고 묻고 답하는 질문놀이를 했다. 그 다음으로 국어 공개 수업 시간에 '인물 책갈피'를 만들며 주인공의 마음을 헤아려 봤다. ▪ 미술시간에는 가장 인상적인 장면을 협동하여 '콜라주'로 표현하며 **안녕, 폴을 천천히 읽어 갔다.**

 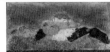 

▲ 안녕 폴 읽고 질문 만들기   ▲ 미술-콜라주로 표현하기   ▲ 국어-인물 책갈피   ▲ 인상 깊은 장면 그리기

| 행복 나누기 | 😊 "안녕, 폴을 읽고 책갈피도 만들고, 그림도 그리고, 친구들과 협동해서 미술 시간에 콜라주로 만들어서 재미있었고 폴과 친해진 것 같은 마음이 들었어요." -김◇◇- |

Thinking 생각자람 **1-3** 그림책으로 자라는 생각 | 도서관 나들이

| 목표 | 도서관 나들이를 통해 도서관 이용방법과 활용방법을 익히고 미션 해결을 위해 서로 **협동**하는 마음을 기를 수 있다. |

1. 도서관 탐험대   [국어] 독서단원-책을 읽고 생각 나누기   4월 3주

T·H·E 생각자람 활동

▪ 1학기 도서관 체험학습으로 ○○도서관을 갔다. 집 주변에는 도서관이 없기 때문에 본 교에서는 1년에 2회 도서관 체험학습을 실시하여 학생들이 도서관을 탐색하고 이용할 수 있도록 도서관 이용교육을 하고 있다. ▪ 도서관으로 들어가 종합자료실, 자료검색대, 열람실 등을 살펴보고 직접 손으로 신청서를 쓰고 사진을 찍어 '도서대출증'도 만들었다.

▲ 종합자료실   ▲ 도서대출증 만들기   ▲ 자료검색대에서 도서 찾기   ▲ 자유롭게 책 읽기

2. 미션~을 해결하자!   [국어] 독서단원-인상깊은 내용 정리하기   9월 3주   과정중심평가

▪ 1학기 때 도서관 탐방을 했기에 2학기에는 도서관에서 미션해결하기를 했다. 한국의 도서관에서 사용하는 KBC(한국십진분류표)의 분류기호를 알아보는 '도서관 추적놀이'와 책에 나오는 낱말을 찾아보고, 그 낱말을 넣어 짧은 글을 써 보는 '책 놀이터에서 책과 신나게 놀아요' 2개의 미션을 해결하기 위해 자료 검색대도 이용하고 혼자서 찾기 힘든 부분을 **친구와 함께 도**와가며 미션을 해결해 나갔다.

▲ 도서관 들어가기   ▲ 도서관 미션 받기   ▲ 미션 해결하기   ▲ 미션 쓰기   ▲ 노서관 미션 학습시

| 행복 나누기 | 😊 "학교 도서실은 작은데 ○○도서관은 커서 신기해어요." -장○○-   😊 "도서관에서 선생님께서 내주신 미션을 해결하니 재미있었고 모르는 것은 친구가 도와주니 좋았어요." -미○○- |

생각자람
Thinking

1-3   그림책으로 자라는 생각 | 우리 모두 스토리텔러 |

목표   그림책 읽기 활동으로 그림책에 흥미를 갖고 서로의 생각을 나누고 느낌을 표현하는 활동으로 **의사소통 능력을** 신장할 수 있다.

1. 그림책 스토리텔러   [창체] 동아리-우리 모두 스토리텔러   매월 4주

▪ '우리 모두 스토리텔러'를 이름으로 매월 4주 동아리 시간을 이용해 분교 아이들과 그림책 읽기 시간을 갖는다. 그림책은 시기와 계절에 알맞은 주제의 그림책으로 정한다. 선생님이 그림책을 읽어 준 후 그림책에 대한 느낀 점이나 알게 된 점을 서로 이야기 나눈 다음 붙임 종이에 각자 적은 후 소감 게시판에 부착하여 **소통하며 공감하는 시간을** 가졌다. ▪ 비가 내리는 날에 <노란 우산> 그림책을 음악에 맞춰 들으며 감상한 후 노란우산의 장면 따라하기를 했다. 책의 장면을 따라하면서 <노란 우산> 그림책을 더 잘 이해하게 되었고 색다른 경험을 할 수 있었다. ▪ <행복한 미술관> 그림책 읽기에서는 주인공인 나와 형이 재미있게 했던 미술놀이를 했다. 두 사람이 짝을 지어 다른 색사인펜으로 번갈아가며 그림을 이어 그리면서 **상상의 나래도 펼쳐보았다.** ▪ 아프리카 돼지열병으로 심각한 상황이 계속되었던 가을에는 <돼지 이야기> 그림책을 읽으며 열악한 환경에서 사육되다 병에 걸려 폐사되는 운명의 돼지들의 이야기에서 생명존중과 안타까운 현실에 대해 진지하게 생각해 보며 **의사소통 능력을** 키워갔다.

T·H·E   **생각자람 활동**

▲ 노란우산 소감 게시판   ▲ 게시판 감상하기

▲ 노란우산 따라하기

▲ 노란우산 느낀 점

▲ 느낀 점 붙이기

▲ 생각 나누기

▲ 삐약이 엄마 판서와 소감 게시판

▲ 행복한 미술관 게시판

▲ 미술놀이 따라하기

▲ 친구와 함께 한 미술놀이 작품

▲ 선생님 스토리텔러

▲ 스토리텔러 독서대

▲ 돼지책 게시판

행복 나누기

😊 "선생님께서 이번 주에는 어떤 그림책을 읽어주실지 궁금해요." -장OO-

😊 "그림책을 읽고 그림도 그리고 그림책 따라하기를 하면 더 재미있어요." -윤OO-

그림책은 문학과 미술이 들어있는 종합예술이다. 그림책을 읽고 생각을 나누는 시간이 참 좋다. 내가 인상깊었던 장면과 아이들이 인상 깊었던 장면이 같기도 하고 다르기도 하다. 서로의 생각과 느낌을 나누며 소통하고 공감하며 정도 깊어가는 것 같다.

실천과제 2 ── 마음자람

자기안전감

자기관리 역량

바른 인성을 기르기 위해서는 자기 자신에 대한 올바른 이해가 필요하다. 자기 자신에 대해 긍정적으로 바라보며 소중한 존재로 여겨야 타인의 존재도 존중하며 소중하게 생각하는 활동으로 **자기 안전감**을 향상하고자 한다. 꿈 가꾸기 활동으로 다양한 진로체험을 하며 장래희망에 대한 긍정적인 진로의식을 가꾸어가며, **학생 중심 학교 문화**를 조성하기 위해 자율적이며 자발적인 자치활동으로 지역사회와 함께하며 더불어 살아가는 공동체 의식과 **협동**하며 **자기관리 역량**[2]을 길러주어 **마음이 자라는 아이들**로 가꾸어 가고자 한다.

인성가꿈으로 다지는 마음	꿈으로 가꾸는 마음	협동으로 가꾸는 마음
나를 이해하며 자기 존중감을 길러요	꿈과 희망을 가꾸어 마음을 키워요	협동과 봉사로 스스로 함께 자라요

실천과제 (인성덕목)	세부 실천 주제	세부 활동	관련교과 및 재구성 주제	도입 시기	활동 시간	과정중심평가 실시	평가 방법
인성가꿈으로 다지는 마음 자기 존중	소중한 나 알아보기	나를 문장으로?	[창체]적응-새학년 적응하기	3월 1주	창체,아침		
		나의 장점은?	[도덕]3.아름다운 사람이 되는 길	5월 3주	교과		
		조물조물~ 나를 만들어요	[미술]5. 관찰하여 찰흙으로 나타내기	8월 4주	교과		
	내 마음의 보석 가꾸기	반짝 반짝 보석 찾기	[창체]나에게 필요한 보석은?	연중	아침,틈새		
		장애체험으로 마음 가꾸기	[도덕]우리가 만드는 도덕 수업	4월 3주	교과		
		마음 튼튼! 학교폭력예방 교육	[도덕]우리가 만드는 도덕 수업	9월 3주	교과		
	감정을 알고 마음을 알고	감정 출석부로 감정 알기	[창체]학특-나의 감정을 찾아보아요	연중	아침		
		친구에게 전하는 마음	[창체]적응-친구에게 마음 전하기	연중	창체		
		하트메모판에 마음 저장	[창체]적응-친구와 사이좋게 지내기	9월 2주	창체, 틈새		
꿈으로 가꾸는 마음 책임	Dream 스케치	하고 싶은 일이 뭘까?	[창체]진로체험주간-진로탐색하기	5월 2주	창체	◆	관찰, 서술
	너의 버킷리스트는?	버킷리스트 만들기	[창체] 진로-나의 꿈과 버킷리스트	3월 3주	창체		
	꿈나무로 자라요	진로인식 꿈나무 프로그램	[도덕] 우리의 꿈이 자라는 세상	4월 3주	교과		
협동으로 자라는 마음 협동	함께 자라는 우리	다모임 활동으로 뜻을 모아요	[창체]동아리/자치-다모임 활동	연중	창체		
		함께 만드는 자율동아리	[방과후]자율동아리-나도 사진 작가	매주 화	방과후		
	마을과 함께 자라요	가즈아~경로당으로	[창체] 봉사활동-환경정화 활동/위문공연	5월 3주	창체		
		마을 정화 봉사활동	[창체] 봉사활동-환경정화 활동	6월 1주	창체		
	우리 고장 탐험대	느끼자! 고장의 문화	[창체/사회]동아리-더자람 프로젝트/1. 우리 고장의 모습	5월 4주	창체,교과		
		배우자! 고장의 역사	[사회]2. 우리가 알아보는 고장 이야기	5월 5주	교과	◆	관찰, 보고서
		지키자! 고장의 안전	[도덕/체육/창체] 우리가 만드는 도덕수업/안전교육/어촌형 생태교육	6월 3주	교과,창체		

Heart 마음자람 활동으로 기대해요

☺ 나를 이해하고 존중하며, 서로의 마음을 전하며 **바른 인성을 키워가요!**
☺ 나의 꿈, 너의 꿈을 탐색하며 마음을 가꾸어 **꿈과 희망을 키워요!**
☺ 다모임으로 함께, 마을과 함께, 고장과 함께 활동하며 **협동하는 마음을 길러요!**

---

2) 2015 개정교육과정. 자아정체성과 자신감을 가지고 **자신의 삶과 진로**에 필요한 기초능력과 자질을 갖추어 자기주도적으로 살아갈 수 있는 능력

목표 | 나를 알아보는 활동으로 나를 소중하게 생각하며 **자기 존중감을** 기를 수 있다.

1. 나를 문장으로?
[창체] 적응-새 학년 적응하기   3월 1주

- 3월 첫날 아이들은 새 교실에 낯설어 한다. 이 때 선생님은 자리배치도를 칠판과 뒷문에 부착하여 자신의 자리를 찾은 후 앉아서 <문장완성검사>를 하도록 한다.
- <문장완성검사>활동지에 자신의 생각을 채워 넣는다. 선생님은 아이들 개개인의 생각과 심리를 파악하는 상담 자료로, 아이들은 자신의 **생각과 마음을 알아보는 시간**이 되었다.

▲ 문장완성검사 하는 모습

2. 나의 장점은?
[도덕] 3. 아름다운 사람이 되는 길   5월 3주

T·H·E 마음자람 활동

- 우리 반 아이들은 자존감 검사에서 낮은 점수가 나왔다. 4명 중 1명 빼고 3명이 보통 이하였다. "나의 장점을 15가지 찾아볼까요?"하며 <나의 장점 쓰기> 학습지를 주자 "선생님~저는 장점이 2개 밖에 없는데요??" 말한다. 그래서 하나~둘~ 장점들을 찾아주었더니 천천히 생각하며 자신의 장점 15가지를 찾아 적었다. • 장점 쓰기를 마친 후 찾아놓은 장점을 앞에 나와 크게 읽으며 소통한 후 <나 마인드맵>으로 나에 대한 낱말이나 그림으로 잘하는 것, 좋아한 것, 싫어하는 것 등을 표현하며 나에 대해 알아가면서 **자기이해를 높여주었다.**

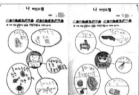

3. 조물조물~ 나를 만들어요
[미술] 5. 관찰하여 찰흙으로 나타내기   8월 4주

- 찰흙을 1학기에 구입한 후 작은학교 특성상 체험학습이 많은 이유로 미술 시간을 정상적으로 운영하기 힘들어 찰흙 수업을 못한 채 여름방학에 들어가게 되었다. 2학기 개학을 하자마자 찰흙을 이용한 수업을 했다. 누구를 관찰하여 부조로 나타내기를 할까? 고민하다 아이들에게 '나에게 소중한 것들'로 주제를 주었더니 놀랍게도 우리 반 아이들을 모두 자신을 오물조물 표현하였다. • 찰흙을 반죽하여 얼굴 모양을 만들어 종이 위에 올려놓은 후 거울을 보며 눈, 코, 입을 만들어 붙여가는 모습을 보니 기특했다. 이쑤시개를 이용해 머리카락과 점, 눈썹 등을 자세하게 표현하며 자신의 얼굴을 완성했다. • 완성된 부조 작품을 보며 표현하기에 힘들었던 점과 느꼈던 점을 이야기 나누며 감상활동을 했다. 자신을 표현하는 활동을 통해 나는 소중한 존재임을 깨달으며 **자기 존중감을 기르게 되었다.**

1. 나에게 소중한 것(판서)

2.반죽하고 얼굴만들기

3. 자세하게 표현하기

4. 완성 작품 감상하기

행복 나누기 | 자존감 낮은 우리 반에게 자신에 대해 좋은 점을 알아보고 사랑하게 만드는 활동이 시급했다. 교과 수업에서도 주제를 되도록 자존감과 관련지어 활동하며 자존감을 향상해 갔다.

목표 더불어 살아가는 마음과 다른 사람을 **배려**하는 마음을 길러 **바른 인성**을 가꿀 수 있다.

1. 반짝 반짝 보석 찾기 　　[창체] 나에게 필요한 보석은? 　　연중

- 가치 카드를 교실 앞 게시판에 붙여놓고 지속적으로 가치에 대해 알아보았다. • 이미지프리즘 씨앗 카드의 사진을 보며 떠오르는 가치를 허니보드에 적은 후 서로의 생각을 이야기 나누고 가치카드를 읽어가며 반짝반짝 보석을 찾아보았다. • 4월 14일에는 세월호 추모 교육을 실시해 참사로 희생된 학생과 선생님에 대한 추모의 뜻을 기리고 참사의 교훈을 잊지 않기 위한 마음을 다지는 시간을 가졌다. • 6월에는 나라사랑 교육으로 나라 상징물을 표현하고 독립운동가에 대해 알아보며 애국심을 길러 보았다. • 7월에는 저작권 교육으로 저작물에 대한 권리와 침해에 대해 알아보며 존중과 책임에 대한 보석을 키워갔다. • 10월에는 독도교육주간을 운영하여 독도사랑 계기교육을 실시하며 독도사랑의 마음을 다지고 애국정신과 역사의식 및 평화실천 태도를 배양하며 **마음 속에 보석을 쌓아갔다.**

가치 카드로 보석 찾기

이미지 프리즘으로 보석 찾기

나라사랑 교육

세월호 추모 교육

독도사랑 교육

저작권 교육

2. 장애체험으로 마음 가꾸기 　　[도덕] 우리가 만드는 도덕 수업 　　4월 3주

- 장애인과 함께 하는 주간에 장애인에 대한 인식을 새롭게 하여 올바른 장애관을 확립하기 위해 6가지 장애체험을 했다. • 지체장애체험으로 발가락으로 글쓰기와 그림 그리기, 청각장애체험으로 소리 없이 입모양으로 말 전달하고 끝 사람이 맞추기, 학습장애체험으로 거울에 비친 모습을 보고 미로 찾기, 시각장애체험으로 한 사람이 박스를 들고 다른 친구들은 안대를 한 채 공을 박스 안에 넣기를 했다. • 청각장애인들의 언어인 수화 배우기, 장애관련 영상인 '우리는 친구야'를 보고 6행시도 짓기 활동 소감을 붙임종이에 적어 소감을 나누기도 했다. • 장애체험활동으로 나와 다른 사람을 이해하고 적극적으로 도와줄 수 있는 긍정적인 인성을 길렀으며, **모두가 함께 더불어 살아가야 하는 세상임을 알게 되었다.**

시각장애 체험 〈안대하고 공 넣기〉

지체장애 체험 〈발로 그림 그리기〉

수화 동작 배우기

장애관련 영상시청

청각장애체험 〈소리없이 몸짓으로 전달하기〉

체험 후 소감 쓰기

3. 마음 튼튼! 학교폭력예방교육 　　[도덕] 우리가 만드는 도덕 수업 　　9월 3주

- 학교폭력예방교육은 교육과정상 한 학기에 2시간씩 의무적으로 정해져 있지만 실제로는 매주 진행되고 있다. • 우리 반에는 학교폭력이 발생하지는 않지만 '장난과 폭력'을 잘 구분하지 못한다. 그래서 **장난과 폭력의 차이점**을 PPT 교육 자료를 통해 알아보고 확실하게 구분지어 행동하도록 다짐하였다. • 2학기 학교폭력예방교육은 학교전담경찰관이 직접 분교로 방문하여 다양한 사례를 들어가며 교육해주시고 멋진 텀블러를 선물로 받고 **학교폭력예방 실천의지**를 다졌다.

언어폭력 영상 시청

장난과 폭력의 차이점

학교전담경찰과 예방교육

행복 나누기 바른 인성을 기르기 위해 가치 덕목 교육은 참 중요하다. 콩나물 시루에 매일 물 주듯 매일 가치 덕목을 공부하며 아이들의 마음에 반짝 반짝 보석이 가득 채워지기를 바란다.

| 목표 | 나의 **감정**을 바르게 알고 **마음**을 전하는 방법을 익혀 친구와 사이좋게 지낼 수 있다. |

1. 감정출석부로 감정 알기
[창체] 학특-나의 감정을 찾아 보아요 | 연중

• 감정은 부정적 감정과 긍정적 감정으로 나눌 수 있다. 감정카드를 게시판에 부착해 놓고 감정을 나타내는 여러 가지 표현을 알아가도록 했다. 감정 일기에 감정을 나타내는 낱말을 쓰지만 항상 사용하는 감정의 표현만 글로 쓰거나 말로 표현하기 때문이다. • 아침에 등교하면 자신의 상태를 표현하는 단어에 이름표를 '감정 출석부' 부착하여 오늘의 감정을 전한다. 감정 출석부를 보고 친구의 상태와 기분을 살피며 **서로의 감정을 알아가고 존중**해 갔다.

2. 친구에게 전하는 마음
[창체] 적용-친구에게 마음 전하기 | 연중

• 자신의 마음을 전하는 방법은 여러 가지가 있다. 그림책 <알사탕>에서 동동이는 알사탕을 통해 마음을 전달받으며 마음의 문을 열게 되었다. 아이들과 <알사탕>을 읽고 알사탕 학습지에 자신이 전하고 싶은 마음을 적어 친구에게 전하는 활동을 했다. • 야영활동 저녁시간에 촛불을 각자 하나 씩 켜고 마음을 전하는 시간을 가졌다. 촛불을 보며 미안했던 마음의 친구와 고마웠던 마음의 친구를 생각한 후 직접 말과 행동으로 마음을 전하며 그동안 서운했던 감정도 풀고 **서로의 마음을 확인**하기도 하며 감정을 속 시원~~하게 나누었다.

▲ 알사탕 학습지에 친구에게 전하는 글 쓰기

▲ 촛불 켜고 마음 전하기 ▲ 친구 편지 읽기

3. 하트 메모판에 마음 저장
[창체] 적용-친구와 사이좋게 지내기 | 9월 2주

• 인성교육 주간에 친구와 사이좋게 지내기 활동으로 '하트 메모판'을 만들어 보았다. 하트 메모판을 뚝딱 뚝딱 완성한 후 자신의 이름을 아래에 적었다. 게시판에 걸어 서로가 전하고 싶은 마음을 붙임종이에 적어 부착하며 **마음을 전하는 데 활용**하였다.

💝 하트 메모판 만드는 순서

1. 쿨크판에 하트 모양을 대고 그린다. ➡ 2. 쿨크판을 하트 모양으로 오린다. ➡ 3. 하트모양 쿨크판에 목공용 풀을 골고루 바른다. ➡ 4. 나무판에 하트 쿨크판을 잘 붙인다. ➡ 5. 하트모양이 위로 오게 하여 고리를 2개 달아 나사못으로 고정하여 완성한다.

1. 하트 그리기

2. 오린 후 풀칠하기

3. 메모판에 하트 붙이기

4. 메모판에 고리 달기

5. 하트메모판 완성

| 행복 나누기 | ☺ "감정 출석부를 보면 친구의 감정을 알 수 있어서 좋아요." -장○○-
 ☺ "친구에게 편지를 받으니 지난 번에 싸웠던 일이 후회되었어요." -김○○- |

목표	진로 체험 활동을 통해 자신의 **진로를 탐색**하며 **꿈**을 가꿀 수 있다.

1. 하고 싶은 일이 뭘까?

[창체] 진로체험주간~진로 탐색하기 | 5월 2주 | 과정중심평가

▪ 보고 가슴으로 느끼는 진로문화테마학습으로 3학년부터 6학년까지 2박3일 떠났다. 첫째 날은 수원화성, 뮤지컬 '영웅' 관람으로 역사문화 학습을 하고, 둘째 날에는 한국잡월드로 가서 **다양한 직업체험**을 했다. ▪ 직업세계관에서 미래의 병원, 인공지능로봇존, 스마트 카, 스마트 시티, 증강현실존을 체험하며 미래의 첨단기술로 발달된 직업과 세계관에 대해 알아보았다. ▪ '어린이 체험관'은 어린이의 눈높이에 맞추어 만들어진 직업마을로 놀이를 통해 사회의 다양한 직업들을 체험하며 자신의 꿈을 발견하도록 도와주는 직업테마놀이공간이다. ▪ 자신의 흥미에 맞는 직업체험을 하며 조이(화폐)로 급여를 받고, 조이를 이용하여 사고 싶은 물건을 구매해보는 체험도 하며 경제흐름을 이해하게 되었고 더불어 창의력, 협동력도 배우게 되었다. ▪ 아이들이 직업체험하면서 미래 희망 직업이 달라지기도 했다. 진로문화테마학습을 가기 전 한국잡월드 홈페이지에 들어가 자신이 체험하고 싶은 체험공간을 살펴보며 희망 직업에 대해 물어보았더니 인생상담사, 택배원, 경찰관, 미용사, 로봇개발자 등으로 답했었다. 그러나 어린이 체험관에서 직접 체험한 후 생각보다 너무 힘들어서 또는 더 흥미롭고 재미있는 직업이 있어서 등의 이유로 미래의 직업이 변경되기도 했다. ▪ 진로체험 후 숙소로 돌아와 치킨파티를 하며 진로체험에 대한 느낌을 이야기 나누며 **서로의 생각도 알아보는 훈훈한 시간**을 갖으며 **자신의 꿈에 한걸음 더 나아갔다.** ▪ 아래 표는 아이들이 체험했던 직업공간에 따라 <우리 반 아이들의 흥미유형별 직업군>을 분석해 놓은 것이다. 평상시의 행동 유형과 진로 탐색에서 나타난 흥미 유형이 거의 일치해서 신기하기도 했다.

T·H·E
마음
자람
활동

우리 반 아이들의 흥미유형별 직업			
흥미유형	유형별 특성	직업군	우리 반
현실형	꼼꼼하고 부지런한 어린이	기계나 도구를 잘 다루고 분명하며 당당하게 성실한 자세로 자신의 일을 하는 현장형	교통경찰관, 드론개발자, 제과원 등	장○성 민○홍
탐구형	호기심이 많은 어린이	논리적이고 공부에 대한 호기심이 많으며 매우 신중한 성격을 지닌 탐구형	수의사, 제품개발연구원, 로봇개발자 등	김◇우
사회형	남을 돕기 좋아하는 어린이	다른사람의 문제를 듣고 이해하고 도와주는 활동에 흥미가 있는 사회형	사회복지사, 상점 판매원 등	김○현
진취형	발표하기 좋아하는 어린이	사람들을 이끄는 통솔력과 설득력이 뛰어나고 열정적이고 외향적인 성격의 진취형	아나운서, 방송기자, 푸드스타일러스트 등	김◇우
관습형	공중 도덕을 잘 지키는 어린이	빈틈이 없고 정확하고 조심스럽게 일을 하며 꼼꼼하게 일을 생기는 관습형	은행원, 택배원 등	김○현

우주항공 체험

과학관 체험

기자의 하루 체험

북디자이너 체험

로봇공학 연구 체험

제품개발 체험

문화해설사와 함께

진로체험 후 치킨파티

행복 나누기	☺ "잡월드에서 내가 하고 싶었던 직업을 경험해보니 힘들었어요. 다른 직업으로 바꿔야겠어요." -김○○- ☺ "직업체험을 하면서 몰랐던 직업도 경험할 수 있어서 좋았어요." -김◇◇-

목표	내가 하고 싶은 일을 버킷 리스트로 만들어 **희망**을 갖고 **긍정적으로 생활** 할 수 있다.

1. 버킷 리스트 만들기　　　　[창체] 진로-나의 꿈과 버킷 리스트　　3월 3주

T·H·E 마음자람 활동

• 평생 한 번쯤 해보고 싶은 일, 혹은 죽기 전에 해야 할 일들을 적은 목록을 '버킷 리스트'라 한다. 버킷리스트(Bucket list)는 2007년 영화 '버킷 리스트:죽기 전에 꼭 하고 싶은 것들'을 통해 대중적으로 알려졌다. 영화로 인해 버킷리스트는 **삶의 만족도**를 높이기 위해 활용되는 수단 중 하나로 널리 인식되었다. 우리 반 아이들에게도 희망과 꿈을 주기 위해 버킷리스트 만들기를 했다. 각자 올해 꼭 해보고 싶은 일 5가지를 우선 순위 순으로 적은 후 버킷 안에는 관련된 그림을 그려 넣어 완성하며 **자신만의 꿈**을 꾸어보았다.

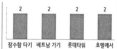

잠수함 타기 베트남 가기 롯데타워 가기 호텔에서 자기

백두산 가기, 무중력 체험하기, 기차여행 가기, 캐나다 가족과 가기, 오로라 보기, 토성 보기, 캠핑가기, 아쿠아리움 가기 등

행복 나누기

아이들이 적어 놓은 버킷리스트 목록을 보며 한참 웃었다. 어촌 아이들답게 꿈이 소박해서이다. 특히 '호텔에서 자기'에서 웃음이 나왔다. 귀여운 우리 아이들의 버킷리스트가 꼭 이루어지길 바란다.

목표	진로인식 꿈나무 프로그램으로 **다양한 진로 탐색**을 하며 **꿈**을 키울 수 있다.

1. 진로인식 꿈나무 프로그램　　　　[도덕] 우리의 꿈이 자라는 세상　　4월 3주

T·H·E 마음자람 활동

• 자신의 꿈을 탐색하기 위해 <진로인식 꿈나무 프로그램>을 실시했다. 본·분교 협동학습으로 실시하여 5모둠으로 나누어 코너별로 돌아가며 프로그램을 진행했다. • 과학수사, 생활코딩, 화장품연구, 캐릭터 디자이너, 파티쉐 5가지 프로그램을 모둠원과 함께 40분씩 체험하면서 직접 화장수도 만들고, 맛있는 수제 티라미수 케익도 만들었다. 또 드라마에서만 봤던 과학수사 방법도 직접 체험하고, 캐릭터가 어떻게 만들어지는지 과정과 방법을 배우고 나만의 캐릭터도 새롭게 표현해보는 창의적이고 유익한 활동을 했다. • 초등학생 발달단계에 알맞은 진로인식 프로그램으로 **자신의 진로를 개척**하고 **꿈을 키워가는 마음**을 갖게 되었다.

▲ 진로인식 교육　　▲ 파티쉐 체험　　▲ 캐릭터 디자이너 체험　　▲ 화장품연구 체험　　▲ 진로인식 꿈나무 단체촬영

행복 나누기

☺ "엄마와 함께 갔었던 카페에서 먹었던 티라미수 케익을 직접 만들면서 요리가 재미있다는 것을 알게 되었어요." -민○○- ☺ "저는 과학에 관심이 많아서 과학수사 체험이 재미있었어요." -김○○-

2-3 협동으로 자라는 마음 | **다모임으로 자라는 우리**

목표	다모임과 자율동아리 활동으로 스스로 함께 만들어가는 **학생 중심 자치 문화를 조성**할 수 있다.

1. 다모임 활동으로 뜻을 모아요
[창체] 동아리/자치-다모임 활동   연중

▪ 학생 주도의 자치 활동을 통해 더불어 참여하고 나누는 교육 활동 경험으로 학생 중심의 학교 문화 조성을 위한 ○○다모임이 활성화 되어있다. 월 2회 학생 다모임을 정기적으로 운영하여 학생중심의 행사로 입학식과 졸업식, 어울림 한마당, 어울림 학예 축제, 야영캠프 등을 추진하였다. ▪ 학생의 의견이 반영되는 기회가 확대되고 학생 중심의 의사결정과정 정착과 각자의 개성을 살린 학생 다모임 주관 행사를 통해 **참여와 존중의 학생 주도 학교 문화를 조성**해갔다.

학교폭력예방캠페인
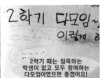

2. 함께 만드는 자율 동아리
[방과후] 자율동아리-사진동아리 활동   매주 화요일

▪ 스스로 함께 만들어 가는 자율 동아리로 분교는 '나도 사진 작가'를 운영하고 있다. 매주 화요일 방과후에 선후배가 함께 모여 학교 안과 주변을 돌며 마음에 드는 풍경과 자연을 사진으로 찍었다. ▪ 어울림 학예 축제 전시회에서 그동안 찍었던 사진을 전시하며 **사진 작가의 꿈을 키워갔다.**

행복 나누기	😊 "학교 행사에 대한 의견을 우리가 직접 조사하고 이끌어 가니 학교의 주인이 된 것 같아요." -고○○- 😊 "학교 풍경을 계절에 따라 사진으로 찍으니 정말 작가가 같은 생각이 들어요." -윤○○-

---

 2-3 협동으로 자라는 마음 | **마을과 함께 자라요**

목표	마을과 함께하는 **봉사활동**으로 공경하는 마음과 **나눔의 미덕**을 기를 수 있다.

1. 가즈아~ 경로당으로
[창체] 봉사-환경정화활동, 위문공연   5월 3주, 10월 4주

▪ 마을과 함께하는 활동으로 일년에 2회 경로당 봉사활동을 한다. 분교는 ○○경로당으로 봉사활동을 갔다. ▪ 시원한 수박 한 덩이와 어른들이 좋아하시는 믹스커피 한 박스를 들고 방문해 바닥 청소와 유리창 청소를 열심히 했다. ▪ 청소를 마친 후 어른들과 이야기도 도란도란 나누면서 **어른을 공경하는 마음**을 기르고 **나눔과 봉사의 미덕**도 키워갔다.

▲ 경로당 청소

▲ ○○경로당

2. 마을 정화 봉사활동
[창체] 봉사-환경정화활동   6월 1주

▪ 우리가 살고 있는 마을 주변을 가꾸는 활동으로 실제적인 봉사를 체험하여 **지속가능발전교육을 실천**함으로써 보람을 느끼고자 '마을 정화 봉사활동'을 실시했다. ▪ 분교는 관광지에 있어 사람들이 많이 다니는 ○○선착장 주변과 마을 언덕 쪽을 쓰레기 봉투를 들고 돌아다니며 떨어진 쓰레기를 주우며 **봉사정신을 길러간다.**

▲ 마을 정화 봉사활동 모습

행복 나누기	🙂 6월 초지만 날씨가 더워 땀을 뻘뻘 흘리면서도 마을을 깨끗하게 청소하려는 모습이 기특하고, 마을 어르신께 칭찬도 받고 음료수도 얻어 마시며 즐거워 했다.

| 목표 | 내 고장의 문화와 역사를 탐방하고 안전을 지키는 체험활동으로 **애향심**과 **자긍심**을 기를 수 있다. |

1. 느끼자! 고장의 문화　　[창체/사회] 동아리-더 자람 프로젝트/1. 우리 고장의 모습　5월 4주

- 3학년 1학기 사회학습은 우리 고장에 대한 내용이 많다. 교실에서 디지털영상지도로 고장의 문화유산과 유명한 곳을 알아보고 지역화 교재에 있는 백지도에 우리 고장 안내도를 만들었다. • 우리 고장 탐색을 위해 '내 고장 문화예술 탐방 체험학습'을 본교 3학년과 함께 실시했다. 관광지로 유명한 오동도는 동백열차를 타고 들어가 음악분수도 감상하고 동백꽃 숲길도 거닐었다. • 아쿠아리움에서 점심도 먹고 트릭아트도 감상하며 **우리 고장의 문화 예술을 친구들과 함께 느낄 수 있었다.**

▲ 우리 고장 안내도와 활동모습　　▲ 거북선 앞에서　　▲ 유적지 안내판　▲ 단체 기념촬영

2. 배우자! 고장의 역사　　[사회] 2. 우리가 알아보는 고장 이야기　5월 5주　　과정중심평가

- 00시행복교육지원센터에서 주관하는 <역사문화 답사>프로그램에 참여했다. 이 프로그램은 지역의 이해를 높일 수 있는 역사, 문화유산 답사를 통해 고장에 대한 자긍심과 애향심을 심어주고 있다. • 고소대에서는 임진왜란 당시의 고장을, 이순신 광장에서는 거북선 바로 알기를, 흥국사에서는 보물 등 유형문화재와 무형문화재에 대해 유적지와 문화재를 체험하며 역사의 숨결을 느끼며 **우리 고장에 대한 자긍심을 키워갔다.**

▲ 사전 특강　　▲ 유물 전시관　　▲ 00대 가는 길　▲ 문화유산　　▲ 역사문화 답사 보고서

3. 지키자! 고장의 안전　　[도덕/체육/창체] 우리가 만드는 도덕수업/안전교육/어촌형 생태교육　6월 3주

- 해양경찰청에서 주관한 <안보현장 및 해양사고 체험학습>을 실시했다.
- 투철한 안보의식 고취를 위해 '북한 반잠수정전시관'과 '무기전시관'을 관람하며 내무반에 들어가 군복도 직접 입어보며 통일에 대한 다짐 쓰기를 하며 올바른 국가관을 확립했다. • 해양경찰교육원에서는 연안사고대응, 선박탈출, 응급처치 등 해양사고체험을 통해 우리 고장에서 많이 발생하는 해양 안전사고에 대한 안전의식을 올리고 안전사고에 대응하는 대처방법도 배우며 **우리 고장의 안전 지킴이를 다짐했다.**

안보현장 및 해양사고 체험학습

> 무기전시관에서는 한국전쟁의 슬픔에 대해 알게 되었다. 다시 전쟁이 일어나면 안되겠다고 생각했다.

▲ 해양경찰교육원　　▲ 선박 탈출 체험　▲ 내무반 군복 체험　▲ 통일 다짐 쓰기　▲ 체험학습을 다녀와서

| 행복
나누기 | 　3학년 사회 교과에는 우리 고장에 대한 내용이 많이 나온다. 하지만 경험이 적은 우리 반에게는 로드뷰로 장소를 알아보는 것이 전부였는데 문화예술체험과 역사문화 답사 등의 체험학습으로 고장 곳곳을 누비며 우리 고장의 자랑거리와 역사를 알게 되는 의미있는 활동이었다. |

실천과제 3 ── 감성 자람

심미적 감성 역량[3]을 길러주기 위해 무학년제 협동학습으로 놀이로 어울리면서 자신의 **감정**을 조절해가며 **자기 조절감**을 향상하고자 한다. 사계절 오감 생태체험으로 자연을 느끼고 체험하고 환경교육을 통해 환경보전의 중요성을 알고 함께 텃밭과 화단을 가꾸며 **친환경 교육**을 실천하고자 한다. 그리고 문화예술 활동으로 **예술 감수성**을 길러주고 자신의 재능과 끼를 키워가는 **감성이 자라는 아이들**로 키우고자 한다.

자기조절감
심미적 감성 역량

놀이로 다지는 감성	**오감체험으로 가꾸는 감성**	**문화예술로 자라는 감성**
협동학습으로 함께 어울려 놀아요	사계절 오감 생태체험으로 감성을 가꾸어요	예술 감수성을 느끼며 재능을 키워요

실천과제 (인성덕목)	세부 실천 주제	세부 활동	관련교과 및 재구성 주제	도입 시기	활동 시간	과정중심평가 실시 평가 방법
놀이로 다지는 감성 감정	협동학습 놀이	주인공 책갈피 놀이	[국어] 독서단원-책 읽고 생각 나누기	6월 4주	교과	
		자연과 함께 놀아요	[창체]지속발전가능교육-환경사랑 실천	9월 2주	창체	
		도미노로 만드는 세상	[체육]4. 표현-공간을 이용해 움직임 표현하기	9월 4주	교과	
	소프트웨어야 놀자!	SW 체험학습	[수학/창체]교과창의활동/SW교육-언플러그드, 코딩, 로봇체험	6월 3주 10월 2주	교과,창체	◆ 관찰, 실기
	어울림 한마당	마을과 어울림 한마당	[체육]2. 도전-달리기 동작 익히고 도전하기	5월 1주	교과	◆ 관찰, 실기
오감체험으로 가꾸는 감성 감성	사계절 오감 생태체험	봄 마중 생태체험	[국어/미술]교과창의 활동/1.온몸으로 느끼는 세상	4월 4주	교과	
		여름나기 생태체험	[국어/음악]9.어떤 내용일까?/노래 부르며 놀이하기	6월 4주	교과	◆ 구술, 서술
		가을걷이 생태체험	[국어/사회]가을걷이를 체험하며 느낀 점 말하기/자연환경과 식생활 체험하기	10월 5주	교과	◆ 서술
	친환경 E-co School	찾아가는 환경교육	[사회]교과창의-지속발전가능교육	7월 2주 9월 2주	교과	
		도담 텃밭과 화단 가꾸기	[창체]지속가능교육-도담 텃밭, 꽃밭 가꾸기	4월 1주 매주	창체	
문화예술로 자라는 감성 예술 감수성	미술로 자라는 감성	자연 미술로 도란도란	[미술]3. 사진을 찍어요	6월 3주	교과	◆ 관찰, 실기
		명화로 만나는 감성	[미술]11. 미술 작품과 미술가 탐구하기	3월 2주 7월 2주	교과	◆ 관찰, 실기
		우리 손으로 그리는 벽화	[미술/창체]2. 선형·색의 만남/벽화 프로젝트	4월 2주	교과,창체	◆ 관찰, 실기
	너의 끼를 보여줘!	제 빛깔 발표회	[창체]자치-제 빛깔 발표회 참여하기	7월 3주	창체	
		어울림 학예 축제	[창체]적응-어울림 학예 축제 참여하기	10월 4주	창체	

Emotion 감성 자람 활동으로 기대해요

☺ 다양한 놀이 활동으로 함께 어울리며 감정을 조절하고 **협동하며 즐겁게 놀아요!**
☺ 사계절 오감 생태체험으로 자연과 친해지고, 텃밭을 가꾸면서 **감성을 채워요!**
☺ 미술 활동으로 미적감수성을 채우고, 자신의 재능과 끼를 키우며 **예술 감수성을 길러요!**

---

3) 2015 개정교육과정. 인간에 대한 공감적 이해와 **문화적 감수성**을 바탕으로 삶의 의미와 가치를 발견하고 향유하는 능력

목표 여러 가지 놀이 활동으로 함께 어울리며 **협동**하는 마음을 길러줄 수 있다.

1. 주인공 책갈피 만들기   [국어] 독서단원-책 읽고 생각 나누기   6월 4주

- 매월 마지막 주 수요일에는 본·분교 **협동학습**을 한다. 저학년과 고학년으로 나누어 소인수 학급 특성상 모둠으로 나누어 할 수 없는 활동을 주로 하고 있다. • 저학년 발달 특성에 알맞은 그림책 '원하는대로 마음껏 상상해봐'를 읽으면서 아이들의 상상력을 그림책 제목처럼 마음껏 펼쳐보았다. 그 다음 A4 종이에 그림책 주인공들을 살펴보며 주인공의 특성을 이야기 나누었다. 자신의 마음에 드는 그림책 주인공을 선택하여 잘라 크래프트지를 이용한 책갈피 종이에 붙인 후 어울리는 그림이나 글을 써 '주인공 책갈피'를 완성하였다.

T·H·E
감성
자람
활
동

2. 자연과 함께 놀아요   [창체] 지속발전가능교육-환경사랑 실천하기   9월 2주

- 협동학습 활동으로 **자연과 함께** 할 수 있는 '도꼬마리 다트 맞히기' 놀이와 '단풍나무 씨 날리기 놀이'를 했다.

🍓 도꼬마리 다트 맞히기 놀이 순서

도꼬마리 열매를 관찰한다. ➡ 아이들을 두 팀으로 나눈다. ➡ 개인당 2개씩 도꼬마리 열매를 과녁판에 던진다. ➡ 과녁판에 붙어 있는 도꼬마리 열매가 많이 붙어 있는 팀이 이긴다.

🍓 단풍나무 씨 날리기 놀이 순서

단풍나무 씨를 관찰한다. ➡ 2명씩 짝을 짓는다. ➡ 개인당 5개의 단풍나무 씨를 준비한다. ➡ 이어서 단풍나무 씨를 아래로 날린다. ➡ 단풍나무 씨를 오랫동안 날리는 사람이 이긴다.

3. 도미노로 만드는 세상   [체육] 4. 표현-공간을 이용해 움직임 표현하기   9월 4주

- 야영 활동에서 도미노 만들기를 했다. 알록달록 도미노 블록을 세로로 조심조심 세워가며 학교를 상징하는 모양도 만들고 나라 사랑의 마음을 태극기를 만들어 표현하였다. 남자친구들은 퀴즈네어를 이용해 멋진 구조물을 만들어 도미노 안쪽에 설치했다. 우리 반 아이들도 진지한 자세로 형과 누나와 함께 열심히 만들었다. 도미노로 만드는 세상을 시작점에서 터치하자 주루룩~~ 정성스럽게 세워놓은 블록이 멋진 장면을 만들어 냈다. **모두가 하나 되는** 소중한 시간이었다.

행복 나누기
😊 "협동학습 날에는 본교 친구들과 만나서 함께 활동하고 놀 수 있어요 좋아요." -장○○-
😊 "형, 누나들과 함께 블록을 하나씩 세워가며 물고기 모양도 만들고 태극 문양도 만들며 도미노 놀이를 하면서 협동하는 마음이 커진 것 같았어요." -민○○-

감성자람 Emotion 3-1 놀이로 다지는 감성 | 소프트웨어야 놀자!

| 목표 | 소프트웨어 체험학습으로 다양하게 체험활동을 하며 **소프트웨어를 이해** 할 수 있다. |

1. SW 체험학습　[수학/창체] 교과창의 언플러그드, 코딩, 로봇체험　6월 3주　| 과정중심평가 |

T·H·E 감성자람 활동

- 본교는 SW선도학교로 학기별로 체험학습과 SW정보통신윤리교육 주간을 실시한다. SW 교육주간에는 온라인 코딩파티, 저작권 보호 교육, 소프트웨어야 놀자 체험학습, 언플러그드 체험, SW 3행시 짓기 등 다양한 활동들을 실시한다.
- 1학기에는 광주과학관에서 언플러그드 체험학습을 2학기에는 2019 SW교육 페스티벌 체험학습에 참여했다. 특히 SW교육 페스티벌은 우리 고장에서 열려 아이들이 다양한 체험을 경험 할 수 있었다. 우리 꿈나무들은 엔트리를 이용한 낚시놀이와 고무풍선 자동차 조립 후 경주 시합하기에 빠져 **즐겁게 참여했다.**

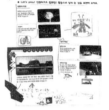

▲ 언플러그드 체험　▲ 엔트리 낚시 놀이　▲ SW교육 페스티벌　▲ 정보통신윤리주간 배너　▲ SW체험학습 보고서

| 행복 나누기 | ☺ "소프트웨어 체험학습을 가서 여러 가지 체험 부스를 돌아다니며 좋아하는 것을 체험할 수 있어서 즐거웠어요." -장○○- "언플러그드 체험을 하니 소프트웨어가 잘 이해되었어요."-김○○- |

감성자람 Emotion 3-1 놀이로 다지는 감성 | 어울림 한마당

| 목표 | 마을과 부모님과 함께 신체활동을 하며 교육공동체가 되어 **공동체 의식**을 함양할 수 있다. |

1. 마을과 어울림 한마당　[체육] 2. 도전-달리기 동작 익히고 도전하기　5월 1주　| 과정중심평가 |

T·H·E 감성자람 활동

- 봄철 운동회는 마을과 함께하는 행사. 그래서 운동회 이름도 '○○ 어울림 한마당'이며 현수막도 마을 입구에 걸어놓아 마을 어른들께서도 함께 참여하여 즐길 수 있도록 프로그램을 구성한다. 물론 먹거리와 선물도 다양하고 풍성하게 준비하여 입도 즐겁게~ 눈도 즐겁게~ 몸도 즐겁게 활동했다.
- 학생들은 개인달리기, 장애물달리기, 이어달리기와 모두를 깨워라, 사방치기 등 놀이마당을 체험하고, 마을어르신과 함께하는 대물낚시, 림보 게임, 엄마 아빠와 함께 손에 손을 잡고 돌아가며 포크댄스를 추며 가정의 달 5월을 **부모님과 함께 마을 어르신들과 함께** 활짝 웃으며 **행복한 시간**을 보냈다.

| 행복 나누기 | 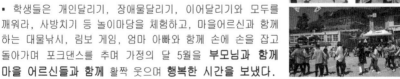 작은 학교에서 운동회는 마을 잔치와 같다. 학부모와 아이들 그리고 마을 주민들과 함께 먹고 놀고 웃으면서 교육공동체란 이런 걸 말하는구나~~! 생각했다. |

목표 사계절을 오감으로 느끼며 **자연**과 친해지며 **자연감수성**을 기를 수 있다.

1. 봄 마중 생태체험 | [국어/미술] 교과창의활동/1. 온몸으로 느끼는 세상 | 4월 4주

- 본교는 친환경 체험학교로 사계절 오감 생태체험학습을 학기별로 2회 실시한다. 봄에는 '봄 마중 생태체험'을 주제로 구례 생태체험관으로 체험학습을 갔다. 봄꽃이 여기저기 예쁘게 피어있어 아이들의 시각과 후각을 자극하였다. 바위에 기대어 봄바람을 느껴보고, 벚꽃이 피어있는 비탈길을 걸어가며 벚꽃송이를 감상하였다. 잠자리 생태관에서는 여러 가지 종류의 잠자리와 다른 곤충들을 살펴보았고 지푸라기를 이용해 만들어 놓은 멋진 공예품도 감상하였다. 봄 마중 생태체험학습으로 **아이들의 오감이 봄으로 물들어갔다.**

2. 여름나기 생태체험 | [국어/음악] 9. 어떤 내용일까? /노래부르며 놀이하기 | 6월 4주 | 과정중심평가

- 여름에는 학교와 가까이에 있는 안포SEA 마을로 '여름나기 생태체험'을 갔다. 먼저 블루베리 나무를 관찰한 후 맛있게 익은 블루베리를 조심해서 따서 그릇에 담았다. 가득한 블루베리를 쌀가루를 빻아 놓은 반죽에 동그랗게 펴서 블루베리를 2~3알씩 넣어 블루베리 경단을 만들었다. 직접 따서 만든 블루베리 경단을 맛있게 먹으면서 **여름의 맛을 느껴보았다.**
- 소라 껍질에 시원함을 안겨주는 그림을 매직으로 그려넣은 후 다육이를 소라껍질 안쪽에 밀어 넣어 '소라 껍질 다육'을 만들었다. 소라를 귀에 대어 여름의 소리를 들어보고, 껍질에 여름을 그려 넣으면서 **시원하게 여름나기를 준비**하며 생태체험을 마무리했다.

여름나기 생태체험학습을 다녀와서

농촌체험장에서 블루베리를 따서
먹어보고 눈으로 살펴보고
냄새도 맡고 만져보기도 했다.

3. 가을걷이 생태체험 | 10월 5주

- 가을에는 '가을걷이 생태체험'으로 고구마 캐기를 했다. 소매를 걷어 올려 고구마를 캔 후 흙을 털어 내어 봉지 담으면서 **농부의 노고와 가을걷이의 기쁨을 느껴보았다.**

4. 겨울나기 생태체험 | 12월 1주

- 겨울에는 '겨울나기 생태체험'으로 김장담그기를 할 예정이다. 학교 텃밭에 직접 심어놓은 배추를 뽑아 안포SEA 체험장으로 가지고 가 준비해 놓은 양념에 버물려서 **김장 담그기**를 한다.

행복 나누기 ☺ "봄 마중 생태체험에서 봄꽃도 구경하고 바깥에서 친구들과 도시락을 먹으니 봄을 더 느낄 수 있었어요." -김◇◇- ☺ " 블루베리 나무가 큰 줄 알았는데 생각보다 작아서 신기하고, 우리가 직접 딴 블루베리로 경단 만들기를 해서 먹으니 정말 맛있었어요~" -김○○- ☺ "고구마 뿌리에 주렁주렁 매달린 고구마가 신기했고 내가 캔 고구마를 집으로 가져가니 농부가 된 것 같았어요." -윤○○-

목표	환경교육으로 환경 보전의 중요성을 알고 텃밭 가꾸기로 **환경 지킴이**를 실천할 수 있다.

1. 찾아가는 환경교육

[사회] 교과창의-지속발전가능교육　　7월 2주, 9월 2주

- 본교는 '친환경 E-co스쿨'로 교육과정과 연계한 **지속가능발전교육(ESD)을 운영**하고 있다. 실천하는 환경지킴이가 되기 위해 '찾아가는 환경교육'을 학기별로 1회씩 실시한다. • 1학기에는 '환경과학 꿈나무교실'을 열어 여러 액체의 산성도를 알아보기 위해 직접 지시약을 만든 후 물벼룩의 움직임을 관찰하며 수질 오염의 심각성을 알게 되었다. • 2학기 '찾아가는 환경교육'에서는 숲의 중요성에 대해 교육한 후 모싯잎 벗기기, 이빨로 잎 베어보기, 여러 가지 잎 관찰하기, 잎 그림 만들기 등 생태 놀이와 함께 자연의 중요성에 대해 알게 되었다. • 환경보전 활동으로 환경보전 빙고 게임과 바다거북에게 희망을 주는 메시지 보내기, 환경을 지키자는 메시지가 담긴 에코백 만들기 등으로 **환경을 사랑하고 실천하는 마음**을 다지게 되었다.

2. 도담 텃밭과 화단 가꾸기

[창체] 지속발전가능교육-도담 텃밭, 화단 만들기　　4월 1주, 매주

봄꽃 화단 완성

- 날씨가 따뜻해진 4월에 봄 프로젝트로 봄꽃 심기를 했다. 아이들과 흙 고르기, 벽돌 날라 화단 만들기, 흙 파서 모종 심기로 봄꽃 화단을 완성했다. • 봄꽃 화단을 마무리 한 후 오후에는 튤립과 개나리 종이접기를 해서 게시판을 멋지게 꾸며보았다.

1. 호미로 돌 골라내기　2. 흙 담아 옮기기　3. 흙 파서 모종 심기　4. 심은 봄꽃의 흙 꾹~눌러 주기　5. 다함께 협동해서 마무리하기

- 도담 텃밭에는 호미로 흙 고르기를 한 후 고추, 방울토마토, 상추, 부추, 수박, 옥수수 모종을 심었다. 고추 모종은 자라면서 휘어지지 않도록 지지대를 깊이 심은 후 줄로 감아 고정시켜 주었다.
- 일주일 2번씩 아이들이 순서를 정해 번갈아 가면서 텃밭에 물 주기를 했다. 6월부터 점심 식사 후 방울토마토를 따서 후식으로 먹기 시작했다.
- 7월에는 드디어 옥수수가 다 익어가서 옥수수 재배를 했다. 껍질을 벗겨 삶은 후 맛있게 익은 옥수수를 하나씩 들고 옥수수 하모니카를 불어보며 맛있게 먹었다.

행복 나누기	😊 "환경교육을 하니 우리가 생활에서 환경을 많이 오염시키고 있다는 것을 알았어요." -장○○- 😊 "우리 손으로 직접 봄꽃을 심고 모종을 심어 가꾸어서 옥수수와 수박을 재배하니 기뻤어요"-김○○-

목표	여러 가지 미술 활동으로 작품의 미적 안목을 기르고 **예술감수성**을 키울 수 있다.

1. 자연 미술로 도란도란   [미술] 3. 사진을 짝어요   6월 3주   과정중심평가

• 풍경이 아름다운 우리 학교에서는 자연미술을 하기가 너무 좋다. 무학년제로 운영하는 미술시간에 아이들과 운동장으로 나가 학교 구석구석을 살펴보았다. 자연에서 사람 얼굴 찾기, 운동장에 피어있는 민들레나 풀을 보고 연상되는 그림 그리기, 자연물 담아 사진 찍기 등을 활동한 후 바닥에 떨어져 있는 나뭇잎과 꽃잎, 열매 등을 바구니에 담아 교실로 들어왔다. • 교실에서는 강아지풀을 붙여 인물 꾸미기, 나뭇잎을 OHP필름에 붙여 자연물 리스 꾸미기, 나뭇잎 끼워 동물 꾸미기를 하며 **자연과 친해지고 소통하는 시간**을 갖게 되었다.

2. 명화로 만나는 감성   [미술] 11. 미술 작품과 미술가 탐구하기   3월 2주, 7월 2주   과정중심평가

• 신학기에 '고흐 따라잡기'를 했다. 고흐의 생애와 작품들을 탐색한 후 고흐 작품 스케치를 인쇄해 색연필로 스트로크 기법, 그라데이션 기법 등을 이용해 고흐 작품의 특징을 익히면서 고흐처럼 따라 그려 완성 후 검은도화지를 액자로 끼워 게시판에 부착하면 멋진 작품이 된다. • 여름방학 전에는 아이들의 스트레스 줄여주기 전략으로 '안티스트레스 아트 스티커북'을 이용해 스티커로 명화 꾸미기를 해보는 색다른 경험을 하며 **예술감성을 키워갔다.**

3. 우리 손으로 그리는 벽화   [미술/창체] 2. 선형색의 만남   4월 2주   과정중심평가

• 분교는 바다가 훤히 보이는 자연 경치가 뛰어난 곳에 위치하고 있으나 시설은 노후되어 계단과 외벽이 칙칙하고 어두워 아이들이 무서워한다. 4월초에 봄프로젝트의 하나로 벽화그리기를 실시했다. • '바다를 닮은 우리들의 벽화 이야기'를 주제로 아이들과 선생님이 함께 스케치하고 색칠하며 아름다운 바다와 활기차게 뛰어노는 아이의 모습을 완성했다. • 분교 벽화 완성 후 본교에서 벽화 그리기를 이어 실시했다. 섬마을 학교 벽이 아름다운 벽화로 재탄생되었다는 보도자료가 연이어 나오며 **아이들은 학교를 더 자랑스러워했다.**

행복 나누기	☺ "○○도의 아름다운 전경과 어울리면서 아이들의 밝은 모습을 담고 싶었어요. 선생님과 학생들이 함께 이야기 나누며 벽화를 완성해가면서 모두가 뿌듯함을 느낄 수 있었습니다." -김○○ 선생님- ☺ "사람들이 우리가 그린 벽화 앞에서 사진을 찍는 모습을 보니 흐뭇해요." -민○○- ☺ "우리 손으로 직접 알록달록 색칠하면서 완성해 가는 과정이 신기했어요." -고○○-

T·H·E 감성자람 활동

3-3 문화예술로 자라는 감성 | 너의 끼를 보여줘!

목표 친구들과 함께 재능과 끼를 갈고 닦아 즐겁게 참여하며 **예술감수성**을 기를 수 있다.

1. 제 빛깔 발표회
[창체] 자치-제 빛깔 발표회   7월 3주

• 학기말에 다모임에서 본·분교 협동으로 '제 빛깔 발표회'를 실시한다. 1학기 생일 친구들을 위한 생일잔치를 먼저 열어 생일 친구들에게 고깔모자를 씌워주고 정성스럽게 포장한 선물을 주고 생일 케이크도 자르며 축하해주었다. • 제 빛깔 발표회 참가 신청을 미리 받아 각자 열심히 준비한 공연을 맛있는 다과와 함께 관람하며 친구들과 동생들, 선배들의 **끼와 멋을 느끼며** 즐거운 시간을 보냈다.

제 빛깔 발표회

1. 눈·입 - 뱀
2. 학교가는길 - 김채원, 유지은 -리코더
3. 달라달라 - 정·린, 김·희 - 댄스
4. 상어가족 - 민경효희 4명 - 노래와 율동
5. 작은별 -본교 4~6학년- 바이올린
6. cowboy boogie - 김준·박·봉 - 댄스
7. 어쿠악씨 - 반·유준, 서·솔 -오카리나
8. 따르릉 - 5학년 - 댄스
9. 로켓맨 - 김·원 노래
10. 소나기 - 6학년 -리코더
11. 따르릉 - 1학년, 3학년 - 댄스

제 빛깔 발표회 공연 순서

제 빛깔 발표회 참가 신청

본교 친구들의 공연

우리 반 친구의 '로켓맨' 공연

1학기 생일친구 축하파티

🍀 야영 수련활동 장기자랑

2학기 야영 수련활동에서 장기자랑을 위해 분교 아이들은 영화 엑시트에 나오는 '따따따 춤'을 '슈퍼 히어로'에 맞추어 열심히 열심했다. 처음에는 어색하고 힘들어 했지만 옆반 누나와 형들과 함께 자투리 시간을 이용해 틈틈이 연습해서 장기자랑 시간에는 멋진 조명과 함께 음악에 맞춰 신나게 춤 솜씨를 뽐내어 보았다.

야영활동 장기자랑 공연

엑시트 댄스 연습

2. 어울림 학예 축제
[창체] 적응-어울림 학예 축제 참여하기   10월 4주

• 음악시간과 방과후 학교 시간에 갈고 닦은 솜씨를 펼쳐보는 '어울림 학예 축제'를 위해 우리 꿈나무들은 '캐리비안 해적'을 퓨전 난타로 '모차르트 소타타'를 리코더 연주로 열심히 준비했다. • 미술시간에 빈 생수병을 예쁘게 색칠하고 모루와 색지를 붙여 멋진 '마라카스'를 만들었다. • 축제 당일에 멋진 연주복과 난타복을 입고 음원에 맞춰 지금까지 열심히 연습한 만큼 부모님들 앞에서 **멋지게 연주하여 많은 박수를 받으며 감성을 키웠다.**

🍀 찾아가는 작은 음악회

본교는 학교 내 공연에서 벗어나 학생들에게는 자신감과 도전정신을 길러주고, 지역사회와 함께하는 문화예술 활동을 위해 선착장에서 작은 음악회를 실시해 지역민에게 가을 음악을 선물해 뜨거운 호응을 받았다.

퓨전난타 '마라카스 만들기'

어울림 학예 축제 초대장

어울림 학예 축제 입간만

찾아가는 작은 음악회 초대장

🍀 사제동행 문화체험

10월 마지막 주에 아이들과의 추억 만들기로 사제동행 문화체험을 갔다. 영화도 관람하고 미술전시도 관람한 후 레스토랑에서 맛있는 파스타와 피자도 나누어 먹으며 우정과 사제 간의 정도 쌓으며 추억을 만들었다.

사제동행 영화 관람

사제동행 저녁 식사

T·H·E 감성자람 활동

행복 나누기

V. T·H·E 자람 프로젝트를 마치며

1. T·H·E자람 프로젝트 실시 전후 핵심역량 비교

조사 일자	2019년 11월 4일(월) ~ 11월 5일(화) (2일간)
조사 대상	○○초등학교○○분교장 2, 3학년 2반 4명(2학년 남 1명, 3학년 남 3명)

가 의사소통 역량 변화

영역		설문 내용	그렇다 응답 현황 %(명)	
			3월	11월
배려	1	나는 친구의 마음을 이해한다.	0%(0)	25%(1)
소통	2	나는 나와 의견이 다른 사람과도 이야기를 잘 한다.	25%(1)	50%(2)
공감	3	나는 다른 사람의 감정에 대해 공감한다.	0%(0)	25%(1)
평균			8%	33%

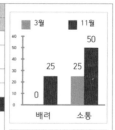

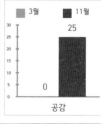

분석

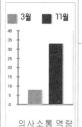

의사소통 역량

- **배려** 그렇다 응답 0명 → 1명으로 1명 ⬆
- **소통** 그렇다 응답 1명 → 2명으로 1명 ⬆
- **공감** 그렇다 응답 0명 → 1명으로 1명 ⬆

나를 다지는 생각 활동과 배움으로 가꾸는 생각 활동으로 자신의 생각과 다른 사람의 의견을 존중하며 배려하며 **자기 효능감**을 향상하고, 그림책으로 자라는 생각 활동으로 서로 **소통**하고 공감할 수 있는 **의사소통 역량**을 기르는데 도움이 되었다.

나 자기관리 역량 변화

영역		설문 내용	그렇다 응답 현황 %(명)	
			3월	11월
자기 존중	1	나는 내가 괜찮은 사람이라고 생각한다.	0%(0)	75%(3)
책임	2	나는 장래에 내 꿈을 이룰 수 있다.	25%(1)	50%(2)
협동	3	나는 친구와 함께 하는 활동을 좋아한다.	75%(3)	100%(4)
평균			50%	75%

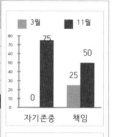

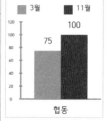

결과 분석

- **자기 존중** 그렇다 응답 0명 → 3명으로 3명 ⬆
- **책 임** 그렇다 응답 1명 → 2명으로 1명 ⬆
- **협 동** 그렇다 응답 3명 → 4명으로 1명 ⬆

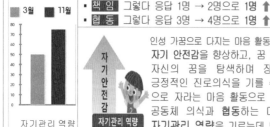

인성 가꿈으로 다지는 마음 활동으로 자기 존중과 **자기 안전감**을 향상하고, 꿈 가꾸기 활동으로 자신의 꿈을 탐색하며 장래희망에 대한 긍정적인 진로의식을 기를 수 있었다. 협동으로 자라는 마음 활동으로 더불어 살아가는 공동체 의식과 **협동**하는 마음이 함양되어 **자기관리 역량**을 기르는데 도움이 되었다.

다 ▶ 심미적 감성 역량 변화

영역		설문 내용	그렇다 응답 현황 %(명)	
			3월	11월
감정	1	친구에게 나의 감정을 잘 표현한다.	0%(0)	50%(2)
감성	2	자연에 관심이 많고 소중하게 생각한다.	50%(2)	75%(3)
예술감수성	3	미술, 음악, 신체활동을 좋아한다.	50%(2)	100%(4)
평균			33%	75%

결과 분석

- **감정** 그렇다 응답 0명 → 2명으로 2명 ⬆
- **감성** 그렇다 응답 2명 → 3명으로 1명 ⬆
- **예술감수성** 그렇다 응답 2명 → 4명으로 2명 ⬆

놀이로 다지는 감성 활동으로 자신의 감정을 잘 조절하며 **자기 조절감**을 향상하고, 오감으로 다가가는 생태체험으로 자연과 함께하며 **감성**을 키우게 되었다. 문화예술로 자라는 감성 활동으로 자신의 끼와 재능을 가꾸며 예술 감수성을 키우면서 **심미적 감성 역량**을 기르는데 도움이 되었다.

라 ▶ 학교생활 만족도 변화

영역		설문 내용	그렇다 응답 현황 %(명)	
			3월	11월
학교생활	1	나는 아침에 학교에 가는 것이 즐겁다.	25%(1)	75%(3)
	2	나는 수업시간에 열심히 참여한다.	25%(1)	50%(2)
	3	나는 집에서 부모님(보호자)과 자주 이야기를 나눈다.	50%(2)	75%(3)
평균			33%	67%

결과 분석

- **학교 가기** 그렇다 응답 1명 → 3명으로 2명 ⬆
- **수업 참여도** 그렇다 응답 1명 → 2명으로 1명 ⬆
- **부모님과 대화** 그렇다 응답 2명 → 3명으로 1명 ⬆

더 자람 프로젝트 활동으로 학생들의 사고를 깨우고 표현하며 수업 참여도가 향상되었다. 학교생활을 가정에서도 대화를 통해 의사소통하며 학교 가기에 75%가 부정적으로 답했던 3월에 비해 75%가 긍정적으로 변하여 학교가 가고 싶은 **행복한 학교**가 되는데 도움이 되었다.

2. T·H·E자람 프로젝트 실시 후 개인별 특성 변화

가 ▶ 우리 반 아이들의 변화 모습 (의)의사소통 역량 (자)자기관리 역량 (심)심미적 감성 역량

이름	생활 모습의 변화	더 자라는 역량
장○○	또래 친구가 없지만 주제통합 학습과 무학년제 협동학습을 통해 함께 어울리면서 **자신의 감정을 표현**하고 생각과 느낌을 글과 말로 나타내는 능력이 많이 향상되었음	의 심
김□□	자존감 향상을 위한 다양한 활동과 지속적인 상담으로 **긍정적으로 생각**하고 극단적으로 생각하거나 무기력하게 행동하는 습관이 점차 나아졌으며 3월에 비해 **적극적인 자세**로 생활함	의 심
김△△	경청 훈련과 학급 규칙 준수를 위한 가치 덕목 활동으로 **자신의 감성을 조절**하며 타인을 배려하려는 태도와 주어진 과제학습을 스스로 해결하려는 자세가 많이 향상되었음	의 자
민○○	자신의 생각과 느낌을 말이나 글로 표현하는 능력과 스스로 과제를 해결하는 습관이 형성되어 **자기주도적 학습 능력이 향상**되었음	자 심

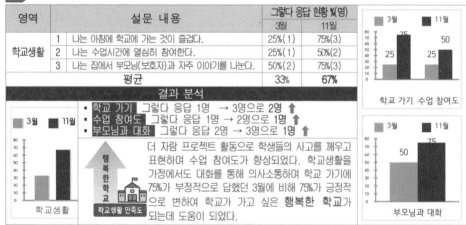

3. T·H·E자람 프로젝트의 실천과제별 결과 분석

실천과제1 **생각자람**을 통해 **의사소통 역량**을 길러주었어요.

▶ 나를 다지는 생각 ➡ 생각을 펼치고 스스로 학습하며 나를 다졌어요.
▶ 배움으로 가꾸는 생각 ➡ 질문과 토론으로 생각과 배움을 가꾸었어요.
▶ 그림책으로 자라는 생각 ➡ 그림책으로 함께 소통하며 생각을 키웠어요.

실천과제2 **마음자람**을 통해 **자기관리 역량**을 길러주었어요.

▶ 인성 가꿈으로 다지는 마음 ➡ 자기존중으로 바른 인성을 다져갔어요.
▶ 꿈으로 가꾸는 마음 ➡ 꿈을 탐색하며 마음을 가꾸어 희망을 키워갔어요.
▶ 협동으로 자라는 마음 ➡ 다모임, 마을, 고장과 함께 협동을 키웠어요.

실천과제3 **감성자람**을 통해 **심미적 감성 역량**을 길러주었어요.

▶ 놀이로 다지는 감성 ➡ 협동학습으로 함께 어울려 즐겁게 놀며 행복을 키웠어요.
▶ 오감체험으로 가꾸는 감성 ➡ 사계절 오감 생태체험으로 감성을 채워갔어요.
▶ 문화예술로 자라는 감성 ➡ 예술 감수성을 느끼며 재능을 키워갔어요.

4. 결론 및 제언

결론

생각자람	T·H·E 자람 프로젝트를 통해 자기 주도적 학습 습관을 기르고 학생참여형 수업과 그림책 읽기 활동으로 소통하고 공감하며 자기 효능감을 향상하고 의사소통 역량을 기르게 되었다.
마음자람	T·H·E 자람 프로젝트를 통해 바른 인성을 가꾸며 진로 탐색활동으로 꿈을 키우고며 학생 중심 활동으로 협동과 배려를 실천하며 자기 안전감을 향상하고 자기관리역량을 기르게 되었다.
감성자람	T·H·E 자람 프로젝트를 통해 함께 어울려 놀고 오감으로 체험하며 감성을 채우며 문화예술 활동으로 재능과 예술 감수성을 높이며 자기 조절감과 심미적 감성역량을 기르게 되었다.

제언

💡 학년 교육과정은 2월~3월에 계획을 수립하여 운영하나 작은 학교 특성상 공모사업에 따른 함께 하는 체험활동과 계획에 없던 새로운 활동들이 많아 학기 초에 계획했던 학년(학급) 교육을 정상적으로 운영하는데 힘들었다. 복식학급으로 인한 주제중심 통합학습으로 **교육과정의 재구성과 주간학습의 수정**이 지속적으로 이루어져야 했다.

💡 소인수 학급에서 활발한 토론학습을 이끌어가는 데는 어려움이 있었다. 다양한 의견 수렴을 위해서는 모둠 활동이 있어야 하는데 3학년은 3명으로 1모둠, 2학년은 1명이여서 확산적 사고 과정이 잘 이루어지지 않았다. 소인수 학급에 적용할 수 있는 **학생참여형 수업 방법에 대한 연구와 학습 자료 및 컨텐츠 개발과 보급이 필요**하다.

고민 거리

💡 작은 학교에서는 한 달에 2~3번 정도로 체험학습이 참 많이 실시된다. 물론 아이들은 체험학습을 매우 좋아한다. 하지만 체험학습 시간으로 교과 창의 시간과 창의적 체험활동 시간이 많이 배정됨으로써 담임 재량으로 활동할 수 있는 **학급 특색활동 시간이 부족하므로 대책이 필요**한 것 같다.

3월 첫날의 기억을 떠올려 본다. 아주 오래된 건물의 작고 소박한 학교와 지금은 볼 수 없는 교실 창문틀과 과학실... 그리고 교실에서 환하고 순수한 미소로 앉아있던 4명의 우리 꿈나무들. 반 칸 크기의 작은 교실에서 함께 T·H·E 자람 프로젝트를 활동하며 아이들의 **무기력감을 없애주고 낮은 자존감을 키워주고** 싶었다.

단기간에 자존감과 행복감이 회복하거나 향상되지는 않을 것이다. 하지만 자신을 높이 평가하고 존중하는 것은 옳은 일이고 또 행복해지는 일이기에 더 자람 프로젝트를 통해 조금이나마 도움이 되고 **변화된 기쁨을 느끼게** 하고 싶었다. 프랑스의 정신과 의사 크리스토프 앙드레는 "행동하지 않는 것은 주로 자존감 낮은 사람들의 전형적인 레퍼토리다. '이러이러하면 이렇게 할 텐데'라고 생각만 한다. 그러면서 부정적인 경향을 더 굳히는 경향이 있고, 종종 '잘 됐을 리가 없잖아, 내가 안 한 게 다행이야'라면서 회피 성향을 강화한다."고 말했다. 이는 행동하지 않는 것과 부정적 태도, 회피 경향이 서로를 강화하면서 악순환을 이룬다는 얘기다. 이런 악순환이 이루어지지 않도록 더 자람 프로젝트를 운영했다.

소인수 복식학급의 작은 도토리 같은 4명이 각자 가지고 있는 재능과 생각을 키워 자존감을 향상하여 자신감 있게 생활했으면 한다. 조금 더 생각이 자라고, 조금 더 마음이 자라고, 조금 더 감성이 자라서 **조금 더 행복한 세상을** 만들어가며 작은 학교에서 누릴 수 있는 장점들을 최대한 살려 행복한 학교생활을 하길 기대한다.

'한 톨의 작은 도토리 속에는 커다란 참나무가 들어있다'고 하지 않았던가.

T·H·E자람 프로젝트 활동 후 아이들과 학부모 소감 글

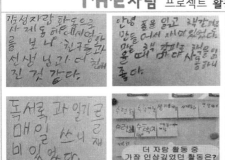
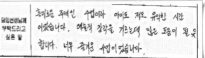

📖 참고 문헌 및 누리집

- 윤홍균(2018). 자존감 수업. 심플라이프.
- 김성현(2017). 교과수업, 틀을 깨다. 지식프레임.
- 최영민 외(2017). 교사를 위한 슬로리딩 수업 사용설명서. 고래북스.
- 양경윤(2017). 교실이 살아있는 질문 수업. 즐거운학교.
- 김대권(2018). 수업, 하나만 바꿔보자!. 즐거운학교.
- 김현섭(2018). 철학이 살아있는 수업기술. 수업디자인연구소.
- 고신미 외(2016). 미움의 힘을 기르는 감성수업. 실림터.
- 교육부(2019). 2015 초·중등학교 개정 교육과정(도덕).
- http://www.indischool.com 초등교사 커뮤니티 인디스쿨

철학자 칸트는 행복의 원칙에 대해 이렇게 말하고 있습니다.

"첫째 어떤 일을 할 것, 둘째 어떤 사람을 사랑할 것, 셋째 어떤 일에 희망을 가질 것이다."

칸트의 기준으로 보면 저는 참 행복한 시간을 보냈습니다.

『마음의 힘을 기르는 감성수업』이 2016년에 출간되었습니다. 감성수업에 대해 더 알고 싶은 선생님들과 연구했고, 그 선생님들의 열정을 사랑했으며, 감성수업이 메마른 교육 현실에 단비 같은 희망이 될 것이라고 생각했던 덕분입니다.

2017년부터 선생님들을 수시로 만나 끊임없이 감성수업에 대해 이야기를 나눴습니다. 감성을 깨우기 위한 질문을 만들려는 노력은 감성깨움질문으로 발전되었고 감성을 논리적으로 정리하기 위한 노력은 감성맵으로 만들어졌습니다. 또한 감정카드와 가치카드 외에 영화, 그림책 등의 수업 자료를 활용해 보았습니다. 모호하고 포괄적인 의미의 감성수업을 구체적이고 손에 잡힐 수 있는 수업으로 만들기 위한 과정은 감성수업의 또 다른 이름, 감성깨움수업으로 만들어졌습니다. 모든 과정 단계마다 고민과 실패 그리고 성공을 반복하며 끊임없는 성찰의 시간을 가졌습니다.

햇수로 5년이 넘는 시간 동안 참으로 어려운 고비들이 많았습니다. 근무했던 학교가 바뀌면서 활동자료가 사라지기도 하고, 의미 있다고 생각했던 수업들이 색이 바래듯 퇴색하는 느낌에 활용할 수 없는 경우도 있었습니다. 수업의 과정들을 글로 표현해야 하는 부담감에 포기하고 싶은 순간도 많았습니다. 서로 다른 학교에 근무하기 때문에 퇴근 후나 주말을 이용해 만나는 일은 쉬운 일이 아니었습니다.

무엇보다 가장 힘들었던 것은 함께 책을 쓰던 한국감성놀이연구소 정남희 소장님의 암진단이었습니다. 참으로 슬프고 안타까웠습니다. 폐암 4기 진단을 받았음에도 불구하고 책표지 작업까지 참여해 주셨습니다. 티 없는 순수함과 겸손함으로 우리들에게 인간이 가진 가장 아름다운 품위를 보여 주셨던 정남희 님의 쾌유를 진심으로 기원합니다.

우리들은 서로를 다독이며 한 걸음 한 걸음, 하루하루 수업을 하고 글을 쓰며 함께 고민했습니다. 감성깨움수업을 실천하는 희로애락의 시간이 쌓일수록 서로 성장해 가고 있음을 느꼈습니다. 서툴던 발걸음이 어느덧 의미 있는 발자국이 되어 수업이 바뀌고 확신이 생겼습니다. 공개수업과 보고서 쓰기 등을 통해 우리들의 노력은 학생들의 바람직한 변화로 나타났습니다.

그리고 우리들은 성장하기 위해 앞으로도 더 노력하겠습니다. 교사로서 감성깨움수업을 실천하는 것이 행복의 원칙이란 것을 알게 되었으니까요.

2021년 7월 26일
마휘샘(마음의 힘을 기르는 선생님)

삶의 행복을 꿈꾸는 교육은 어디에서 오는가?

● **교육혁명을 앞당기는 배움책 이야기** 혁신교육의 철학과 잉걸진 미래를 만나다!

한국교육연구네트워크 총서

 01 **핀란드 교육혁명**
한국교육연구네트워크 엮음 | 320쪽 | 값 15,000원

 02 **일제고사를 넘어서**
한국교육연구네트워크 엮음 | 284쪽 | 값 13,000원

 03 **새로운 사회를 여는 교육혁명**
한국교육연구네트워크 엮음 | 380쪽 | 값 17,000원

 04 **교장제도 혁명**
한국교육연구네트워크 엮음 | 268쪽 | 값 14,000원

 05 **새로운 사회를 여는 교육자치 혁명**
한국교육연구네트워크 엮음 | 312쪽 | 값 15,000원

 06 **혁신학교에 대한 교육학적 성찰**
한국교육연구네트워크 엮음 | 308쪽 | 값 15,000원

 07 **진보주의 교육의 세계적 동향**
한국교육연구네트워크 엮음 | 324쪽 | 값 17,000원
2018 세종도서 학술부문

 08 **더 나은 세상을 위한 학교혁명**
한국교육연구네트워크 엮음 | 404쪽 | 값 21,000원
2018 세종도서 교양부문

 09 **비판적 실천을 위한 교육학**
이윤미 외 지음 | 448쪽 | 값 23,000원
2019 세종도서 학술부문

 10 **마을교육공동체운동:
세계적 동향과 전망**
심성보 외 지음 | 376쪽 | 값 18,000원

 11 **학교 민주시민교육의
세계적 동향과 과제**
심성보 외 지음 | 308쪽 | 값 16,000원

 12 **학교를 민주주의의 정원으로
가꿀 수 있을까?**
성열관 외 지음 | 272쪽 | 값 16,000원

한국교육연구네트워크 번역 총서

 01 **프레이리와 교육**
존 엘리아스 지음 | 한국교육연구네트워크 옮김
276쪽 | 값 14,000원

 02 **교육은 사회를 바꿀 수 있을까?**
마이클 애플 지음 | 강희룡·김선우·박원순·이형빈 옮김
356쪽 | 값 16,000원

 03 **비판적 페다고지는
세상을 변화시킬 수 있는가?**
Seewha Cho 지음 | 심성보·조시화 옮김
280쪽 | 값 14,000원

 04 **마이클 애플의 민주학교**
마이클 애플·제임스 빈 엮음 | 강희룡 옮김
276쪽 | 값 14,000원

 05 **21세기 교육과 민주주의**
넬 나딩스 지음 | 심성보 옮김 | 392쪽 | 값 18,000원

 06 **세계교육개혁:
민영화 우선인가 공적 투자 강화인가?**
린다 달링-해먼드 외 지음 | 심성보 외 옮김 | 408쪽 | 값 21,000원

 07 **콩도르세, 공교육에 관한 다섯 논문**
니콜라 드 콩도르세 지음 | 이주환 옮김
300쪽 | 값 16,000원

 08 **학교를 변론하다**
얀 마스켈라인 • 마틴 시몬스 지음 | 윤선인 옮김
252쪽 | 값 15,000원

 09 **존 듀이와 교육**
짐 개리슨 외 지음 | 김세희 외 옮김
372쪽 | 값 19,000원

10 **진보주의 교육운동사**
윌리엄 헤이스 지음 | 심성보 외 옮김
324쪽 | 값 18,000원

 혁신학교
성열관·이순철 지음 | 224쪽 | 값 12,000원

 행복한 혁신학교 만들기
초등교육과정연구모임 지음 | 264쪽 | 값 13,000원

 서울형 혁신학교 이야기
이부영 지음 | 320쪽 | 값 15,000원

 대한민국 교사, 어떻게 가르칠 것인가?
윤성관 지음 | 320쪽 | 값 15,000원

 아이들을 어떻게 가르칠 것인가
사토 마나부 지음 | 박찬영 옮김 | 232쪽 | 값 13,000원

 모두를 위한 국제이해교육
한국국제이해교육학회 지음 | 364쪽 | 값 16,000원

● 비고츠키 선집 시리즈 발달과 협력의 교육학 어떻게 읽을 것인가?

 생각과 말
레프 세묘노비치 비고츠키 지음
배희철·김용호·D. 켈로그 옮김 | 690쪽 | 값 33,000원

 도구와 기호
비고츠키·루리야 지음 | 비고츠키 연구회 옮김
336쪽 | 값 16,000원

 어린이 자기행동숙달의 역사와 발달 I
L.S. 비고츠키 지음 | 비고츠키 연구회 옮김
564쪽 | 값 28,000원

 어린이 자기행동숙달의 역사와 발달 II
L.S. 비고츠키 지음 | 비고츠키 연구회 옮김
552쪽 | 값 28,000원

 어린이의 상상과 창조
L.S. 비고츠키 지음 | 비고츠키 연구회 옮김
280쪽 | 값 15,000원

 비고츠키와 인지 발달의 비밀
A.R. 루리야 지음 | 배희철 옮김 | 280쪽 | 값 15,000원

 수업과 수업 사이
비고츠키 연구회 지음 | 196쪽 | 값 12,000원

 비고츠키의 발달교육이란 무엇인가?
비고츠키교육학실천연구모임 지음 | 412쪽 | 값 21,000원

 비고츠키 철학으로 본 핀란드 교육과정
배희철 지음 | 456쪽 | 값 23,000원

 성장과 분화
L.S. 비고츠키 지음 | 비고츠키 연구회 옮김
308쪽 | 값 15,000원

 연령과 위기
L.S. 비고츠키 지음 | 비고츠키 연구회 옮김
336쪽 | 값 17,000원

 의식과 숙달
L.S 비고츠키 | 비고츠키 연구회 옮김
348쪽 | 값 17,000원

 분열과 사랑
L.S. 비고츠키 지음 | 비고츠키 연구회 옮김
260쪽 | 값 16,000원

 성애와 갈등
L.S. 비고츠키 지음 | 비고츠키 연구회 옮김
268쪽 | 값 17,000원

 흥미와 개념
L.S. 비고츠키 지음 | 비고츠키 연구회 옮김
408쪽 | 값 21,000원

 관계의 교육학, 비고츠키
진보교육연구소 비고츠키교육학실천연구모임 지음
300쪽 | 값 15,000원

 비고츠키 생각과 말 쉽게 읽기
진보교육연구소 비고츠키교육학실천연구모임 지음
316쪽 | 값 15,000원

 교사와 부모를 위한 비고츠키 교육학
카르포프 지음 | 실천교사번역팀 옮김
308쪽 | 값 15,000원

 혁신교육, 철학을 만나다
브렌트 데이비스·데니스 수마라 지음
현인철·서용선 옮김 | 304쪽 | 값 15,000원

 혁신교육 존 듀이에게 묻다
서용선 지음 | 292쪽 | 값 14,000원

 다시 읽는 조선 교육사
이만규 지음 | 750쪽 | 값 33,000원

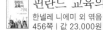 **대한민국 교육혁명**
교육혁명공동행동 연구위원회 지음
224쪽 | 값 12,000원

 경쟁을 넘어 발달 교육으로
현광일 지음 | 288쪽 | 값 14,000원

 독일 교육, 왜 강한가?
박성희 지음 | 324쪽 | 값 15,000원

핀란드 교육의 기적
한넬레 니에미 외 엮음 | 장수명 외 옮김
456쪽 | 값 23,000원

 한국 교육의 현실과 전망
심성보 지음 | 724쪽 | 값 35,000원

●4·16, 질문이 있는 교실 마주이야기 통합수업으로 혁신교육과정을 재구성하다!

 통하는 공부
김태호·김형우·이경석·심우근·허진만 지음
324쪽 | 값 15,000원

 내일 수업 어떻게 하지?
아이함께 지음 | 300쪽 | 값 15,000원
2015 세종도서 교양부문

 인간 회복의 교육
성래운 지음 | 260쪽 | 값 13,000원

 교과서 너머 교육과정 마주하기
이윤미 외 지음 | 368쪽 | 값 17,000원

 수업 고수들
수업·교육과정·평가를 말하다
박현숙 외 지음 | 368쪽 | 값 17,000원

 도덕 수업, 책으로 묻고 윤리로 답하다
울산도덕교사모임 지음 | 320쪽 | 값 15,000원

 체육 교사, 수업을 말하다
전용진 지음 | 304쪽 | 값 15,000원

 교실을 위한 프레이리
아이러 쇼어 엮음 | 사람대사람 옮김
412쪽 | 값 18,000원

 마을교육공동체란 무엇인가?
서용선 외 지음 | 360쪽 | 값 17,000원

 교사, 학교를 바꾸다
정진화 지음 | 372쪽 | 값 17,000원

 함께 배움
학생 주도 배움 중심 수업 이렇게 한다
니시카와 준 지음 | 백경석 옮김 | 280쪽 | 값 15,000원

 공교육은 왜?
홍섭근 지음 | 352쪽 | 값 16,000원

 자기혁신과 공동의 성장을 위한
교사들의 필리버스터
윤양수·원종희·장군·조경삼 지음 | 280쪽 | 값 14,000원

 함께 배움 이렇게 시작한다
니시카와 준 지음 | 백경석 옮김 | 196쪽 | 값 12,000원

 함께 배움 교사의 말하기
니시카와 준 지음 | 백경석 옮김 | 188쪽 | 값 12,000원

 교육과정 통합, 어떻게 할 것인가?
성열관 외 지음 | 192쪽 | 값 13,000원

학교 혁신의 길, 아이들에게 묻다
남궁상운 외 지음 | 272쪽 | 값 15,000원

 미래교육의 열쇠, 창의적 문화교육
심광현·노명우·강정석 지음 | 368쪽 | 값 16,000원

 주제통합수업,
아이들을 수업의 주인공으로!
이윤미 외 지음 | 392쪽 | 값 17,000원

 수업과 교육의 지평을 확장하는 **수업 비평**
윤양수 지음 | 316쪽 | 값 15,000원
2014 문화체육관광부 우수교양도서

 교사, 선생이 되다
김태은 외 지음 | 260쪽 | 값 13,000원

 교사의 전문성, 어떻게 만들어지나
국제교원노조연맹 보고서 | 김석규 옮김
392쪽 | 값 17,000원

 수업의 정치
윤양수·원종희·장군 지음 | 280쪽 | 값 14,000원

 학교협동조합,
현장체험학습과 마을교육공동체를 잇다
주수원 외 지음 | 296쪽 | 값 15,000원

 거꾸로 교실,
잠자는 아이들을 깨우는 수업의 비밀
이민경 지음 | 280쪽 | 값 14,000원

 교사는 무엇으로 사는가
정은균 지음 | 292쪽 | 값 15,000원

 마음의 힘을 기르는 감성수업
조선미 외 지음 | 300쪽 | 값 15,000원

 작은 학교 아이들
지경준 엮음 | 376쪽 | 값 17,000원

 아이들의 배움은 어떻게 깊어지는가
이시이 준지 지음 | 방지현·이창희 옮김
200쪽 | 값 11,000원

 대한민국 입시혁명
참교육연구소 입시연구팀 지음 | 220쪽 | 값 12,000원

 교사를 세우는 교육과정
박승열 지음 | 312쪽 | 값 15,000원

 전국 17명 교육감들과 나눈 교육 대담
최창의 대담·기록 | 272쪽 | 값 15,000원

 들뢰즈와 가타리를 통해 유아교육 읽기
리세롯 마리엣 올슨 지음 | 이연선 외 옮김
328쪽 | 값 17,000원

 학교 민주주의의 불한당들
정은균 지음 | 276쪽 | 값 14,000원

프레이리의 사상과 실천
사람대사람 지음 | 352쪽 | 값 18,000원
2018 세종도서 학술부문

혁신학교, 한국 교육의 미래를 열다
송순재 외 지음 | 608쪽 | 값 30,000원

페다고지를 위하여
프레네의 『페다고지 불변요소』 읽기
박찬영 지음 | 296쪽 | 값 15,000원

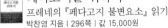
노자와 탈현대 문명
홍승표 지음 | 284쪽 | 값 15,000원

선생님, 민주시민교육이 뭐예요?
염경미 지음 | 244쪽 | 값 15,000원

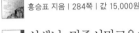
어쩌다 혁신학교
유우석 외 지음 | 380쪽 | 값 17,000원

미래, 교육을 묻다
정광필 지음 | 232쪽 | 값 15,000원

대학, 협동조합으로 교육하라
박주희 외 지음 | 252쪽 | 값 15,000원

입시, 어떻게 바꿀 것인가?
노기원 지음 | 306쪽 | 값 15,000원

촛불시대, 혁신교육을 말하다
이용관 지음 | 240쪽 | 값 15,000원

라운드 스터디
이시이 데루마사 외 엮음 | 224쪽 | 값 15,000원

미래교육을 디자인하는 학교교육과정
박승열 외 지음 | 348쪽 | 값 18,000원

흥미진진한 아일랜드 전환학년 이야기
제리 제퍼스 지음 | 최상덕·김호원 옮김 | 508쪽 | 값 27,000원
2019 대한민국학술원우수학술도서

폭력 교실에 맞서는 용기
따돌림사회연구모임 학급운영팀 지음
272쪽 | 값 15,000원

그래도 혁신학교
박은혜 외 지음 | 248쪽 | 값 15,000원

학교는 어떤 공동체인가?
성열관 외 지음 | 228쪽 | 값 15,000원

교사 전쟁
다나 골드스타인 지음 | 유성상 외 옮김
468쪽 | 값 23,000원

시민, 학교에 가다
최형규 지음 | 260쪽 | 값 15,000원

교육과정, 수업, 평가의 일체화
리사 카터 지음 | 박승열 외 옮김 | 196쪽 | 값 13,000원

학교를 개선하는 교장
지속가능한 학교 혁신을 위한 실천 전략
마이클 풀란 지음 | 서동연·정효준 옮김 | 216쪽 | 값 13,000원

공자던, 논어는 이것이다
유문상 지음 | 392쪽 | 값 18,000원

교사와 부모를 위한
발달교육이란 무엇인가?
현광일 지음 | 380쪽 | 값 18,000원

교사, 이오덕에게 길을 묻다
이무완 지음 | 328쪽 | 값 15,000원

낙오자 없는 스웨덴 교육
레이프 스트란드베리 지음 | 변광수 옮김
208쪽 | 값 13,000원

끝나지 않은 마지막 수업
장석웅 지음 | 328쪽 | 값 20,000원

경기꿈의학교
진흥섭 외 지음 | 360쪽 | 값 17,000원

학교를 말한다
이성우 지음 | 292쪽 | 값 15,000원

행복도시 세종,
혁신교육으로 디자인하다
곽순일 외 지음 | 392쪽 | 값 18,000원

나는 거꾸로 교실 거꾸로 교사
류광모·임정훈 지음 | 212쪽 | 값 13,000원

교실 속으로 간 이해중심 교육과정
온정덕 외 지음 | 224쪽 | 값 13,000원

교실, 평화를 말하다
따돌림사회연구모임 초등우정팀 지음
268쪽 | 값 15,000원

학교자율운영 2.0
김용 지음 | 240쪽 | 값 15,000원

학교자치를 부탁해
유우석 외 지음 | 252쪽 | 값 15,000원

국제이해교육 페다고지
강순원 외 지음 | 256쪽 | 값 15,000원

선생님, 페미니즘이 뭐예요?
염경미 지음 | 280쪽 | 값 15,000원

평화의 교육과정 섬김의 리더십
이준원·이형빈 지음 | 292쪽 | 값 16,000원

학교를 살리는 회복적 생활교육
김민자·이순영·정선영 지음 | 256쪽 | 값 15,000원

수포자의 시대
김성수·이형빈 지음 | 252쪽 | 값 15,000원

교사를 위한 교육학 강의
이형빈 지음 | 336쪽 | 값 17,000원

혁신학교와 실천적 교육과정
신은희 지음 | 236쪽 | 값 15,000원

새로운학교 학생을 날게 하다
새로운학교네트워크 총서 02 | 408쪽 | 값 20,000원

삶의 시간을 잇는 문화예술교육
고영직 지음 | 292쪽 | 값 16,000원

세월호가 묻고 교육이 답하다
경기도교육연구원 지음 | 214쪽 | 값 13,000원

혐오, 교실에 들어오다
이혜정 외 지음 | 232쪽 | 값 15,000원

미래교육, 어떻게 만들어갈 것인가?
송기상·김성천 지음 | 300쪽 | 값 16,000원
2019 세종도서 교양부문

혁신교육지구와 마을교육공동체는 어떻게 만들어지는가?
김태정 지음 | 376쪽 | 값 18,000원

교육에 대한 오해
우문영 지음 | 224쪽 | 값 15,000원

선생님, 특성화고 자기소개서 어떻게 써요?
이지영 지음 | 322쪽 | 값 17,000원

혁신교육지구 현장을 가다
이용운 외 4인 지음 | 344쪽 | 값 18,000원

학생과 교사, 수업을 묻다
전용진 지음 | 344쪽 | 값 18,000원

배움의 독립선언, 평생학습
정민승 지음 | 240쪽 | 값 15,000원

혁신학교의 꽃, 교육과정 다시 그리기
안재일 지음 | 344쪽 | 값 18,000원

교육혁신의 시대 배움의 공간을 상상하다
함영기 외 지음 | 264쪽 | 값 17,000원

학습격차 해소를 위한 새로운 도전 보편적 학습설계 수업
조윤정 외 지음 | 225쪽 | 값 15,000원

서울의 마을교육
이용운 외 지음 | 352쪽 | 값 18,000원

물질과의 새로운 만남
베로니차 파치니-케처바우 지음 | 240쪽 | 값 15,000원

평화와 인성을 키우는 자기우정
따돌림사회연구모임 우정팀 지음 | 240쪽 | 값 15,000원

미래교육을 열어가는 배움중심 원격수업
이윤서 외 지음 | 332쪽 | 값 17,000원

● 살림터 참교육 문예 시리즈 영혼이 있는 삶을 가르치는 온 선생님을 만나다!

꽃보다 귀한 우리 아이는
조재도 지음 | 244쪽 | 값 12,000원

선생님이 먼저 때렸는데요
강병철 지음 | 248쪽 | 값 12,000원

성깔 있는 나무들
최은숙 지음 | 244쪽 | 값 12,000원

서울 여자, 시골 선생님 되다
조경선 지음 | 252쪽 | 값 12,000원

아이들에게 세상을 배웠네
명혜정 지음 | 240쪽 | 값 12,000원

행복한 창의 교육
최창의 지음 | 328쪽 | 값 15,000원

밥상에서 세상으로
김흥숙 지음 | 280쪽 | 값 13,000원

북유럽 교육 기행
정애경 외 14인 지음 | 288쪽 | 값 14,000원

우물쭈물하다 끝난 교사 이야기
유기창 지음 | 380쪽 | 값 17,000원

시험 시간에 웃은 건 처음이에요
조규선 지음 | 252쪽 | 값 15,000원

오천년을 사는 여자
염경미 지음 | 272쪽 | 값 16,000원

다정한 교실에서 20,000시간
강정희 지음 | 296쪽 | 값 16,000원

● 더불어 사는 정의로운 세상을 여는 인문사회과학 사람의 존엄과 평등의 가치를 배운다

밥상혁명
강양구·강이현 지음 | 298쪽 | 값 13,800원

도덕 교과서 무엇이 문제인가?
김대용 지음 | 272쪽 | 값 14,000원

자율주의와 진보교육
조엘 스프링 지음 | 심성보 옮김 | 320쪽 | 값 15,000원

민주화 이후의 공동체 교육
심성보 지음 | 392쪽 | 값 15,000원
2009 문화체육관광부 우수학술도서

갈등을 넘어 협력 사회로
이창언·오수길·유문종·신윤관 지음
280쪽 | 값 15,000원

동양사상과 마음교육
정재걸 외 지음 | 356쪽 | 값 16,000원
2015 세종도서 학술부문

교과서 밖에서 배우는 철학 공부
정은교 지음 | 280쪽 | 값 14,000원

교과서 밖에서 배우는 사회 공부
정은교 지음 | 304쪽 | 값 15,000원

교과서 밖에서 배우는 윤리 공부
정은교 지음 | 292쪽 | 값 15,000원

한글 혁명
김슬옹 지음 | 388쪽 | 값 18,000원

우리 안의 미래교육
정재걸 지음 | 484쪽 | 값 25,000원

왜 그는 한국으로 돌아왔는가?
황선준 지음 | 364쪽 | 값 17,000원
2019 세종도서 교양부문

공간, 문화, 정치의 생태학
현광일 지음 | 232쪽 | 값 15,000원

인공지능 시대의 사회학적 상상력
홍승표 지음 | 260쪽 | 값 15,000원

동양사상과 인간 그리고 사회
이현지 지음 | 418쪽 | 값 21,000원

장자와 탈현대
정재걸 외 지음 | 424쪽 | 값 21,000원

놀자선생의 놀이인문학
진용근 지음 | 380쪽 | 값 185,000원

포스트 코로나 시대, 예술과 정치
현광일 지음 | 288쪽 | 값 16,000원

좌우지간 인권이다
안경환 지음 | 288쪽 | 값 13,000원

민주시민교육
심성보 지음 | 544쪽 | 값 25,000원

민주시민을 위한 도덕교육
심성보 지음 | 500쪽 | 값 25,000원
2015 세종도서 학술부문

교과서 밖에서 배우는 인문학 공부
정은교 지음 | 280쪽 | 값 13,000원

오래된 미래교육
정재걸 지음 | 392쪽 | 값 18,000원

대한민국 의료혁명
전국보건의료산업노동조합 엮음 | 548쪽 | 값 25,000원

교과서 밖에서 배우는 고전 공부
정은교 지음 | 288쪽 | 값 14,000원

전체 안의 전체 사고 속의 사고
김우창의 인문학을 읽다
현광일 지음 | 320쪽 | 값 15,000원

카스트로, 종교를 말하다
피델 카스트로·프레이 베토 대담 | 조세종 옮김
420쪽 | 값 21,000원

일제강점기 한국철학
이태우 지음 | 448쪽 | 값 25,000원

한국 교육 제4의 길을 찾다
이길상 지음 | 400쪽 | 값 21,000원
2019 세종도서 학술부문

마을교육공동체 생태적 의미와 실천
김용련 지음 | 256쪽 | 값 15,000원

교육과정에서 왜 지식이 중요한가
심성보 지음 | 440쪽 | 값 23,000원

식물에게서 교육을 배우다
이차영 지음 | 260쪽 | 값 15,000원

왜 전태일인가
송필경 지음 | 236쪽 | 값 17,000원

한국 세계시민교육이 나아갈 길을 묻다
유네스코태평양 국제이해교육원 지음 | 260쪽 | 값 18,000원

**코로나 시대,
마을교육공동체 운동과 생태적 교육학**
심성보 지음 | 280쪽 | 값 17,000원

참된 삶과 교육에 관한
생각 줍기